눈으로 글자를 읽는 것은 누구나 할 수 있어요.
그러나 이것은 '독해'가 아니에요.

글에 담긴 내용이 무엇인지 분석하여
정확하게 이해하고, 핵심을 파악할 수 있어야
비로소 '독해'를 했다고 할 수 있지요.

하루 한장 독해+는
글을 분석적으로 읽어 낼 수 있는 꼼꼼한 눈과
어떤 문제라도 술술 풀 수 있는 힘을 기를 수 있는 교재입니다.

그럼 이제 하루 한장 독해+와 함께
40일간 독해 실력을 체계적으로 키워 볼까요?

지문 분석력과 문제 해결력을 동시에!

지문 분석 3단계로 지문 분석력+
문단별 핵심어로 지문의 흐름을 잡고, 문장 구조도 문제로 지문을 완벽히 분석하고, 해설에서 지문의 문장을 쪼개 보며 **지문 분석력+**

엄선된 7문항으로 문제 해결력+
핵심 내용 파악 문제로 기본기를 다지고, 어휘 문제로 어휘력을 더하고, 추론이나 적용 문제까지 풀며 **문제 해결력+**

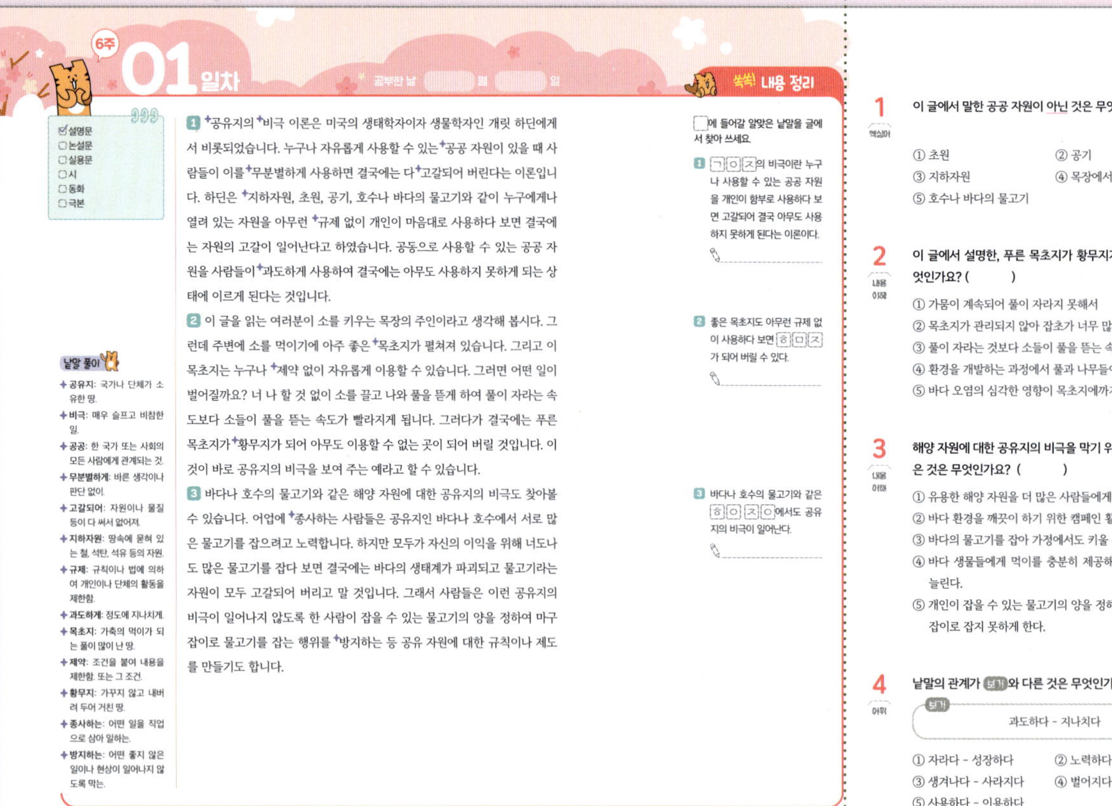

○ **고난도 지문의 흐름 파악하기**

고난도 지문을 제시하여 어렵고 긴 글을 읽어 내는 힘을 기를 수 있게 했습니다. 문제를 풀기 전 단계인 '쏙쏙! 내용 정리'에서 지문의 핵심어를 쓰며 글의 흐름을 짚을 수 있도록 했습니다.

○ **핵심 문제 풀기**

앞에서는 주로 중심 소재, 내용 이해 문제 등 지문의 핵심 내용을 파악하는 문제들로 구성했습니다.

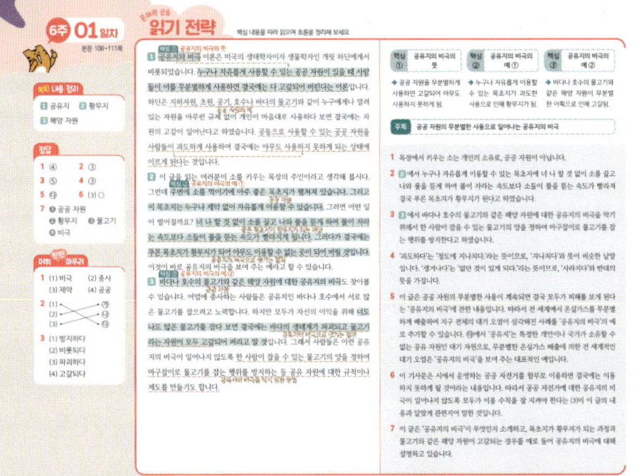

꼼꼼한 지문 분석으로 지문의 핵심을 한 번 더 짚어 주었습니다. 또한 자세하고 친절한 문제 풀이를 통해 심화 문제도 완벽하게 이해할 수 있습니다.

심화 문제 다수 수록

지문 속 어휘 확장

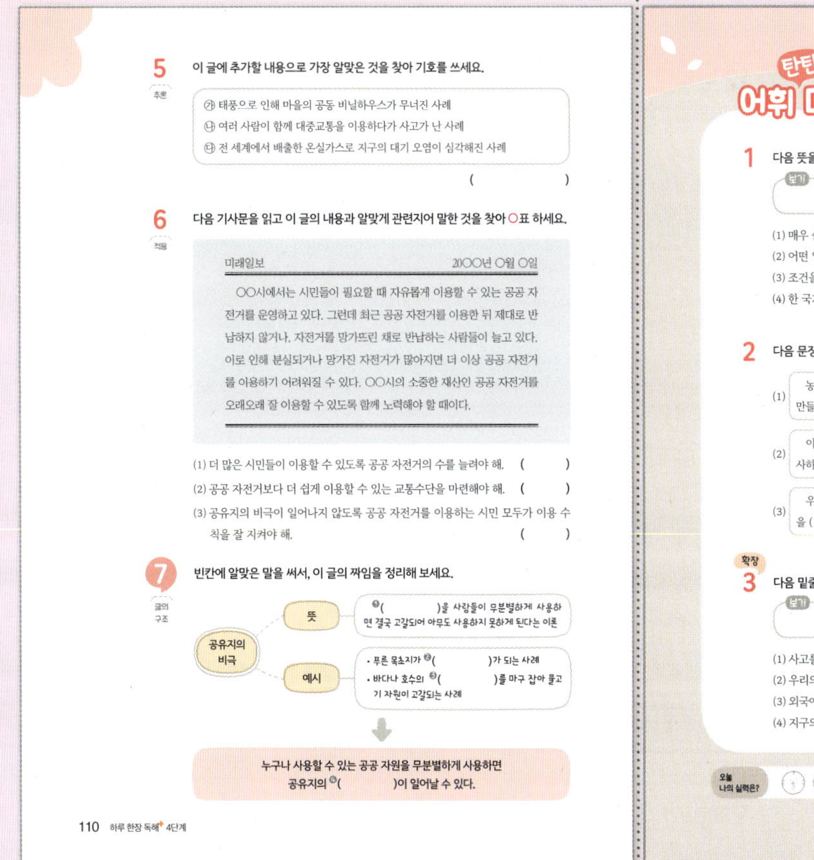

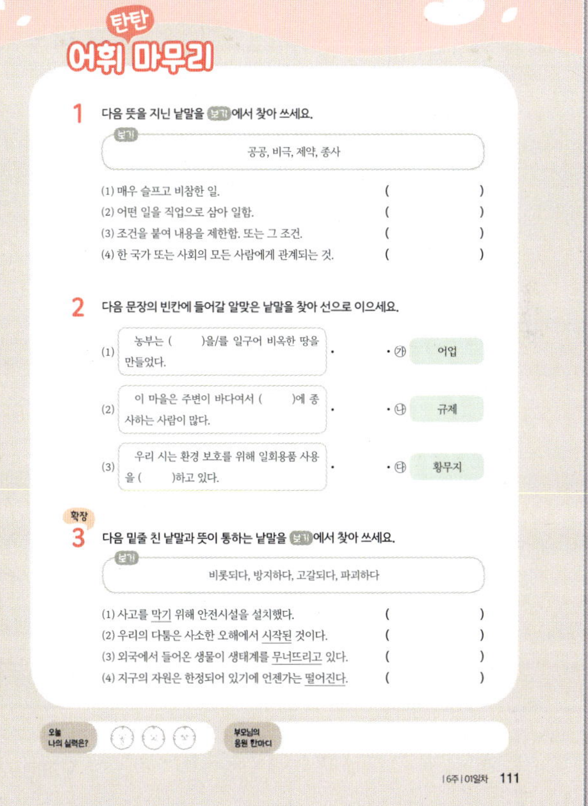

심화 문제와 지문 구조도 문제 풀기

뒤에서는 깊이 있게 생각해야 하는 추론 문제와 적용 문제로 구성했습니다. 7번은 지문 구조도 문제로, 지문을 완벽하게 파악하며 마무리할 수 있게 했습니다.

어휘 학습으로 마무리

지문에 나오는 어려운 어휘의 뜻을 다시 한번 확인하고 쓰임을 익힙니다. 또한 뜻이 여러 가지인 낱말, 헷갈리는 낱말 등과 같은 어휘 확장 문제를 풀며 어휘력을 키울 수 있습니다.

이 책의 차례

☑ 설명문
☐ 논설문
☐ 실용문
☐ 시
☐ 동화
☐ 극본

1 세계에는 멋진 랜드마크가 많아요. 랜드마크란 어떤 장소를 대표하는 중요한 ⁺건축물이나 ⁺자연물을 말해요. 지금부터 세계의 몇 가지 유명한 랜드마크에 대해 알아볼까요?

2 첫 번째 랜드마크는 프랑스 파리의 에펠 탑이에요. 에펠 탑은 1889년에 만들어졌고, 높이는 약 330미터예요. 처음에는 많은 사람들이 에펠 탑이 이상하게 생겼다고 생각했지만, 지금은 파리를 ⁺상징하는 가장 유명한 건축물이 되었어요. 밤이 되면 에펠 탑에서 나오는 화려한 빛이 파리의 밤하늘을 아름답게 장식해요.

3 다음은 미국 뉴욕에 있는 자유의 여신상이에요. 자유의 여신상은 1885년에 프랑스가 미국에 선물로 준 ㉠⁺거대한 조각상이에요. 예전에는 등대 역할도 했지만, 지금은 등대로 쓰이지 않고 있어요. 여신상이 들고 있는 ⁺햇불은 자유를 상징해요. 자유의 여신상은 세계에서 자유를 찾아 미국으로 온 사람들에게 희망을 주었어요.

4 마지막으로 이집트의 피라미드와 스핑크스가 있어요. 피라미드는 ⁺고대 이집트의 ⁺파라오를 위한 거대한 무덤이에요. 피라미드 옆에 있는 스핑크스는 사자의 몸통에 사람의 얼굴을 한 거대한 조각상으로, 피라미드를 ⁺수호하는 역할을 했다고 해요. 이 두 구조물은 이집트의 역사와 옛날 사람들의 뛰어난 건축 기술을 보여 줍니다. 피라미드와 스핑크스는 수천 년 동안 사막의 ⁺거센 모래바람과 싸우며 지금까지 남아 있어요.

5 이렇게 세계 곳곳에는 다양한 이야기와 역사를 가진 랜드마크가 있어요. 랜드마크에 대해 알아보면 세계 여러 나라의 역사와 문화를 더 깊이 이해할 수 있어요.

낱말 풀이

+ **건축물**: 땅 위에 지은 구조물 중에서 지붕, 기둥, 벽이 있는 건물을 통틀어 이르는 말.
+ **자연물**: 자연계에 있는, 저절로 생긴 물체.
+ **상징하는**: 추상적인 개념이나 사물을 구체적인 사물로 나타내는.
+ **거대한**: 엄청나게 큰.
+ **햇불**: 어둠을 밝히기 위해 갈대, 나뭇가지 등에 붙인 불.
+ **고대**: 옛 시대.
+ **파라오**: 고대 이집트의 왕.
+ **수호하는**: 지키고 보호하는.
+ **거센**: 정도가 거칠고 세찬.

☐에 들어갈 알맞은 낱말을 글에서 찾아 쓰세요.

1 랜드마크란 어떤 장소를 대표하는 중요한 ㄱㅊㅁ이나 자연물이다.

____

2 에펠 탑은 처음에는 이상하게 여겨졌으나, 지금은 프랑스 ㅍㄹ의 상징이 되었다.

____

3 자유의 ㅇㅅㅅ은 프랑스가 미국에 선물로 준 거대한 조각상으로, 자유를 상징한다.

____

4 이집트의 ㅍㄹㅁㄷ와 스핑크스는 이집트의 역사와 옛날 사람들의 뛰어난 건축 기술을 보여 준다.

____

5 랜드마크에 대해 알아보면 세계 여러 나라의 ㅇㅅ와 문화를 더 깊이 이해할 수 있다.

____

1 핵심어

이 글에서 설명하는 대상은 무엇인지 네 글자로 쓰세요.

(   )

2 내용 이해

자유의 여신상에 대한 설명으로 알맞은 것을 두 가지 고르세요. (,   )

① 미국 뉴욕에 있다.
② 프랑스가 미국에게서 받은 조각상이다.
③ 미국으로 온 사람들에게 희망을 주었다.
④ 지금도 등대 역할을 하며 바다를 밝히고 있다.
⑤ 여신상이 들고 있는 깃발은 자유의 중요성을 상징한다.

3 내용 이해

이 글의 내용으로 알맞은 것에 〇표, 알맞지 <u>않은</u> 것에 ✕표 하세요.

(1) 자유의 여신상은 1889년에 만들어졌다. (   )
(2) 피라미드는 고대 이집트의 거대한 무덤이다. (   )
(3) 사람들은 처음부터 에펠 탑을 멋지다고 생각했다.
                                      (   )
(4) 스핑크스는 사람 몸통에 사자 얼굴을 한 조각상이다.
                                      (   )

4 어휘

㉠과 뜻이 반대인 낱말을 두 가지 고르세요. (,   )

① 작은   ② 훌륭한   ③ 커다란
④ 왜소한   ⑤ 무거운

5 이 글을 읽고 세계의 랜드마크에 대해 더 알아보기 위해 활용하면 좋을 자료로 알맞은 것을 찾아 기호를 쓰세요.

> ㉮ 영어 사전
> ㉯ 세계 여행 가이드북
> ㉰ 한국의 전통문화를 홍보하는 누리집

(   )

6 랜드마크에 대한 설명으로 알맞은 것은 무엇인가요? (   )

① 랜드마크는 밤에만 아름답다.
② 모든 랜드마크는 인공 건축물이다.
③ 랜드마크는 관광객들만을 위한 것이다.
④ 모든 랜드마크는 수천 년 전에 만들어졌다.
⑤ 랜드마크는 그 지역의 문화와 역사를 담고 있다.

7 빈칸에 알맞은 말을 써서, 이 글의 짜임을 정리해 보세요.

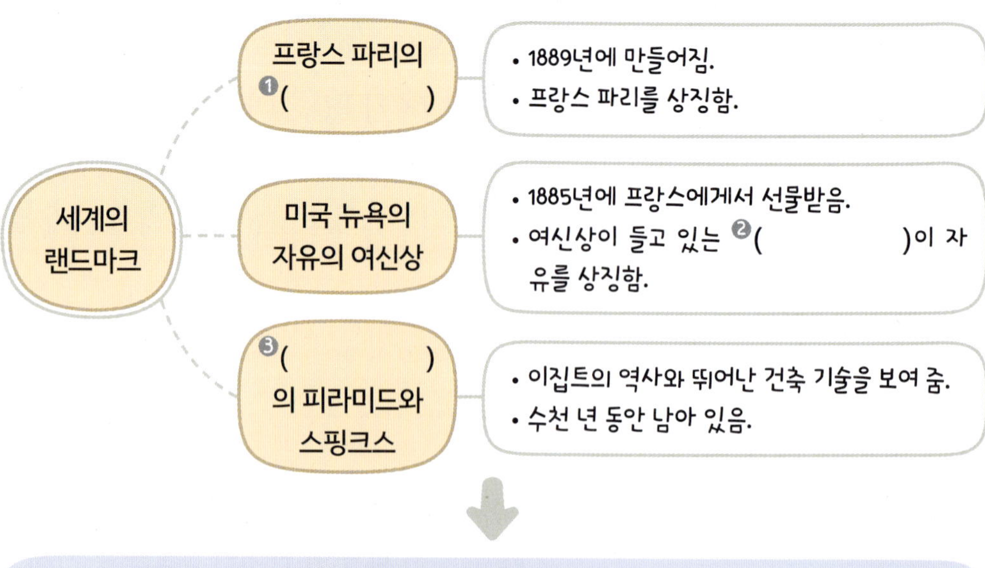

1 다음 뜻을 지닌 낱말을 보기 에서 찾아 쓰세요.

> 보기
>
> 고대, 횃불, 건축물, 조각상

(1) 옛 시대. ( )

(2) 재료를 새기거나 깎아서 만든 입체 형상. ( )

(3) 어둠을 밝히기 위해 갈대, 나뭇가지 등에 붙인 불. ( )

(4) 땅 위에 지은 구조물 중에서 지붕, 기둥, 벽이 있는 건물을 통틀어 이르는 말.

( )

2 다음 문장의 빈칸에 들어갈 알맞은 낱말을 찾아 선으로 이으세요.

(1) 바람이 많이 불어 파도가 ( ). ・ ・㉮ 거세다

(2) 비빔밥은 전주 지방 음식을 ( ). ・ ・㉯ 유명하다

(3) 이 마을은 금이 많이 나기로 ( ). ・ ・㉰ 대표하다

확장

3 다음 밑줄 친 낱말과 뜻이 통하는 낱말을 보기 에서 찾아 쓰세요.

> 보기
>
> 상징하다, 수호하다, 뛰어나다, 장식하다

(1) 이 선수의 기술은 다른 선수들보다 <u>우수하다</u>. ( )

(2) 그림 속의 해바라기는 희망과 긍정을 <u>의미한다</u>. ( )

(3) 축제를 맞아 거리 곳곳을 화려한 조명으로 <u>꾸몄다</u>. ( )

(4) 수백 년이 된 커다란 느티나무가 마을을 <u>지키고</u> 있다. ( )

오늘
나의 실력은?        부모님의
응원 한마디

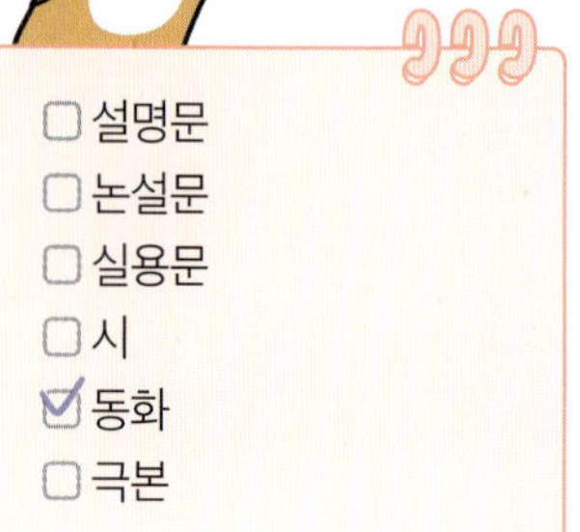

☐ 설명문
☐ 논설문
☐ 실용문
☐ 시
☑ 동화
☐ 극본

[앞부분 이야기] 아침에 아버지께서 자전거로 영란이를 학교에 데려다주셨다. 아버지께서 ✛으깨진 초코파이를 먹으라고 주셨지만 영란이는 받지 않고 학교로 뛰어갔다. 3교시부터 갑자기 비가 쏟아지고, 하교할 시간이 되자 영란이가 교실에서 나온다.

1 멀리서도 비에 젖은 채 서 있는 아버지 모습이 ✛여느 부모들과 비교할 수 없을 만큼 늙어 보였다. 영란이는 현관문 뒤에 매미처럼 착 달라붙어 한동안 꼼짝하지 않았다. 오늘같이 아이들이 많은 곳에서 아버지와 함께 ✛고물 자전거를 타고 집으로 가긴 정말 싫었다. 영란이는 아버지가 서 있는 정문이 아닌 뒷문으로 얼른 ✛발길을 옮겼다. 가슴이 콩콩거렸다. ✛뒤꼭지가 뜨끔했다. 그러나 한편으로는 괜히 ㉠✛부아가 ✛나기도 했다.

2 아버지는 온몸에 비를 몽땅 맞았다. 마치 방금 목욕을 한 것처럼.

"우리 영란이는 집에 잘 왔제."

대문을 들어서자마자 아버지는 영란이가 잘 왔는지 물었다.

"영란이는 아까 왔으니 걱정 마요. 길이 어긋났나 보네. 당신을 못 봤다고 하드만. 그런데 어디서 이렇게 술을 ✛진탕 먹었다요. 무슨 안 좋은 일이라도 있었나 보네."

3 영란이 엄마가 눈을 동그랗게 뜨고 아버지 바지 호주머니 사이로 삐죽 삐져나온 초코파이를 끄집어냈다.

"이걸 ✛여태 먹지 않고 호주머니에 넣어 가지고 다니다니! 에그, 징한 양반. ✛모정에서 노인들 간식으로 나누어 준 것이 ✛한참 되었는디. 니 아버지가 초코파이를 얼마나 좋아하냐. 그런데 그걸 널 준다고 먹지 않고 가지고 다녀 쌓더니만." (중략)

"설마 아버지가 그때 준 초코파이를 여태 가지고 다녔을라고?"

"야가 지금 무신 소리여. 영란이 니 무신 일이 있어도 대학까지 꼭 보내야 헌다고 너그 아버지가 요즈음 그 좋아하는 초코파이도 잘 안 사 먹고 아끼잖여. 그런데 이게 갑자기 어디서 났겠냐?"

"아버지가! 아버지가 날 위해 초코파이값도 아낀다고?"

낱말 풀이

✛ **으깨진**: 단단한 물건이나 덩이로 뭉쳐진 물건이 눌려 부스러진.

✛ **여느**: 특별하지 않은 그 밖의.

✛ **고물**: 헐거나 낡은 물건.

✛ **발길**: 앞으로 움직여 걸어 나가는 발.

✛ **뒤꼭지**: 머리 뒤통수의 한가운데.

✛ **부아**: 노엽거나 분한 마음.

✛ **나기도**: 어떤 감정이나 느낌이 생기기도.

✛ **진탕**: 싫증이 날 만큼 아주 많이.

✛ **여태**: 지금까지. 또는 아직까지.

✛ **모정**: 네모, 육모, 팔모 등으로 모가 나게 지은 정자.

✛ **한참**: 시간이 꽤 지나는 동안.

□에 들어갈 알맞은 낱말을 글에서 찾아 쓰세요.

1 아버지께서는 비에 젖은 채 영란이를 기다리셨다. 하지만 영란이는 아버지가 서 있는 정문이 아닌 ㄷㅁ으로 나갔다.

 ________________

2 아버지께서는 온몸에 ㅂ를 맞은 채, 술을 마시고 집으로 돌아오셨다.

____

3 영란이는 어머니의 말씀을 듣고 아버지께서 자신을 위해 ㅊㅋㅍㅇ값도 아끼신다는 사실을 알게 되었다.

____

1
갈래

이 글에서 빈칸에 들어갈 알맞은 말을 찾아 쓰세요.

등장인물	(1) ( )	
배경	시간: 학교 수업이 끝난 뒤, 그날 저녁	
	공간: 학교, (2) ( )	

2
내용 이해

영란이 아버지에 대한 설명으로 알맞지 <u>않은</u> 것은 무엇인가요? ( )

① 비를 맞고 집에 왔다.

② 다른 부모들보다 늙어 보인다.

③ 호주머니에 초코파이를 넣어 다녔다.

④ 고물 자전거와 함께 영란이를 기다렸다.

⑤ 대학에 가서 공부하고 싶어서 돈을 아낀다.

3
내용 이해

영란이가 한 일로 알맞은 것은 무엇인가요? ( )

① 아버지와 함께 비를 맞았다.

② 초코파이를 학교에서 먹었다.

③ 어머니께 간식을 사다 드렸다.

④ 아버지 몰래 혼자 집으로 돌아왔다.

⑤ 아버지의 바지에서 초코파이를 끄집어냈다.

4
어휘

다음 낱말의 뜻을 참고할 때, ㉠과 바꾸어 쓸 수 있는 말은 무엇인가요? ( )

> 부아: 노엽거나 분한 마음.

① 기쁘기도 했다　　② 뿌듯하기도 했다

③ 우울하기도 했다　　④ 궁금하기도 했다

⑤ 화가 나기도 했다

5 다음은 이 글의 뒤에 이어질 내용입니다. 다음에 나타난 영란이의 행동을 통해 알 수 있는 영란이의 마음으로 알맞은 것은 무엇인가요? (   )

> 영란이는 으깨진 초코파이를 손가락으로 가만가만 떼어 입에 넣었다.
>
> "별일이네. 으깨진 초코파이를 다 먹고."
>
> "까 보니까 많이 으깨지지도 않았고만!"
>
> 초코파이를 삼키는 영란이 목이 꽉 메어 왔다.
>
> "엄마, 내일 아버지에게 내가 초코파이 다 먹었다고 말해. 알았지?"
>
> 엄마가 알 수 없다는 듯 영란이를 물끄러미 바라보았다. 비가 투두둑 담벼락을 때렸다. 밤이 점점 깊어 갔다.

① 아버지께 죄송한 마음　　　　　② 아버지를 부끄러워하는 마음

③ 밤에 비가 내려 무서운 마음　　④ 어머니를 이해할 수 없는 마음

⑤ 초코파이를 먹고 싶지 않은 마음

6 다음 중 영란이 아버지와 가장 닮은 인물은 누구인가요? (   )

① 도전 정신이 강한 피터 팬　　　　② 나무꾼에게 은혜를 갚은 호랑이

③ 도시보다 시골을 선택한 시골 쥐　④ 아름다운 백조가 된 미운 아기 오리

⑤ 사랑하는 소년에게 아낌없이 준 나무

7 빈칸에 알맞은 말을 써서, 이 글의 짜임을 정리해 보세요.

| 영란이는 교문 앞에서 자신을 기다리는 아버지를 피해 혼자 집으로 돌아옴. | → | ❶ (   )께서 비를 많이 맞은 채, 술을 마시고 집으로 돌아오심. | → | ❷ (   )께서 아버지의 바지 호주머니에서 초코파이를 발견하심. |

영란이는 아버지께서 좋아하는 ❸ (   )를 드시지 않고 자신에게 내어 주려고 한 사실을 알고, 자신을 향한 아버지의 ❹ (   )을 깨달았다.

1 다음 낱말의 뜻으로 알맞은 것을 찾아 선으로 이으세요.

(1) 고물 •

(2) 모정 •

(3) 진탕 •

• ㉮ 헐거나 낡은 물건.

• ㉯ 싫증이 날 만큼 아주 많이.

• ㉰ 네모, 육모, 팔모 등으로 모가 나게 지은 정자.

2 다음 문장의 빈칸에 들어갈 알맞은 낱말을 보기 에서 찾아 쓰세요.

> 보기
>
> 발길, 여태, 한참, 여느

(1) 집으로 향하는 (　　　　　　　)이/가 저절로 빨라졌다.

(2) 이렇게 심한 더위는 (　　　　　　　) 겪어 본 적이 없다.

(3) 아버지께서는 오늘도 (　　　　　　　) 때와 같이 아침 일찍 출근하셨다.

(4) 그는 책에 푹 빠져서 (　　　　　　　) 동안 주변의 소음조차 듣지 못했다.

확장

3 다음 밑줄 친 낱말의 알맞은 뜻을 보기 에서 찾아 번호를 쓰세요.

> 보기
>
> 나다 { ① 어떤 감정이나 느낌이 생기다.
> ② 없던 돈이나 물건 등이 생기다.

(1) 그 모자는 정말 특별해 보이는데, 어디서 <u>났니</u>?　　　　　　(　　　)

(2) 어두운 골목길을 혼자 지나가는데 갑자기 겁이 <u>났다</u>.　　　　(　　　)

오늘
나의 실력은?   　부모님의
응원 한마디

☐ 설명문
☐ 논설문
☑ 실용문
☐ 시
☐ 동화
☐ 극본

저탄소 식단으로 먹어요

1 여름 방학을 맞이하여 녹색교육센터와 환경관리공단이 <저탄소 식단으로 먹어요> 캠페인을 진행합니다. 저탄소 식단이란, 환경에 미치는 영향을 최소화하기 위해 ⁺탄소 ⁺배출량이 적은 식품을 선택하여 ⁺섭취하는 식습관을 뜻합니다.

2 이 캠페인에서는 우리가 매일 먹는 음식이 환경에 미치는 영향을 알아볼 수 있습니다. 또, 실생활에서 쉽게 실천할 수 있는 저탄소 식단을 체험하고 계획해 볼 수 있습니다. 저탄소 식단으로 지구를 지키는 작은 실천에 여러분도 참여해 보세요!

3 **프로그램 안내**

(1) 저탄소 ⁺식재료 알아보기: 식품을 ㉠수송하는 과정에서 발생하는 탄소 배출량을 줄일 수 있는, 지역에서 생산되는 ⁺제철 식재료를 알아봅니다.

(2) 저탄소 요리 실습: 제철 식재료를 사용하여 탄소 배출을 줄인 요리를 직접 만들어 보면서 맛있고 환경에 미치는 영향도 적은 요리법을 함께 배워 봅니다.

(3) 저탄소 식단 계획하기: 저탄소 식재료를 이용해서 일주일 동안의 식단을 구성해 봅니다. 환경을 생각하는 식생활 습관을 계획하고, 실생활에서 실천할 수 있습니다.

4 **참가 안내**

- 기간: 20○○년 8월 1일~20○○년 8월 3일
- 참가 대상: 초등학생 30명(4~6학년)
- 참가비: 무료
- 참가 신청: 20○○년 6월 30일 낮 12시까지 누리집 접수
- 참가자 발표: 20○○년 7월 10일 누리집 공지와 개별 ⁺통보
- 기타: 캠페인을 ⁺수료한 학생에게 탄소 지킴이 수료증을 ⁺수여함.

낱말 풀이

⁺**탄소**: 숯이나 석탄의 주된 구성 원소.
⁺**배출량**: 어떤 물질을 안에서 밖으로 내보내는 양.
⁺**섭취하는**: 영양분 등을 몸속에 받아들이는.
⁺**식재료**: 음식의 재료.
⁺**수송하는**: 기차, 자동차, 배, 비행기 등으로 사람이나 물건을 실어 옮기는.
⁺**제철**: 알맞은 시기나 때.
⁺**통보**: 어떤 명령이나 소식 등을 말이나 글로 알림.
⁺**수료한**: 학문이나 기술을 배우는 일정한 과정을 마친.
⁺**수여함**: 공식적으로 증서, 상장, 훈장 등을 줌.

쏙쏙! 내용 정리

◻에 들어갈 알맞은 낱말을 글에서 찾아 쓰세요.

1 저탄소 식단이란, ◻◻ ◻◻◻이 적은 식품을 선택하여 섭취하는 식습관을 뜻한다.

____

2 ◻◻◻ 식단으로 지구를 지키는 이 캠페인에 여러분도 참여하길 바란다.

____

3 캠페인에서는 '저탄소 ◻◻◻ 알아보기', '저탄소 요리 실습', '저탄소 ◻◻ 계획하기'의 프로그램을 진행한다.

____

4 참가 대상은 4~6학년 초등학생이고, 참가비는 ◻◻이며, 캠페인을 수료하면 탄소 지킴이 수료증을 수여한다.

____

---

1 중심 내용

이 글을 쓴 목적으로 알맞은 것은 무엇인가요? (　　　)

① 저탄소 식단 요리법을 공유하기 위해서
② 저탄소 식단의 중요성을 알리기 위해서
③ 환경 문제에 대한 인식을 높이기 위해서
④ 캠페인에 참가할 초등학생을 모집하기 위해서
⑤ 지역별 제철 식재료의 탄소 배출량을 비교하기 위해서

2 내용 이해

'저탄소 식단'의 뜻으로 알맞은 것은 무엇인가요? (　　　)

① 비싼 식재료를 사용하여 만드는 요리
② 외국에서 수입된 식재료로만 요리하는 식단
③ 탄소 배출량이 적은 식품을 선택하는 식습관
④ 육류만을 섭취하여 탄소 배출을 줄이는 방법
⑤ 모든 식재료를 직접 재배하고 수확하여 먹는 방법

3 내용 이해

<저탄소 식단으로 먹어요> 캠페인에 대한 설명으로 알맞지 <u>않은</u> 것은 무엇인가요? (　　　)

① 누리집에서 참가 신청을 받는다.
② 총 세 가지의 프로그램에 참여할 수 있다.
③ 캠페인을 수료하면 탄소 지킴이 수료증을 준다.
④ 녹색교육센터와 환경관리공단이 진행하는 캠페인이다.
⑤ 초등학생이라면 학년에 관계없이 누구나 참여할 수 있다.

4 어휘

㉠과 바꾸어 쓸 수 있는 말은 무엇인가요? (　　　)

① 보관하는　　② 운반하는　　③ 섭취하는
④ 소비하는　　⑤ 재배하는

이 글을 통해 답을 찾을 수 있는 질문이 <u>아닌</u> 것은 무엇인가요? (   )

① 캠페인 참가비는 얼마인가요?

② 캠페인 참가 대상은 누구인가요?

③ 캠페인 참가 취소는 어떻게 하나요?

④ 캠페인 참가 신청 방법은 무엇인가요?

⑤ 캠페인에서는 어떤 프로그램이 진행되나요?

6

적용

이 캠페인에 참가한 학생이 한 말로 알맞은 것을 두 가지 찾아 기호를 쓰세요.

㉮ "제철 식재료를 사용한 요리 실습이 정말 재미있었어. 환경을 생각하는 맛있는 요리법도 배울 수 있어서 좋았어."

㉯ "저탄소 식재료에 대해 알아볼 수 있어서 유익했어. 지역에서 생산되는 제철 식재료에 어떤 것이 있는지 알게 되었어."

㉰ "저탄소 식단을 계획하면서 환경을 생각하는 식생활 습관에 대해 배웠어. 저탄소 식단을 실천하기 위해 앞으로 탄소 배출량이 많은 식재료를 구입할 거야."

(   )

7

글의
구조

빈칸에 알맞은 말을 써서, 이 글의 짜임을 정리해 보세요.

<저탄소 식단으로 먹어요>

목적 ─ 음식이 환경에 미치는 영향을 알아보고, 저탄소 식단을 체험하고 계획하기

프로그램 안내
• 저탄소 식재료 알아보기
• 저탄소 요리 ❶(   )
• 저탄소 식단 계획하기

참가 안내 ─ 기간, ❷(   ), 참가비, 참가 신청 방법, 참가자 발표 등

⬇

<저탄소 식단으로 먹어요> 캠페인은 ❸(   )을 보호하기 위해 탄소 배출량이 적은 식품을 섭취하는 식습관을 알리는 캠페인이다.

1 다음 뜻에 알맞은 낱말을 완성하여 쓰세요.

(1) 음식의 재료. → [ㅅ][ㅈ][ㄹ]

(2) 알맞은 시기나 때. → [ㅈ][ㅊ]

(3) 영양분 등을 몸속에 받아들이다. → [ㅅ][ㅊ][ㅎ][ㄷ]

(4) 어떤 물질을 안에서 밖으로 내보내는 양. → [ㅂ][ㅊ][ㄹ]

2 다음 낱말이 들어갈 문장을 찾아 선으로 이으세요.

(1) 수료 ·

· ㉮ 전 학년 교육 과정을 (　　　)해야 졸업할 수 있다.

(2) 통보 ·

· ㉯ 이번 대회에서 우승한 선수에게는 메달이 (　　　)된다.

(3) 수여 ·

· ㉰ 시험 결과는 모든 응시자에게 이메일로 (　　　)될 예정이다.

확장

3 다음 낱말이 아래의 문장에서 어떤 뜻으로 사용되었는지 찾아 번호를 쓰세요.

미치다

① 영향이나 작용 등이 대상에 가해지다. 또는 그것을 가하다.

② 어떤 상태가 너무 심해서 정신이 없어질 정도로 괴로워하다.

(1) 오늘따라 전학 간 민아가 <u>미치도록</u> 보고 싶다. (　　　)

(2) 부모님은 자녀에게 많은 영향을 <u>미치는</u> 존재이다. (　　　)

오늘
나의 실력은?    부모님의
응원 한마디 

☑ 설명문
☐ 논설문
☐ 실용문
☐ 시
☐ 동화
☐ 극본

1 여러분은 '입이 무겁다'라는 말의 뜻을 알고 있나요? 이 말은 알고 있는 사실을 쉽게 말하지 않는다는 뜻이에요. 우리말에는 이렇게 우리 몸과 관련된 ✚관용 표현이 많이 있어요. 관용 표현이란, 원래의 뜻과는 다른 새로운 뜻으로 ㉠굳어져 쓰는 표현을 말해요. 우리가 자주 쓰는 몸과 관련된 관용 표현에는 어떤 말들이 있을까요?

2 첫 번째로 '머리를 굴리다'라는 말이 있어요. 이 말은 진짜로 머리를 돌려서 굴리는 게 아니라, 문제를 해결하기 위해 열심히 생각한다는 뜻이에요. 예를 들어, "숙제를 어떻게 해결할지 머리를 굴리고 있다."처럼 쓸 수 있어요.

3 두 번째는 '가슴을 펴다'예요. 이 말은 ✚굽힐 것 없이 자신감 있고 ✚당당하다는 뜻이에요. 발표를 앞두고 걱정하는 친구에게 용기를 북돋아 줄 때, "긴장하지 말고 가슴을 펴고 당당하게 말해."라고 말해 줄 수 있지요.

4 세 번째, '손에 땀을 쥐다'라는 말은 어떤 상황이나 일이 너무 긴장되어서 손에 땀이 나게 만든다는 뜻이에요. 예를 들어, 양 팀의 실력이 ✚막상막하인 축구 경기를 볼 때 손에 땀을 쥔다고 말할 수 있지요.

5 네 번째, '입을 모으다'라는 말은 여러 사람이 같은 의견을 가지고 말한다는 뜻이에요. 친구들과 어떤 게임을 할지 결정할 때, 모두가 같은 게임을 하자고 입을 모으면 그 게임을 하게 되겠지요.

6 마지막으로, '발이 넓다'라는 말이 있어요. 이 말은 많은 사람을 알고 활동 ✚범위가 넓다는 의미예요. 그래서 많은 친구들과 잘 지내는 친구를 발이 넓다고 표현하지요.

7 이렇게 우리 몸과 관련된 관용 표현들은 일상생활 속에서 자주 사용되고, 이해하기도 쉬워요. 관용 표현을 적절한 상황에서 잘 사용하면 말하고 싶은 내용을 더욱 효과적으로 전달할 수 있어요. 앞으로 이런 관용 표현들을 듣거나 사용할 때, 그 의미를 잘 생각하면서 올바르게 사용하도록 해요.

낱말 풀이

✚ **관용**: 오랫동안 습관적으로 자주 써서 그러한 형태로 늘 씀. 또는 그렇게 쓰는 것.

✚ **굳어져**: 반복되어 나타나는 일이나 현상, 말이나 행동 등이 고정되어 남아.

✚ **굽힐**: 자신의 뜻, 의견, 주장 등을 꺾고 남을 따를.

✚ **당당하다**: 모습이나 태도가 자신 있고 거리낌이 없이 떳떳하다.

✚ **막상막하**: 누가 더 나은지 가릴 수 없을 만큼 차이가 거의 없음.

✚ **범위**: 일정하게 한정된 영역.

쏙쏙! 내용 정리

에 들어갈 알맞은 낱말을 글에서 찾아 쓰세요.

1 ㄱㅇ 표현이란, 원래의 뜻과는 다른 새로운 뜻으로 굳어져 쓰는 표현을 말한다.

✏ ___________

2 '머리를 ㄱㄹㄷ'라는 관용 표현은 문제를 해결하기 위해 열심히 생각한다는 뜻이다.

✏ ___________

3 자신감 있고 당당하다는 뜻으로 사용하는 관용 표현은 '가슴을 ㅍㄷ'이다.

✏ ___________

4 긴장되는 상황에서 사용되는 관용 표현으로 '손에 ㄸ을 쥐다'가 있다.

✏ ___________

5 여러 사람이 같은 의견을 가지고 말할 때 사용하는 관용 표현은 '입을 ㅁㅇㄷ'이다.

✏ ___________

6 많은 사람을 알고 활동 범위가 넓다는 의미의 관용 표현은 '발이 ㄴㄷ'이다.

✏ ___________

7 관용 표현들을 듣거나 사용할 때, 그 ㅇㅁ를 잘 생각하면서 올바르게 사용하자.

✏ ___________

1
글의 종류

이 글에 사용된 설명 방법은 무엇인가요? (   )

① 일이 일어난 원인과 결과를 설명하고 있다.
② 대상의 변화 과정을 순서대로 설명하고 있다.
③ 대상을 일정한 기준에 따라 묶어서 설명하고 있다.
④ 대상의 공통점과 차이점을 비교하며 설명하고 있다.
⑤ 대상의 뜻을 풀이하고, 구체적인 예를 들어 설명하고 있다.

2
내용 이해

우리 몸과 관련된 관용 표현에 대한 설명으로 알맞지 <u>않은</u> 것은 무엇인가요? (   )

① 일상생활 속에서 자주 사용된다.
② 의미를 잘 생각하면서 올바르게 사용해야 한다.
③ 상황에 따라 다른 뜻으로 쓰여서 이해하기가 어렵다.
④ 원래의 뜻과 다른 새로운 뜻으로 굳어져 쓰는 표현이다.
⑤ 잘 사용하면 말하고 싶은 내용을 효과적으로 전달할 수 있다.

3
내용 이해

이 글의 내용으로 알맞은 것을 찾아 기호를 쓰세요.

> ㉮ '발이 넓다'는 친구가 많고 활동 범위가 넓다는 뜻이다.
> ㉯ '머리를 굴리다'는 문제를 해결하기 위해 실제로 머리를 돌린다는 뜻이다.
> ㉰ '손에 땀을 쥐다'는 상황이나 일이 너무 지루해져서 손에 땀이 난다는 뜻이다.

(   )

4
어휘

㉠의 뜻으로 알맞은 것을 찾아 ○표 하세요.

(1) 무르던 것이 단단하거나 딱딱하게 되어. (   )
(2) 표정이나 태도 등이 어둡거나 딱딱하게 되어. (   )
(3) 반복되어 나타나는 일이나 현상, 말이나 행동 등이 고정되어 남아. (   )

밑줄 친 관용 표현을 알맞게 사용하지 <u>못한</u> 친구의 이름을 쓰세요.

> 소담: 내 짝은 친한 친구들이 정말 많고 <u>발이 넓어</u>.
>
> 도율: 어젯밤에 무서운 영화를 보면서 <u>손에 땀을 쥐었어</u>.
>
> 예솔: 어려운 수학 문제를 풀기 위해 열심히 <u>머리를 굴렸어</u>.
>
> 강준: 학급 회의에서 친구들이 각자 다른 의견으로 <u>입을 모았어</u>.
>
> 지우: 혁이는 많은 사람들이 모인 자리에서도 <u>가슴을 펴고</u> 말했어.

(   )

'발이 넓은 사람'의 특징으로 알맞지 <u>않은</u> 것은 무엇인가요? (   )

① 많은 친구들과 잘 지내고 여러 모임에 참여한다.

② 여러 가지 취미가 있고 다양한 사람들과 소통한다.

③ 이곳저곳을 다니면서 여러 활동을 하며 다양한 경험을 쌓는다.

④ 학교나 동네에서 만나는 사람들과 반갑게 인사하며 안부를 묻는다.

⑤ 새로운 사람을 만나는 것을 두려워하고 혼자 있는 시간을 좋아한다.

빈칸에 알맞은 말을 써서, 이 글의 짜임을 정리해 보세요.

몸과 관련된
❶(   )

❷( )를 굴리다	가슴을 펴다	❸손에 ( )을 쥐다	❹( )을 모으다	발이 넓다
문제를 해결하기 위해 열심히 생각한다.	굽힐 것 없이 자신감 있고 당당하다.	어떤 상황이나 일이 너무 긴장되어서 손에 땀이 나게 만든다.	여러 사람이 같은 의견을 가지고 말한다.	많은 사람을 알고 활동 범위가 넓다.

⬇

우리 몸과 관련된 관용 표현들은 일상생활 속에서 자주 사용되고, 이해하기도 쉽다.

1 다음 낱말의 뜻을 보기 에서 찾아 기호를 쓰세요.

보기
㉮ 무엇을 어떻게 하기로 분명하게 정하다.
㉯ 모습이나 태도가 자신 있고 거리낌이 없이 떳떳하다.
㉰ 누가 더 나은지 가릴 수 없을 만큼 차이가 거의 없음.
㉱ 오랫동안 습관적으로 자주 써서 그러한 형태로 늘 씀. 또는 그렇게 쓰는 것.

(1) 관용: (　　　　　　)　　　(2) 당당하다: (　　　　　　)
(3) 막상막하: (　　　　　　)　　　(4) 결정하다: (　　　　　　)

2 다음 초성과 뜻을 참고하여 빈칸에 알맞은 낱말을 쓰세요.

(1) ㅂㅇ: 일정하게 한정된 영역.
　　㉘ 선생님께서 말씀하신 (　　　　　　) 안에서 시험 문제가 나온다.
(2) ㅇㄱ: 어떤 대상이나 현상 등에 대해 나름대로 판단하여 가지는 생각.
　　㉘ 사람들마다 (　　　　　　)이/가 달라서 아직 결론을 내지 못했다.
(3) ㅅㅎ: 일이 진행되어 가는 형편이나 모양.
　　㉘ 두 선수는 어려운 (　　　　　　)에서도 최선을 다해 경기에 임했다.

확장
3 다음 낱말의 뜻을 보고, 문장에 어울리는 낱말을 찾아 ○표 하세요.

굽히다	자신의 뜻, 의견, 주장 등을 꺾고 남을 따르다.
굳히다	변하거나 흔들리지 않을 만큼 의지나 뜻, 결심 등을 강하게 하다.

(1) 이 일을 계기로 반장 선거에 출마하기로 결심을 (굳혔다, 굽혔다).
(2) 이번에는 시험 공부를 열심히 하기로 마음을 단단히 (굳혔다, 굽혔다).
(3) 선비는 가난했지만 끝까지 청렴하게 살겠다는 뜻을 (굳히지, 굽히지) 않았다.

오늘
나의 실력은?　  　부모님의
응원 한마디

설명문
논설문
실용문
☑ 시
동화
극본

넌 바보다

신형건

씹던 껌을 아무 데나 퉤 뱉지 못하고

종이에 싸서 쓰레기통으로 달려가는

너는 참 바보다.

개구멍으로 쏙 빠져나가면 금방일 것을

비잉 돌아 교문으로 다니는

너는 참 바보다.

얼굴에 검댕 칠을 한 연탄장수 아저씨한테

만날 때마다 꾸벅, 인사하는

너는 참 바보다.

호랑이 선생님이 전근 가신다고

아무도 흘리지 않는 눈물을 혼자 찔끔거리는

너는 참 바보다.

그까짓 게 뭐 그리 대단하다고

민들레 앞에 쪼그리고 앉아 한참 바라보는

너는 참 바보다.

내가 아무리 거짓으로 허풍을 떨어도

눈을 동그랗게 뜨고 머리를 끄덕여 주는

너는 참 바보다.

바보라고 불러도 화내지 않고

씨익 웃어 버리고 마는 너는

정말 정말 바보다.

그럼 난 뭐냐?

그런 네가 좋아서 그림자처럼

네 뒤를 졸졸 따라다니는

나는?

낱말 풀이

개구멍: 담이나 울타리 또는 대문 밑에 개가 드나들 정도로 작게 나 있는 구멍.

검댕: 그을음이나 연기가 엉겨 생기는, 검은 물질.

연탄장수: 무연탄과 목탄 등의 가루를 굳혀서 덩어리로 만든 연료를 파는 사람.

전근: 근무하는 곳을 옮김.

찔끔거리는: 액체 등이 조금씩 자꾸 새어 흐르거나 나왔다 그쳤다 하는.

허풍: 실제보다 지나치게 부풀려 믿기 어려운 말이나 행동.

그림자: 물체가 빛을 받을 때 빛의 반대쪽 바닥이나 벽에 나타나는 그 물체의 검은 모양.

쏙쏙! 내용 정리

□에 들어갈 알맞은 낱말을 글에서 찾아 쓰세요.

1 씹던 껌을 종이에 싸서 ㅆ ㄹ ㄱ ㅌ 으로 달려가고, 개구멍을 두고 비잉 돌아 교문으로 다니는 너는 참 바보다.

🖉 _______________

2 연탄장수 아저씨를 만날 때마다 꾸벅 ㅇ ㅅ 하고, 호랑이 선생님이 ㅈ ㄱ 가신다고 혼자 우는 너는 참 바보다.

🖉 _______________

3 ㅁ ㄷ ㄹ 를 한참 바라보고, 내가 ㅎ ㅍ 을 떨어도 눈을 동그랗게 뜨고 머리를 끄덕여 주고, 바보라고 불러도 웃어 버리는 너는 참 바보다.

🖉 _______________

4 나는 네가 좋아서 ㄱ ㄹ ㅈ 처럼 졸졸 따라다닌다.

🖉 _______________

---

1 (중심 글감) 이 시에 대한 다음 설명의 빈칸에 들어갈 알맞은 낱말을 쓰세요.

> 말하는 이는 친구의 모습을 보고, '너는 참 □□다.' 라고 반복하여 말했다.

2 (내용 이해) '너'가 한 행동으로 알맞지 <u>않은</u> 것은 무엇인가요?

( )

① 선생님이 전근 가실 때 눈물을 흘린다.
② '나'에게 거짓말을 하면 안 된다고 충고한다.
③ 연탄장수 아저씨에게 예의 바르게 인사한다.
④ 씹던 껌을 종이에 싸서 쓰레기통으로 달려간다.
⑤ 개구멍으로 빠르게 가지 않고 빙 돌아 교문으로 다닌다.

3 (내용 이해) '나'가 생각하는 바보 같은 행동은 무엇인가요? ( )

① 일등을 하려고 최선을 다하는 행동
② 가진 것이 많아도 더 아끼려는 행동
③ 다른 사람의 일을 대신 해 주는 행동
④ 누가 보지 않는데도 규칙을 지키는 행동
⑤ 쓸 수 있는 물건을 버리지 않고 재활용하려는 행동

4 (어휘) '너'를 표현한 사자성어로 가장 알맞은 것은 무엇인가요?

( )

① 백전백승(百戰百勝): 싸울 때마다 다 이김.
② 청출어람(靑出於藍): 제자가 스승보다 나음.
③ 다정다감(多情多感): 정이 많고 감정이 풍부함.
④ 만수무강(萬壽無疆): 아무런 탈 없이 아주 오래 삶.
⑤ 새옹지마(塞翁之馬): 인생은 변화가 많아 예측하기 어려움.

5 이 시의 '너'와 성격이 비슷한 친구를 모두 찾아 〇표 하세요.

적용

> 행실이 바른 민우　　　잘난 척하는 주연　　　까다로운 이준
>
> 조심성이 없는 하진　　　인정이 많은 유리　　　샘이 많은 세영

6 이 시에서 알 수 있는 '너'에 대한 '나'의 마음으로 알맞은 것은 무엇인가요?

추론

(　　　)

① '너'의 행동이 한심하고 안타깝다.

② '너'의 행동을 이해할 수 없어 답답하다.

③ '너'가 바보 같은 행동을 그만두기를 바란다.

④ '너'의 행동을 본받고 싶고 '너'와 친하게 지내고 싶다.

⑤ '너'의 행동이 올바르다고 생각하지만 '너'와 가까이 지내고 싶지는 않다.

7 빈칸에 알맞은 말을 써서, 이 글의 짜임을 정리해 보세요.

글의
구조

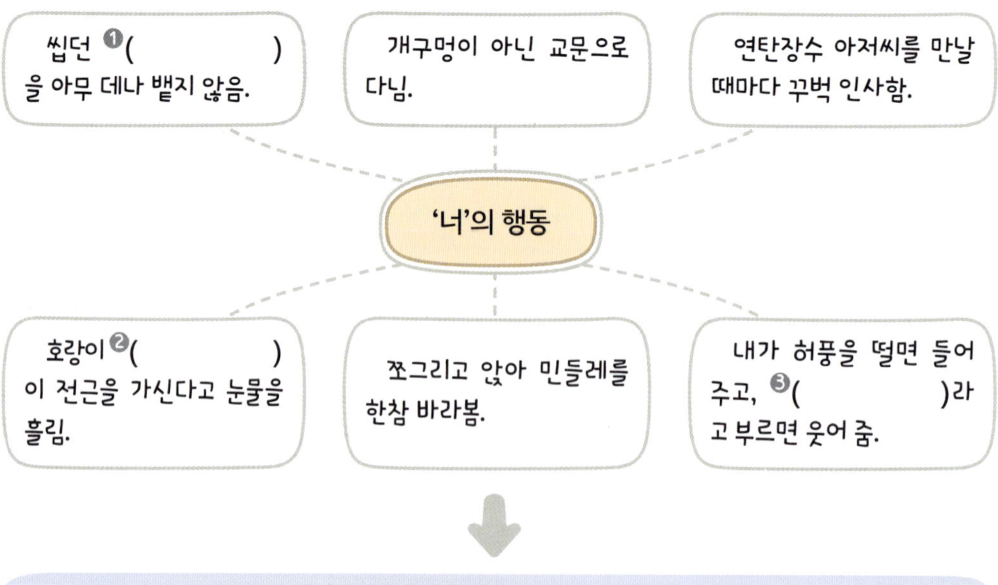

1 다음 뜻을 가진 낱말을 찾아 선으로 이으세요.

(1) 근무하는 곳을 옮김. • • ㉮ 허풍

(2) 그을음이나 연기가 엉겨 생기는, 검은 물질. • • ㉯ 전근

(3) 실제보다 지나치게 부풀려 믿기 어려운 말이나 행동. • • ㉰ 검댕

(4) 물체가 빛을 받을 때 빛의 반대쪽 바닥이나 벽에 나타나는 그 물체의 검은 모양. • • ㉱ 그림자

2 다음 문장의 빈칸에 들어갈 알맞은 낱말을 보기 에서 찾아 쓰세요.

> 보기
>
> 뱉다, 찔끔거리다, 쪼그리다

(1) 수박을 먹을 때 씨를 삼키지 않고 (　).
(2) 아이가 무서운 영화를 보고 눈물을 (　).
(3) 방이 좁아서 누울 때 등과 팔다리를 (　).

확장

3 ㉠~㉣ 중 다음 문장의 밑줄 친 낱말의 뜻으로 알맞은 것을 찾아 기호를 쓰세요.

> 동음이의어란 소리는 같지만 전혀 다른 뜻으로 사용되는 낱말을 말해요. 예컨대 ㉠'물건을 사람들에게 파는 사람.', ㉡'오래 삶.', ㉢'군사들을 이끄는 우두머리.', ㉣'종이나 유리 등의 수.'와 같이 여러 가지 뜻으로 사용되는 '장수'는 동음이의어이지요. 동음이의어가 사용되는 경우를 알면 상황에 따라 낱말의 정확한 뜻을 파악할 수 있고, 상황에 알맞은 낱말을 잘 사용할 수 있어 좋아요.

• 아흔이 넘으신 우리 할머니의 <u>장수</u> 비결은 바로 긍정적인 마음이다.　(   )

오늘 나의 실력은?   　　부모님의 응원 한마디

□ 설명문 ☑
□ 논설문
□ 실용문
□ 시
□ 동화
□ 극본

1 우리 주변의 동물들을 자세히 살펴보면 서로 다른 점을 많이 발견할 수 있다. 개나 고양이는 ✦발굽이 없는데 말이나 노루는 발굽이 있다. 참새의 ✦부리는 짧고 ✦뭉툭한데 딱따구리의 부리는 길고 뾰족하다. 똑같은 물고기라도 가자미는 납작하고 고등어는 통통하다. 그러면 이런 차이점이 왜 생겼을까?

2 동물이 지구에서 살기 시작한 것은 아주 오래전 일이다. 동물은 맨 처음 지구에 나타났을 때부터 지금까지, ✦저마다 살아남기 위한 ✦생존 ✦경쟁을 ✦치열하게 벌였다. 먹이를 잡으려고 ✦무리를 짓기도 하고, 때로는 더 나은 곳을 찾아서 옮겨 살기도 했다. 사는 곳이나 사는 ✦방식에 따라서 동물들은 그 생김새까지 바뀌게 되었다.

3 먹이를 얻고 위험을 피하려면 빨리 달려야 한다. 그래서 어떤 동물의 다리는 더 빨리, 더 멀리 달릴 수 있도록 발달했다. 말이나 노루는 발뒤꿈치가 사라지고 발굽만 남게 되었다. 빨리 달리려고 발끝만 쓰다 보니 가운뎃발가락의 발톱이 단단해져서 발굽이 된 것이다.

4 먹이에 따라서도 생김새가 많이 달라졌다. 같은 새라도 참새처럼 ✦곡식을 쪼아 먹는 새는 부리가 짧고 뭉툭하다. 딱따구리처럼 나무를 파서 벌레를 잡아먹는 새는 부리가 매우 뾰족하게 발달하였고, 매나 독수리처럼 고기를 먹고 사는 새는 부리가 고기를 찢기에 알맞게 발달하였다.

5 사는 곳에 따라서도 생김새가 많이 달라졌다. 같은 곤충이라도 물속에 사는 물방개는 뒷다리가 헤엄을 치기 좋게 생겼고, 땅속에 사는 땅강아지는 앞다리가 땅을 파기에 좋게 생겼다. 같은 물고기라도 물속 바닥에 사는 가자미와 멀리 헤엄쳐 다니는 고등어는 생김새가 많이 다르다. 저마다 자기가 사는 곳에 맞게 모습을 바꾸었기 때문이다.

낱말 풀이

✦ **발굽**: 말이나 소 등 초식 동물의 발끝에 있는 크고 단단한 발톱.

✦ **부리**: 단단하고 뾰족한 새의 주둥이.

✦ **뭉툭한데**: 끝이 뾰족하지 않고 굵고 짤막한데.

✦ **저마다**: 각각의 사람이나 사물마다.

✦ **생존**: 살아 있음. 또는 살아남음.

✦ **경쟁**: 어떤 분야에서 이기거나 앞서려고 서로 겨룸.

✦ **치열하게**: 기세나 세력 등이 타오르는 불꽃같이 몹시 사납고 세차게.

✦ **무리**: 여러 사람이나 동물, 사물 등이 함께 모여 있는 것.

✦ **방식**: 일정한 방법이나 형식.

✦ **곡식**: 쌀, 보리, 밀, 옥수수 등 주로 주식으로 쓰이는 먹거리.

 **쏙쏙! 내용 정리**

에 들어갈 알맞은 낱말을 글에서 찾아 쓰세요.

1 우리 주변의 동물들을 자세히 살펴보면 서로 ㄷㄹㅈ을 많이 발견할 수 있다.

✎ ______________

2 동물들이 생존 경쟁을 벌이면서 사는 ㄱ, 사는 ㅂㅅ에 따라서 생김새가 바뀌었다.

✎ ______________

3 어떤 동물들은 빨리 달릴 수 있도록 ㄷㄹ가 발달했고, 발굽만 남는 등 생김새가 바뀌었다.

✎ ______________

4 ㅁㅇ에 따라서도 동물들의 생김새가 많이 달라졌다.

✎ ______________

5 동물들은 ㅅㄴㄱ에 따라서도 생김새가 많이 달라졌다.

✎ ______________

1
중심
내용

이 글을 읽고, 빈칸에 알맞은 말을 쓰세요.

이 글은 ☐☐들의 ☐☐☐가 서로 달라진 원인을 밝혀 썼다.

2
내용
이해

말이나 노루의 발뒤꿈치가 사라지고 발굽만 남은 까닭은 무엇인가요? (　　　　)

① 발뒤꿈치를 많이 사용하다 보니 닳아 없어져서
② 빨리 달리다 보니 발가락이 전부 하나로 붙어 버려서
③ 더 빨리 달리기 위해 가운뎃발가락을 없애 버렸기 때문에
④ 높은 곳으로 기어올라 먹이를 구하러 다니느라 발바닥이 단단해져서
⑤ 먹이를 얻고 위험을 피하기 위해 발끝만 사용하여 빨리 달렸기 때문에

3
내용
이해

이 글에서 알 수 있는 동물들의 특징을 알맞게 정리한 것은 무엇인가요? (　　　　)

① 가자미, 고등어: 멀리 헤엄쳐 다닌다.
② 참새: 나무를 파서 벌레를 잡아먹는다.
③ 개, 고양이: 발톱이 단단해져서 된 발굽이 있다.
④ 땅강아지: 땅속에 살아 뒷다리보다 앞다리가 많이 짧다.
⑤ 물방개: 물속에 살아 뒷다리가 헤엄을 치기 좋게 생겼다.

4
어휘

다음 낱말에 포함되는 낱말을 보기 에서 각각 찾아 쓰세요.

보기
매, 가자미, 독수리, 고등어, 딱따구리

(1) 새: (　　　　　　　　　　　)

(2) 물고기: (　　　　　　　　　　)

5 먹이에 따른 새의 부리 모양으로 알맞은 것을 찾아 선으로 이으세요.

적용

(1)  ·

· ㉮ 

(2) 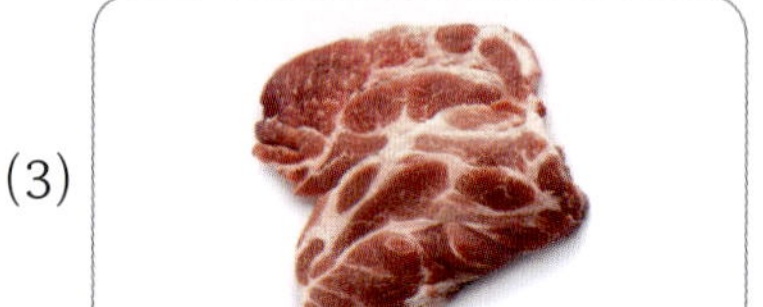 ·

· ㉯ 

(3) ·

· ㉰ 

6 이 글의 내용을 바르게 이해하여 말한 것을 찾아 기호를 쓰세요.

적용

> ㉮ 동물들은 지구에서 오래전부터 살아왔기 때문에 곧 멸종하게 될 거야.
>
> ㉯ 동물들은 무리를 지어 살아가기 위해서 모습을 똑같이 바꿀 수밖에 없었네.
>
> ㉰ 동물들은 생존 경쟁을 벌이며 사는 곳과 사는 방식에 맞게 모습을 바꿔 왔구나.

(   )

7 빈칸에 알맞은 말을 써서, 이 글의 짜임을 정리해 보세요.

글의
구조

> **동물들의 생김새가 다른 까닭**

원인
- 먹이를 얻고 위험을 피하려면 빨리 달려야 해서
- ❶(   )가 달라서
- ❷(   )이 달라서

↓

결과
동물들의 ❸(   )가 달라짐.

⬇

동물들은 사는 방식이나 먹이, 사는 곳에 알맞게 적응해 왔기 때문에
생김새가 서로 ❹(   )가 난다.

1 다음 뜻을 지닌 낱말을 보기 에서 찾아 쓰세요.

보기

부리, 무리, 생존, 저마다

(1) 살아 있음. 또는 살아남음. (   )
(2) 각각의 사람이나 사물마다. (   )
(3) 단단하고 뾰족한 새의 주둥이. (   )
(4) 여러 사람이나 동물, 사물 등이 함께 모여 있는 것. (   )

2 다음 문장의 빈칸에 들어갈 알맞은 낱말을 찾아 선으로 이으세요.

(1) 쌀, 보리, 밀, 옥수수는 (   )이다.   •   ㉮   방식

(2) 그 쌍둥이는 (   )을 찾기 어려울 정도로 닮았다.   •   ㉯   곡식

(3) 그는 부자이지만, 검소한 생활 (   )을 유지하고 있다.   •   ㉰   차이점

확장

3 다음 밑줄 친 낱말과 뜻이 통하는 낱말을 보기 에서 찾아 쓰세요.

보기

치열하다, 뭉툭하다, 납작하다, 뾰족하다

(1) 기업 간의 생존 경쟁이 <u>격렬하다</u>. (   )
(2) 밀가루로 반죽한 것을 <u>넓적하게</u> 폈다. (   )
(3) 칼끝이 <u>무뎌서</u> 고기가 잘 썰리지 않는다. (   )
(4) 맹수는 <u>날카로운</u> 발톱과 송곳니를 가지고 있었다. (   )

오늘
나의 실력은?        부모님의
응원 한마디

□ 설명문
□ 논설문
□ 실용문
□ 시
☑ 동화
□ 극본

1 신라 시대, 삼국을 통일한 위대한 문무왕은 죽음을 앞두고 아들 신문왕을 불러 마지막 부탁을 전했다.

"내가 세상을 떠나면, 동해 한가운데 바위섬에 나를 묻어라. 나는 죽어서도 용이 되어 ✛왜적이 신라를 ✛침범하지 못하게 지키겠다."

신문왕은 ✛유언에 따라 문무왕을 '대왕암'에 모시고, 아버지의 뜻을 ✛기려 동해 바닷가에 '감은사'라는 절을 세웠다.

2 그러던 어느 날, 동해의 바다 일을 보던 관리가 ㉠급히 신문왕을 찾아왔다.

"대왕암 ✛저편에서 보지 못했던 섬이 나타나 감은사를 향해 다가오고 있습니다."

3 신문왕은 즉시 동해안으로 향했다.

감은사에 도착해 바다를 바라보니 거북 모양의 섬이 보였다. 그 위에는 대나무가 서 있었는데, 낮에는 두 그루였던 대나무가 밤에는 하나로 합쳐졌다.

7일 동안 몰아치던 폭풍이 지나간 후, 신문왕은 배를 타고 섬으로 갔다.

잠시 후에 용이 나타나서 "이 대나무는 문무왕과 김유신 장군이 내리신 나라를 지키는 보물입니다. ㉮이것으로 피리를 만들면 ✛천하가 평화로워질 것입니다. 대나무를 베어 가져가십시오."라고 말하고 ㉡홀연히 사라졌다.

4 신문왕은 궁궐로 돌아와 신기한 대나무로 피리를 만들었다. 그리고 이 피리를 '만파식적'이라 이름 붙였다. 만파식적은 ✛신비한 힘이 있었다. 이 피리를 불면 적군이 물러가고, 병이 나으며, ✛가뭄에는 비가 오고, 장마에는 날씨가 ✛개었다. 폭풍이 올 때 불면 바람이 ✛잦아지고 물결이 ✛평온해졌다. 이후 만파식적은 신라의 보물이 되었고, 신라의 왕과 백성들은 오랫동안 평화를 누렸다고 한다.

낱말 풀이

✛ **왜적**: 적으로서의 일본이나 일본인.

✛ **침범하지**: 남의 땅이나 나라, 권리, 재산 등을 범하여 손해를 끼치지.

✛ **유언**: 죽음에 이르러 말을 남김. 또는 그 말.

✛ **기려**: 뛰어난 업적이나 본받을 만한 정신, 위대한 사람 등을 칭찬하고 기억해.

✛ **저편**: 말하는 사람과 듣는 사람으로부터 멀리 있는 곳이나 방향.

✛ **천하**: 하늘 아래 온 세상.

✛ **신비한**: 보통의 생각으로는 이해할 수 없을 만큼 놀랍고 신기한.

✛ **가뭄**: 오랫동안 비가 오지 않는 날씨.

✛ **개었다**: 흐리던 날씨가 맑아졌다.

✛ **잦아지고**: 거센 기운이 잠잠해지거나 가라앉고.

✛ **평온해졌다**: 걱정이나 탈이 없고 조용해졌다.

쏙쏙! 내용 정리

□에 들어갈 알맞은 낱말을 글에서 찾아 쓰세요.

1 문무왕은 자신이 죽으면 동해 한가운데 바위섬에 묻어 달라고 □□했다. 신문왕은 문무왕을 '대왕암'에 모시고, '□□□'를 세웠다.

✎ ____________________

2 어느 날, □□의 바다 일을 보던 관리가 신문왕을 찾아와 섬이 나타나 감은사를 향해 다가오고 있다고 알렸다.

✎ ____________________

3 동해안에서 신문왕이 만난 용은 대나무로 □□를 만들면 천하가 평화로워질 것이라고 말했다.

✎ ____________________

4 신문왕은 궁궐로 돌아와 대나무로 피리를 만들었고, 이 피리를 '□□□□'이라 이름 붙였다.

✎ ____________________

1 갈래

이 글의 특징으로 알맞은 것은 무엇인가요? (　　　)

① 글쓴이 자신의 일상을 기록한 글이다.

② 역사적 사실을 있는 그대로 쓴 글이다.

③ 여행 중에 겪은 일과 감상을 적은 글이다.

④ 실제 있었던 인물과 장소와 관련한 신비로운 글이다.

⑤ 등장인물들이 직접 자신의 이야기를 풀어 가는 글이다.

2 내용 이해

문무왕의 유언 내용은 무엇인가요? (　　　)

① 궁궐 옆에 자신을 묻어 달라는 것

② 동해 바닷가에 감은사를 세우라는 것

③ 자신의 무덤을 절 안에 만들어 달라는 것

④ 동해 한가운데 바위섬에 자신을 묻어 달라는 것

⑤ 자신이 가진 모든 재산을 백성들에게 나눠 주라는 것

3 내용 이해

이 글의 내용으로 알맞지 <u>않은</u> 것은 무엇인가요? (　　　)

① 신문왕은 아버지의 뜻을 기려 감은사를 세웠다.

② 동해의 바다 일을 보던 관리가 신문왕을 찾아왔다.

③ 감은사가 대왕암 저편에의 섬 쪽으로 둥둥 떠서 사라졌다.

④ 용이 나타나 문무왕이 내린 보물인 대나무를 베어 가라고 말했다.

⑤ 신문왕이 신기한 대나무로 만든 피리는 신라에 평화를 가져왔다.

4 어휘

다음 낱말의 뜻을 찾아 선으로 이으세요.

(1) ㉠ '급히' ・ ・㉮ 뜻하지 않게 갑자기.

(2) ㉡ '홀연히' ・ ・㉯ 사정이나 형편이 빨리 처리해야 할 상태로.

5 추론

㉮ '이것'이 의미하는 것을 이 글에서 찾아 세 글자로 쓰세요.

(   )

6 감상

이 글을 읽고 감상을 알맞게 말한 친구의 이름을 모두 쓰세요.

> 영주: 신라 사람들은 나라가 평화롭기를 바라는 마음에서 신비한 피리인 만파식적에 대한 이야기를 전해 온 것 같아.
>
> 우성: 신문왕이 용을 만나고 신기한 대나무로 피리를 만들었다는 걸 보니 당시에는 신비한 일이 많이 일어났던 게 틀림없어.
>
> 민재: 문무왕이 죽어서도 용이 되어 왜적이 신라를 침범하지 못하게 지키겠다고 한 것을 보니 나라를 정말 아끼고 사랑했나 봐.

(   )

7 글의 구조

빈칸에 알맞은 말을 써서, 이 글의 짜임을 정리해 보세요.

> 신문왕은 문무왕의 유언에 따라 문무왕을 대왕암에 모심.

↓

> 동해에 신비한 섬이 나타나고, ❶(   )은 배를 타고 섬으로 들어감.

↓

> ❷(   )이 나타나 신기한 대나무를 베어 피리로 만들라고 함.

↓

> 신문왕은 대나무로 피리를 만들고 '❸(   )'이라고 이름 붙임.

↓

> 신비한 힘을 가진 만파식적은 신라의 ❹(   )이 되고, 신라는 오랫동안 평화를 누림.

이 이야기는 신비한 피리 '만파식적'에 얽힌 이야기로,
나라가 평화롭기를 바라던 신라 사람들의 바람이 담겨 있다.

1 다음 낱말의 뜻으로 알맞은 것을 찾아 선으로 이으세요.

(1) 천하 •

(2) 저편 •

(3) 유언 •

• ㉮ 하늘 아래 온 세상.

• ㉯ 죽음에 이르러 말을 남김. 또는 그 말.

• ㉰ 말하는 사람과 듣는 사람으로부터 멀리 있는 곳이나 방향.

2 다음 문장의 빈칸에 들어갈 알맞은 낱말을 보기 에서 찾아 쓰세요.

보기
평온, 왜적, 침범, 가뭄

(1) 매년 (　　　　　　)으로 피해를 입는 지역에 댐을 건설했다.

(2) 도로 위 중앙선을 (　　　　　　)하면 큰 사고가 발생할 수 있다.

(3) 엄마의 자장가 소리를 들은 아기가 (　　　　　　)한 표정이 되었다.

(4) (　　　　　　)은 바다를 통해 우리나라에 쳐들어와 물건을 빼앗아 갔다.

확장
3 다음 밑줄 친 낱말의 알맞은 뜻을 보기 에서 찾아 번호를 쓰세요.

보기
잦다
① 거센 기운이 잠잠해지거나 가라앉다.
② 기운이 깊이 스며들거나 배어들다.

(1) 거세었던 물결이 많이 <u>잦아서</u> 잔잔해졌다. (　　　)

(2) 추운 겨울바람이 봄속에 <u>잦아</u> 깊은 잠을 이룰 수 없었다. (　　　)

오늘
나의 실력은?   　　부모님의
응원 한마디

□ 설명문
☑ 논설문
□ 실용문
□ 시
□ 동화
□ 극본

1 요즘 많은 어린이가 이야기할 때 ✚은어나 ✚비속어를 사용한다. 국립국어원 조사에 따르면 조사 대상 초등학생의 93퍼센트가 비속어를 사용한 적이 있다고 한다. 만약 학생 열 명이 있다면 적어도 아홉 명은 비속어를 사용한 적이 있는 것이다. 비속어가 아닌 고운 말을 사용해야 하는 까닭은 무엇일까?

2 고운 말을 사용하면 서로 존중하는 마음을 전할 수 있다. 흔히 말이 눈에 보이지 않는 마음임을 표현할 때 "말은 마음의 거울"이라는 ✚격언을 사용한다. 이 말처럼 대화 상대를 존중하는 마음은 자연스럽게 고운 말로 표현되기 ✚마련이다. 존중하는 마음이 없다면 고운 말도 나오지 않는다.

3 고운 말을 사용하면 다른 사람과 ✚원활하게 대화할 수 있다. 은어나 비속어는 원활한 대화를 어렵게 하고 오해를 불러일으킨다. 단순히 재미있으려고 은어나 비속어를 사용했다가 친구들끼리 싸움으로 이어지는 경우도 있고, 어른과 어린이의 ✚일상적인 대화가 어려워지는 경우도 종종 있다.

4 고운 말을 사용하는 것은 우리말을 지키는 것과 같다. 말은 우리 민족의 ✚혼이 담긴 소중한 문화유산이다. 은어나 비속어를 사용한다면 그것이 우리 ✚후손에게 그대로 전해질 것이다. 고운 말을 사용해 아름다운 우리말을 지켜야 한다.

5 고운 말은 다른 사람을 존중하는 마음을 전할 수 있게 한다. 그리고 다른 사람과 대화를 원활하게 할 수 있게 한다. 또 고운 말을 사용하는 것은 우리말을 아름답게 가꾸고 지키는 일이다. 이제라도 고운 말을 사용하는 바른 언어 습관을 기르려고 노력하자.

낱말 풀이

✚ **은어**: 어떤 집단이나 계층의 사람들이 다른 사람들이 알아듣지 못하도록 자기들끼리만 사용하는 말.

✚ **비속어**: 격이 낮고 속된 말.

✚ **격언**: 오랜 시간 동안 사람들 사이에서 전해지는 인생에 대한 교훈이나 경계 등을 간결하게 표현한 말.

✚ **마련**: 당연히 그럴 것임을 나타내는 말.

✚ **원활하게**: 까다로운 데가 없이 원만하게.

✚ **일상적인**: 늘 있어서 특별하지 않은.

✚ **혼**: 사람의 몸 안에서 몸과 정신을 다스린다고 하는 것.

✚ **후손**: 자신의 세대에서 여러 세대가 지난 뒤의 자녀.

쏙쏙! 내용 정리

□에 들어갈 알맞은 낱말을 글에서 찾아 쓰세요.

1 요즘 은어나 비속어를 사용하는 어린이가 많은데, 대화할 때에는 ㄱㅇㅁ을 사용해야 한다.

2 고운 말로 서로 ㅈㅈ하는 마음을 전할 수 있다.

3 고운 말을 사용하면 다른 사람과 ㅇㅎ하게 대화할 수 있다.

4 고운 말을 사용하는 것은 아름다운 ㅇㄹㅁ을 지키는 것과 같다.

5 이제라도 고운 말을 사용하는 바른 ㅇㅇㅅㄱ을 기르기 위해 노력하자.

---

1 (중심 내용) 글쓴이의 주장은 무엇인가요? (   )

① 고운 말을 사용하자.

② 격언을 사용해 마음을 표현하자.

③ 새로운 우리말을 만들어 사용하자.

④ 다른 사람과 일상적인 대화를 자주 나누자.

⑤ 웃어른을 존중하는 마음을 담아 인사를 잘하자.

2 (내용 이해) 이 글에 나타난 문제 상황을 찾아 기호를 쓰세요.

> ㉮ 많은 어린이가 은어나 비속어를 사용하고 있다.
>
> ㉯ 많은 어린이가 친구와 대화하는 방법을 모르고 있다.
>
> ㉰ 가족끼리 서로 대화하는 시간이 점점 줄어들고 있다.

(   )

3 (내용 이해) 이 글에서 말한, 고운 말을 사용해야 하는 까닭을 모두 고르세요. (,   ,   )

① 고운 말로 서로 존중하는 마음을 전할 수 있다.

② 고운 말은 다른 사람과의 대화를 원활하게 한다.

③ 고운 말을 사용하는 것은 우리말을 지키는 것과 같다.

④ 은어나 비속어를 사용하면 친구들과 비밀 이야기를 할 수 있다.

⑤ 은어나 비속어도 문화유산이므로 후손에게 전해질 수 있도록 지켜 나가야 한다.

4 (어휘) 이 글에서 다음 낱말과 반대되는 뜻을 가진 낱말을 각각 찾아 쓰세요.

(1) 어른: (   )   (2) 조상: (   )

이 글을 바르게 이해하여 말한 친구는 누구인가요? (   )

① 은호: 요즘 유행하는 새로운 말들을 알게 되었어.

② 진주: 고운 말을 왜 사용해야 하는지를 다시 생각해 보게 되었어.

③ 미희: 친구 사이의 우정을 지키려면 무엇을 해야 할지 생각해 보게 되었어.

④ 현수: 우리가 사용하는 말의 가치와 소중함을 자세히 분석할 수 있게 되었어.

⑤ 세현: 친구들과 사이좋게 지낼 수 있는 방법이 다양하다는 것을 이해하게 되었어.

이 글을 읽고 글쓴이의 주장이 적절한지 파악하여 말한 내용으로 알맞은 것에 ○ 표, 알맞지 <u>않은</u> 것에 X표 하세요.

고운 말을 쓰자는 주장은 은어와 비속어를 많이 쓰는 문제 상황을 해결하는 데 도움이 되므로 적절해.	주장을 뒷받침하는 '고운 말을 사용하면 다른 사람과 원활하게 대화할 수 있다.'는 내용은 사실이므로 적절해.	주장과 뒷받침하는 내용이 서로 관련은 없지만 고운 말을 사용하자는 주장은 옳은 말이므로 적절해.
(1) ( )	(2) ( )	(3) ( )

빈칸에 알맞은 말을 써서, 이 글의 짜임을 정리해 보세요.

1. 고운 말로 서로 ❶(   ) 마음을 전할 수 있음.

2. 고운 말은 다른 사람과의 ❷(   )를 원활하게 함.

3. 고운 말을 사용하는 것은 우리말을 ❸(   ) 것과 같음.

은어나 ❹(   )가 아닌 고운 말을 사용하는
바른 언어 습관을 기르기 위하여 노력하자.

1 다음 뜻에 알맞은 낱말을 완성하여 쓰세요.

(1) 격이 낮고 속된 말. → ㅂ ㅅ ㅇ

(2) 늘 있어서 특별하지 않은 것. → ㅇ ㅅ ㅈ

(3) 자신의 세대에서 여러 세대가 지난 뒤의 자녀. → ㅎ ㅅ

(4) 사람의 몸 안에서 몸과 정신을 다스린다고 하는 것. → ㅎ

2 다음 낱말이 들어갈 문장을 찾아 선으로 이으세요.

(1) 마련 ·

(2) 원활 ·

(3) 존중 ·

· ㉮ 겨울이 가면 봄이 오기 (   )이다.

· ㉯ 가까운 친구 사이일수록 서로 (   ) 해야 한다.

· ㉰ 인터넷을 사용하여 멀리 있는 사람과도 (   )하게 대화할 수 있다.

확장

3 다음 밑줄 친 낱말과 비슷한 뜻을 가진 낱말을 찾아 ○표 하세요.

어항 속의 금붕어를 자세히 본 적이 있나요? 금붕어는 <u>종종</u> 입을 뻐끔뻐끔 움직여요. 금붕어는 물속에 녹아 있는 산소를 얻으려고 입을 뻐끔뻐끔 움직이는 거예요. 이렇게 입을 움직여서 물을 마신 다음, 이 물을 가슴 양쪽에 있는 아가미로 보내 산소를 얻고 밖으로 내보내요.

(제각기, 좀처럼, 때때로)

오늘
나의 실력은?   

부모님의
응원 한마디

☑ 설명문
☐ 논설문
☐ 실용문
☐ 시
☐ 동화
☐ 극본

낱말 풀이

✦ **결합한**: 둘 이상의 사물이나 사람이 서로 관계를 맺어 하나가 된.

✦ **의상**: 배우나 무용수가 무대 위에서 입는 옷.

✦ **혼합되어**: 여러 가지가 뒤섞여 한데 합해져.

✦ **오케스트라**: 관악기, 타악기, 현악기 등 여러 가지 악기로 연주하는 단체.

✦ **공연**: 여러 사람 앞에서 연극, 무용, 음악 등을 보이는 것.

✦ **반주**: 노래나 기악 연주를 돕기 위해 다른 악기를 연주함. 또는 그 연주.

✦ **성량**: 사람이 낼 수 있는 소리의 크기나 강한 정도.

✦ **원어**: 번역하거나 고치기 전의 말.

✦ **번역하여**: 말이나 글을 다른 언어의 말이나 글로 바꾸어 옮기어.

✦ **연출**: 각본에 따라 모든 일을 지시하고 감독하여 하나의 작품으로 만드는 일.

✦ **고전적인**: 옛날의 방식을 따르는.

---

1 오페라와 뮤지컬은 음악과 연극을 ✦결합한 음악극이라는 점이 같다. 오페라와 뮤지컬은 모두 노래와 연기를 통해 관객들에게 이야기를 전달한다. 또한, 무대 장치, 배우들의 ✦의상을 통해 이야기를 시각적으로 보여 주기도 한다.

2 그러나 오페라와 뮤지컬은 이야기나 감정의 표현 방식이 다르다. 우선 오페라는 대사의 대부분이 노래로 되어 있다. 즉, 오페라의 가수들은 등장인물의 이야기를 주로 노래로 표현한다. 반면 뮤지컬에서는 대사와 노래가 ✦혼합되어 있다. 그래서 등장인물들은 말로 대화를 하다가도 중요한 순간에 노래로 감정을 표현한다.

3 음악도 서로 다르다. 오페라는 일반적으로 클래식 음악으로 구성되어 있다. 그리고 관객과 무대 사이에 음악을 연주하는 ✦오케스트라가 있어 이 오케스트라와 함께 ✦공연을 한다. ㉠ 뮤지컬은 현대적인 음악인 팝이나 록 등 다양한 음악을 사용하고, 오케스트라나 밴드의 연주를 활용하기도 하지만 때로는 녹음된 ✦반주를 사용하기도 한다.

4 공연 방식에도 차이가 있다. 먼저 오페라에서는 마이크를 사용하지 않는다. 그래서 오페라는 소리가 잘 전달되는 오페라 극장에서 공연을 하며 무대에 서는 오페라 가수는 풍부한 ✦성량으로 극장 안에 있는 모든 관객이 들을 수 있도록 노래를 부른다. 그에 반해 뮤지컬은 대부분 마이크를 사용하여 배우의 목소리를 크게 해 준다. 또한 오페라는 오페라가 작곡된 ✦원어인 이탈리아어, 프랑스어 등으로 노래를 부르는 경우가 많지만 뮤지컬은 공연되는 나라의 언어로 ✦번역하여 부르는 경우가 많다.

5 ✦연출이나 무대 디자인도 서로 다르다. 오페라는 전통적이고 ✦고전적인 무대 디자인과 의상을 사용하는 경우가 많다. 그러나 뮤지컬은 보다 현대적이고 다양한 무대 디자인과 의상을 활용한다. 오페라는 이야기의 내용이 문학 작품이나 역사적인 사건을 다루는 경우가 많고 그에 비해 뮤지컬은 일상적이면서도 현대적인 내용을 다루는 경우가 많기 때문이다.

쏙쏙! 내용 정리

□에 들어갈 알맞은 낱말을 글에서 찾아 쓰세요.

1 오페라와 뮤지컬은 음악과 연극을 결합한 ㅇㅇㄱ이라는 점이 같다.

____

2 오페라와 뮤지컬은 이야기나 감정의 ㅍㅎㅂㅅ이 다르다.

____

3 오페라와 뮤지컬은 ㅇㅇ이 서로 다르다.

____

4 오페라와 뮤지컬은 ㄱㅇㅂㅅ에도 차이가 있다.

____

5 오페라와 뮤지컬은 ㅇㅊ과 무대 디자인도 서로 다르다.

____

1 핵심어
이 글에서 설명한, 음악극이라는 공통점을 갖고 있는 두 대상을 쓰세요.

(,   )

2 내용 이해
오페라의 특징이 <u>아닌</u> 것은 무엇인가요? (   )

① 마이크를 사용하는 경우가 많다.
② 대사의 대부분이 노래로 되어 있다.
③ 소리가 잘 전달되는 오페라 극장에서 공연을 한다.
④ 클래식 음악을 연주하는 오케스트라와 공연을 한다.
⑤ 전통적이고 고전적인 무대 디자인과 의상을 사용한다.

3 내용 이해
오페라와 뮤지컬에 대한 설명을 보기에서 각각 찾아 기호를 쓰세요.

> **보기**
> ㉮ 녹음된 반주를 사용하기도 한다.
> ㉯ 대부분 작곡된 원어로 노래를 부른다.
> ㉰ 현대적인 음악인 팝이나 록 음악 등도 사용된다.
> ㉱ 말로 대화를 하다가 중요한 순간에 노래로 감정을 표현한다.
> ㉲ 이야기의 내용이 문학 작품이나 역사적인 사건을 다루는 경우가 많다.

(1) 오페라: (   ) (2) 뮤지컬: (   )

4 어휘
㉠에 들어갈 가장 알맞은 말은 무엇인가요? (   )

① 또   ② 게다가   ③ 반면에
④ 그래서   ⑤ 왜냐하면

5
이 글의 내용을 학급 친구들에게 소개할 때, 추가로 활용하면 좋은 자료는 무엇인가요? (　　　　)

① 노래를 잘 부르기 위한 방법을 소개하는 자료
② 오페라와 뮤지컬 공연 장면을 보여 주는 영상
③ 뮤지컬 공연의 입장료 변화를 알려 주는 자료
④ 우리나라에서 그동안 공연된 뮤지컬 작품 목록
⑤ 인터넷으로 뮤지컬이나 오페라 공연을 예약하는 방법

6
다음 중 오페라를 보고 감상을 말한 친구의 이름을 쓰세요.

> 가람: 우리말로 번역된 공연을 보아서 등장인물의 대사와 이야기의 내용을 이해하는 데에 어려움이 없었어.
>
> 나래: 고양이 역할을 맡은 배우가 사전에 녹음된 멜로디에 맞춰 노래를 부르기 시작하자 관객들은 숨을 죽이고 배우의 목소리에 집중했어.
>
> 다솜: 극장 안을 가득 메운 가수의 목소리가 가슴을 뛰게 했어. 마이크도 없이 그렇게 노래를 부르다니…… 이탈리아어로 들으니 더욱 공연에 빠져들었던 것 같아.

(　　　　　　　　　　)

7
빈칸에 알맞은 말을 써서, 이 글의 짜임을 정리해 보세요.

오페라		뮤지컬
이야기를 주로 노래로 표현함.	표현 방식	❶(　　　　　　)와 노래가 혼합되어 있음.
클래식 음악을 ❷(　　　　　)가 연주함.	음악	팝이나 록 등 다양한 음악을 사용하며 때로는 녹음된 반주를 사용함.
마이크 없이 노래를 부르고, 작곡된 원어로 부름.	공연 방식	대부분 마이크를 사용하고, 번역하여 부르는 경우가 많음.
전통적이고 고전적인 무대 디자인과 의상을 사용함.	연출, 무대 디자인	❸(　　　　　)이고 다양한 무대 디자인과 의상을 활용함.

오페라와 뮤지컬은 음악극이라는 점은 같지만, 여러 가지 다른 점이 있다.

1 다음 낱말의 뜻을 [보기]에서 찾아 기호를 쓰세요.

[보기]
㉮ 번역하거나 고치기 전의 말.
㉯ 사람이 낼 수 있는 소리의 크기나 강한 정도.
㉰ 여러 사람 앞에서 연극, 무용, 음악 등을 보이는 것.
㉱ 둘 이상의 사물이나 사람이 서로 관계를 맺어 하나가 됨.

(1) 공연: (　　　　　　)　　(2) 결합: (　　　　　　)
(3) 성량: (　　　　　　)　　(4) 원어: (　　　　　　)

2 다음 초성과 뜻을 참고하여 빈칸에 알맞은 낱말을 쓰세요.

(1) ㅂㅇ: 말이나 글을 다른 언어의 말이나 글로 바꾸어 옮김.
　　예 선생님은 영어로 쓰인 동화를 우리말로 (　　　　　　)하신다.
(2) ㅎㅎ: 여러 가지가 뒤섞여 한데 합해짐.
　　예 밀가루에 달걀과 우유를 (　　　　　　)해서 반죽을 만들었다.
(3) ㄴㅇ: 테이프나 판 또는 영화 필름 등에 소리를 기록함. 또는 그렇게 기록한 소리.
　　예 휴대 전화로 (　　　　　　)한 목소리를 여러 번 다시 들어 보았다.

확장

3 다음 낱말이 아래의 문장에서 어떤 뜻으로 사용되었는지 찾아 번호를 쓰세요.

부르다
① 곡조에 맞추어 노래의 가사를 소리 내다.
② 먹은 것이 많아 속이 꽉 찬 느낌이 들다.

(1) 영희는 음악 시간에 고운 목소리로 동요를 <u>불렀다</u>. (　　　)
(2) 저녁을 너무 많이 먹었더니 배가 <u>불러</u> 움직이기가 힘들었다. (　　　)

오늘 나의 실력은?   　　부모님의 응원 한마디

☐ 설명문
☐ 논설문
☐ 실용문
☐ 시
☑ 동화
☐ 극본

1 미국의 작은 마을에서 한 풍선 장수가 풍선을 팔고 있었습니다. 풍선 장수의 ✛단골 고객은 동네 꼬마들이었습니다. 그런데 아이들은 노는 데 정신이 팔려 풍선에는 관심 없는 것처럼 보였습니다. 그래서 장사 ✛수완이 뛰어났던 풍선 장수는 꾀를 내기로 했습니다. 아이들의 관심을 끌기 위하여 빨간 풍선을 하늘로 날려 보낸 것입니다.

"야! 풍선이다." / "잡아, 잡아!"

떠오르는 풍선들을 보고, ✛사방에 흩어져 있던 아이들이 풍선 장수 주변으로 우르르 몰려들기 시작했습니다.

2 풍선은 하늘 위로 높이 날아갔고, 아이들은 하늘로 간 알록달록한 풍선을 아쉬워하며 바라보았습니다. 풍선을 놓친 아이들이 풍선을 사기 위하여 모여들자, 풍선 장수는 ✛흥이 났습니다. 그래서 파란 풍선, 노란 풍선, 하얀 풍선을 하나씩 날려 보냈습니다. 차례차례 날아오른 풍선들은 드넓은 하늘로 높이 올라갔습니다.

3 근처의 아이들이 풍선을 하나씩 사 들고 간 뒤, 아까부터 ✛물끄러미 그 ✛광경을 보던 흑인 꼬마가 풍선 장수에게 조용히 다가왔습니다.

"저, 아저씨. 한 가지 궁금한 게 있는데요."

흑인 꼬마는 알록달록한 풍선 옆에 매달린 검정 풍선을 가리키며 말했습니다.

"아저씨, 이 검정 풍선을 하늘로 띄워 보내면, 이 풍선도 다른 것처럼 높이 날 수 있나요?"

4 풍선 장수는 ✛곰곰이 생각한 뒤 고개를 끄덕였습니다. 그리고 꽁꽁 묶어 두었던 검정 풍선들을 ✛모조리 풀었습니다. 끈이 풀린 검정 풍선들이 ✛일제히 하늘로 날아오르기 시작했습니다. 소년은 검정 풍선이 다른 풍선들과 똑같이 날아올라 점으로 사라질 때까지 풍선에서 눈을 떼지 못했습니다. 풍선 장수가 소년의 어깨를 감싸며 말했습니다.

"얘야, 하늘을 날게 만드는 것은 풍선의 색깔이 아니라 그 안에 든 것이란다."

"아……." / 그 순간 아이의 표정이 환해졌습니다. 풍선 장수의 지혜가 아이의 두려움까지 모두 날려 보낸 것입니다.

낱말 풀이

✛**단골**: 가게에 자주 오는 손님.

✛**수완**: 일을 계획하거나 처리해 나가는 솜씨.

✛**사방**: 둘레의 모든 곳.

✛**흥**: 즐거운 감정. 또는 즐거움을 일어나게 하는 감정.

✛**물끄러미**: 가만히 한 자리에서 한곳만 바라보는 모양.

✛**광경**: 어떤 일이나 현상이 벌어지는 장면 또는 모양.

✛**곰곰이**: 여러 방면으로 깊이 생각하는 모양.

✛**모조리**: 하나도 빠짐없이 모두.

✛**일제히**: 여럿이 한꺼번에.

☐에 들어갈 알맞은 낱말을 글에서 찾아 쓰세요.

1 미국의 작은 마을에서 한 풍선 장수가 ☐삐☐ㄱ☐ㅍ☐ㅅ을 하늘로 날려 보내 아이들의 관심을 끌었다.

✎ ________________

2 아이들이 풍선을 사기 위해 모여들자 흥이 난 풍선 장수는 색색의 풍선을 날렸고, 풍선은 ☐ㅎ☐ㄴ 높이 올라갔다.

✎ ________________

3  ☐ㅎ☐ㅇ 꼬마가 풍선 장수에게 검정 풍선도 높이 날 수 있는지 물었다.

✎ ________________

4  풍선 장수는 검정 풍선들을 풀어 날려 주었고, 흑인 꼬마에게 하늘을 날게 만드는 것은 풍선의 ☐ㅅ☐ㄲ이 아니라 그 안에 든 것이라고 말해 주었다.

✎ ________________

---

1 〔갈래〕 다음 질문에 알맞은 답을 이 글에서 찾아 쓰세요.

(1) 일이 일어난 곳은 어디인가요? (　　　　　　)

(2) 중심인물은 누구인가요? (　　　　，　　　　)

2 〔내용 이해〕 풍선 장수가 풍선을 팔기 위해 낸 꾀는 무엇인가요?

(　　)

① 아이들에게 풍선을 하나씩 나누어 주는 것
② 아이들이 좋아하는 색깔의 풍선을 공짜로 주는 것
③ 아이가 한 명씩 올 때마다 색색의 풍선을 보여 주는 것
④ 아이들의 관심을 끌기 위해 풍선을 하늘로 날려 보내는 것
⑤ 아이들이 궁금해하는 것에 대답을 해 주며 풍선을 파는 것

3 〔내용 이해〕 흑인 꼬마가 궁금해한 것은 무엇인가요? (　　　)

① 아이들은 왜 풍선을 좋아하는가?
② 검정색 풍선은 왜 날려 보내지 않는가?
③ 아저씨는 왜 풍선을 하늘로 날려 보냈는가?
④ 검정색 풍선도 다른 색깔의 풍선처럼 하늘 높이 오를 수 있는가?
⑤ 검정색 풍선은 왜 다른 알록달록한 색깔의 풍선처럼 많이 팔리지 않는가?

4 〔어법〕 밑줄 친 말이 바르게 쓰인 것은 무엇인가요? (　　　)

① 풍선을 하늘로 <u>띄워</u> 보냈다.
② 풍선 장수는 <u>곰곰히</u> 생각했다.
③ <u>흩어져</u> 있던 아이들이 모여들었다.
④ 풍선들이 <u>일제이</u> 하늘로 날아올랐다.
⑤ 묶어 두었던 풍선들을 <u>모졸이</u> 풀었다.

5 이 글에서 '하늘'과 '검정 풍선'이 의미하는 것은 무엇인지 찾아 선으로 이으세요.

(1) 하늘 •

(2) 검정 풍선 •

• ㉮ 희망

• ㉯ 검은 피부

6 이 글의 주제와 관련지어 생각할 때, 이 이야기를 들려주기에 가장 알맞은 친구는 누구인가요? (   )

> 주제: 중요한 것은 겉모습이 아니라 그 안에 담긴 것이다.

① 남에게 지는 것을 못 견디는 지우

② 자신이 맡은 일에 항상 최선을 다하는 경진

③ 당당하고 자신감이 넘쳐 모든 일에 앞장서는 주원

④ 친구들에 비해 작은 키 때문에 자신감이 부족한 수아

⑤ 자신의 것을 친구들이나 동생에게 아낌없이 양보하는 미연

7 빈칸에 알맞은 말을 써서, 이 글의 짜임을 정리해 보세요.

풍선 장수가 풍선을 하늘로 날리자, 아이들이 ❶( )을 사려고 모여듦.	→ 풍선 장수가 색색의 풍선을 날려 보낸 것을 본 흑인 꼬마가 검정 풍선도 높이 날 수 있는지 물음.	→ 풍선 장수가 묶어 두었던 검정 풍선을 풀자 다른 풍선들처럼 ❷( ) 높이 날아오름.

하늘을 날게 만드는 것은 풍선의 ❸(   )이 아니라 그 ❹(   )에 든 것이다.

1 다음 뜻을 가진 낱말을 찾아 선으로 이으세요.

(1) 하나도 빠짐없이 모두. ・ ・㉮ 흥

(2) 일을 계획하거나 처리해 나가는 솜씨. ・ ・㉯ 수완

(3) 가만히 한 자리에서 한곳만 바라보는 모양. ・ ・㉰ 모조리

(4) 즐거운 감정. 또는 즐거움을 일어나게 하는 감정. ・ ・㉱ 물끄러미

2 다음 문장의 빈칸에 들어갈 알맞은 낱말을 보기 에서 찾아 쓰세요.

> **보기**
>
> 단골, 사방, 일제히

(1) 봄이 되니 (　　　　　　)이/가 꽃으로 둘러싸였다.

(2) 수업이 끝나자 친구들이 (　　　　　) 자리에서 일어났다.

(3) 저 식당은 음식이 맛있어서 자주 가는 (　　　　　) 식당 중 하나이다.

확장

3 다음 낱말의 뜻을 보고, 문장에 어울리는 낱말을 찾아 ○표 하세요.

때다	난로 또는 아궁이에 불을 태우다.
떼다	붙어 있거나 이어져 있는 것을 떨어지게 하다. 또는 지켜보던 눈길을 거두다.

(1) 별장이 너무 추워서 난로에 불을 (땠다, 뗐다).

(2) 담벼락에 붙어 있던 커다란 벽보를 (땠다, 뗐다).

(3) 동생은 처음 본 신기한 학용품에서 눈을 (때지, 떼지) 못했다.

오늘
나의 실력은?   

부모님의
응원 한마디

□ 설명문 ✔
□ 논설문
□ 실용문
□ 시
□ 동화
□ 극본

낱말 풀이

✚ **권리**: 어떤 일을 하거나 다른 사람에게 요구할 수 있는 정당한 힘이나 자격.

✚ **이상**: 수량이나 정도가 일정한 기준을 포함하여 그보다 많거나 나은 것.

✚ **공평하게**: 한쪽으로 치우치지 않고 모든 사람에게 고르게.

✚ **선거**: 일정한 조직이나 집단에서 투표를 통해 대표자나 임원을 뽑음.

✚ **세금**: 국가 또는 지방 공공 단체가 필요한 경비로 사용하기 위하여 국민이나 주민으로부터 강제로 거두어들이는 돈.

✚ **동등한**: 등급이나 정도가 같은.

✚ **옹호**: 편들고 도움을 주어 지킴.

✚ **호응**: 상대방의 부름이나 물음에 대답하거나 요구에 맞춰 행동함.

✚ **찬사**: 훌륭함을 드러내어 칭찬하는 말이나 글.

✚ **번역되었습니다**: 어떤 언어로 된 글이 다른 언어의 글로 바뀌었습니다.

1 참정권은 나라의 대표자를 뽑거나 중요한 일을 결정하는 국민의 소중한 ✚권리입니다. 우리나라 국민은 만 18세 ✚이상이면 누구나 ✚공평하게 ✚선거나 투표에 참여하는 참정권을 가집니다. 한 나라의 국민이라면 누구나 누려야 하는 권리 중의 하나가 참정권입니다. 고대 그리스 시대의 남성은 지금으로부터 약 2,500년 전에 참정권을 가졌습니다. 그러나 ㉠여성이 참정권을 가지고 그들의 대표자를 뽑는 일에 참여하기 시작한 것은 백 년이 조금 넘었습니다.

2 세계에서 가장 먼저 여성의 참정권을 인정한 나라는 뉴질랜드입니다. 뉴질랜드는 1893년부터 세계 최초로 여성도 투표에 참여하였습니다. 그 뒤를 이어 오스트레일리아, 핀란드, 노르웨이 등이 차례로 여성의 참정권을 인정하였습니다. 그리고 미국은 1920년에, 영국은 1928년에야 비로소 여성의 참정권을 인정하였습니다.

3 처음 영국에서는 ✚세금을 낼 수 있는 재산을 가진 남성만이 참정권을 가지고 있었습니다. 그러다가 재산이 적거나 없는 남성에게도 점차 참정권이 주어졌습니다. 하지만, 여성에게는 여전히 참정권이 주어지지 않았습니다. 많은 사람이 여성은 오로지 아내와 어머니의 역할만 충실히 하면 된다고 생각하였습니다. 대부분 이러한 생각을 하던 시대에 여성에게도 법적으로 ✚동등한 권리를 주어야 한다고 주장하는 사람이 있었습니다. 바로 메리 울스턴크래프트입니다.

4 메리 울스턴크래프트는 1792년 영국에서 출판된 『여성 권리의 ✚옹호』라는 책에서 "여성도 남성과 똑같은 권리를 가져야 한다."라는 주장을 하였습니다. 이처럼 여성에게도 법적으로 남성과 동등한 권리를 주어야 한다는 메리 울스턴크래프트의 주장은 여성들의 큰 ✚호응과 ✚찬사를 받았고, 『여성 권리의 옹호』는 세계 여러 나라 언어로 ✚번역되었습니다. 이 책의 인기는 그동안 여성들이 남성 중심의 사회와 남녀 불평등에 대하여 얼마나 많은 불만을 가지고 있었는지 말하여 줍니다.

정답 확인
11쪽

쏙쏙! 내용 정리

□에 들어갈 알맞은 낱말을 글에서 찾아 쓰세요.

1 ㅊㅈㄱ은 나라의 대표자를 뽑거나 중요한 일을 결정하는 국민의 소중한 권리이다.

✎ ____________________

2 가장 먼저 여성의 참정권을 인정한 나라는 ㄴㅈㄹㄷ이고, 그 후 오스트레일리아, 핀란드, 노르웨이, 미국, 영국 순으로 여성의 참정권을 인정하였다.

✎ ____________________

3 처음 영국에서는 ㄴㅅ만이 참정권을 가졌고, ㅇㅅ에게는 참정권이 주어지지 않았다.

✎ ____________________

4 메리 울스턴크래프트는 "여성도 남성과 똑같은 ㄱㄹ를 가져야 한다."라고 주장하였고, 여성들의 큰 호응과 찬사를 받았다.

✎ ____________________

---

1 중심 내용

이 글에서 주목하고 있는 것은 무엇인가요? (   )

① 여성의 참정권　　　　② 투표 방식의 변화

③ 국민의 의무와 권리　　④ 고대 그리스의 참정권

⑤ 가난한 남성의 참정권

2 내용 이해

참정권에 대한 설명으로 알맞은 것은 무엇인가요?

(   )

① 세금을 내는 사람이 가질 수 있는 권리이다.

② 부모가 되어 선거나 투표에 참여하는 권리이다.

③ 누구나 법적으로 재산을 가질 수 있는 권리이다.

④ 나라의 대표자를 뽑거나 중요한 일을 결정하는 권리이다.

⑤ 한 나라의 국민이라면 누구나 태어나자마자 갖는 권리이다.

3 내용 이해

㉠이 의미하는 바는 무엇인가요? (   )

① 여성과 남성은 투표에 참여하는 방법이 달랐다.

② 여성은 남성에 비해 참정권을 매우 늦게 가졌다.

③ 여성은 참정권을 가지기 위한 노력을 하지 않았다.

④ 여성의 참정권은 아무도 주장하지 못했던 권리이다.

⑤ 여성은 예전부터 남성과 동등한 권리를 가지고 있었다.

4 어휘

다음을 참고하여 뜻에 알맞은 낱말을 글에서 찾아 쓰세요.

> 불-: '아님', '아니함', '어긋남'의 뜻을 더하는 말. 낱말의 앞에 붙어 새로운 낱말이 되게 함.

• 차별이 있어 평등하지 않음.　　　　(   )

이 글을 읽고 보인 반응으로 알맞은 것을 찾아 ○표 하세요.

(1) 참정권의 역사를 보니 모든 사람이 참정권을 가질 필요는 없겠어.　（　　　）

(2) 여성에게 아내와 어머니의 역할을 충실히 하기를 바라면서 참정권까지 갖게 하
는 것은 지나친 일이야.　（　　　）

(3) 메리 울스턴크래프트와 같은 생각을 가진 사람들이 있었기 때문에 오늘날 여성
들도 참정권을 가질 수 있게 된 것이겠구나.　（　　　）

이 글을 비판적으로 평가한 내용으로 알맞지 <u>않은</u> 것은 무엇인가요? (　　　)

① 이 글을 읽은 독자가 어떤 영향을 받을지 생각해 봐야 해.

② 각 나라가 여성의 참정권을 인정한 연도가 사실인지 확인해 봐야 해.

③ 이 글은 역사적 사실을 다룬 글이니 글의 내용을 그대로 받아들여도 돼.

④ 글에서 한쪽으로 치우친 내용만을 제시하고 있는 것은 아닌지 따져 봐야 해.

⑤ 글에서 여성의 참정권과 관련 없는 내용을 제시하고 있지는 않은지 살펴봐야 해.

빈칸에 알맞은 말을 써서, 이 글의 짜임을 정리해 보세요.

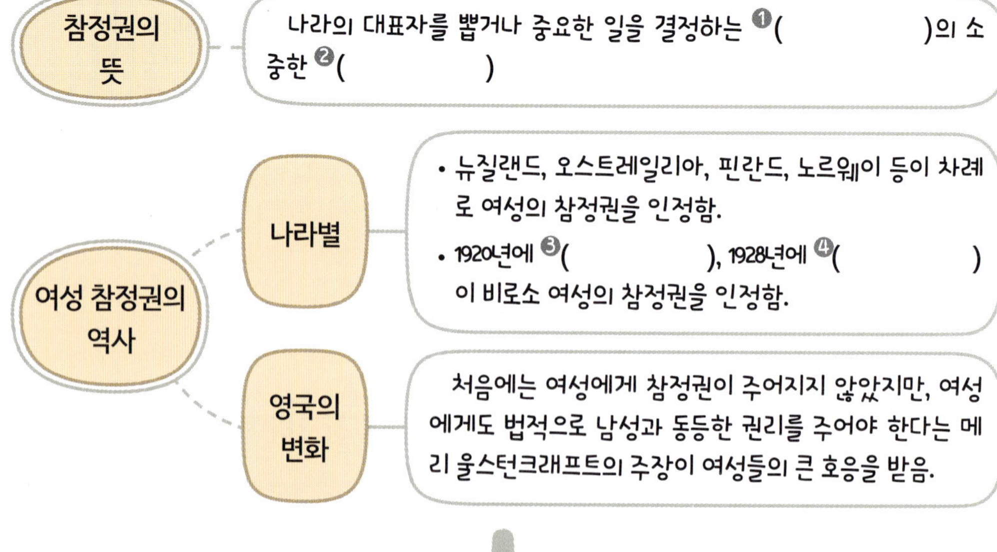

세계에서 여성의 참정권이 역사적으로 인정받은 지 오래되지 않았다.

1 다음 뜻을 지닌 낱말을 보기 에서 찾아 쓰세요.

> 보기
> 권리, 찬사, 옹호, 선거

(1) 편들고 도움을 주어 지킴. ( )

(2) 훌륭함을 드러내어 칭찬하는 말이나 글. ( )

(3) 일정한 조직이나 집단에서 투표를 통해 대표자나 임원을 뽑음.
( )

(4) 어떤 일을 하거나 다른 사람에게 요구할 수 있는 정당한 힘이나 자격.
( )

2 다음 문장의 빈칸에 들어갈 알맞은 낱말을 찾아 선으로 이으세요.

(1) 이 책은 영어를 우리말로 ( )한 것이다. · · ㉮ 호응

(2) 많은 사람들이 신제품에 대해 큰 ( )을 보였다. · · ㉯ 동등

(3) 모든 사람은 인종과 관계없이 ( )한 대우를 받아야 한다. · · ㉰ 번역

확장

3 다음 밑줄 친 낱말과 뜻이 통하는 낱말을 보기 에서 찾아 쓰세요.

> 보기
> 누리다, 공평하다, 인정하다, 결정하다

(1) 우리는 패배를 순순히 <u>받아들였다</u>. ( )

(2) 여행을 떠나 오랜만에 여유를 <u>만끽했다</u>. ( )

(3) 삼촌은 고민 끝에 사업을 시작하기로 <u>결단하셨다</u>. ( )

(4) 상품으로 받은 것을 모두에게 <u>고르게</u> 나누어 주었다. ( )

오늘
나의 실력은?      부모님의
응원 한마디

□ 설명문
□ 논설문
□ 실용문
□ 시
□ 동화
☑ 수필

1 이 글은 1940년대, 네덜란드에서 살던 열세 살 안네 프랑크라는 소녀가 쓴 일기예요. 안네 프랑크와 그 가족은 ✛유대인이라는 이유로 독일군에게 끌려갈까 봐 ✛은신처에서 몰래 숨어 살았어요. 답답한 생활을 이어 가던 중 안네는 '키티'라는 일기장에 마음을 털어놓기 시작했어요.

2 1943년 3월 25일 목요일

키티! / 어젯밤 갑자기 페터가 들어와 아빠에게 귓속말을 하였어.

"창고의 통이 뒤집혀 있고 ✛출입구에는 누군가 있는 것 같아요."

페터의 말을 듣는 순간, 나는 파랗게 ✛질려서 떨기 시작하였어. 아빠와 페터는 아래층으로 내려가셨지. 한참 뒤에 돌아온 두 사람은 두 번이나 방문에서 소리가 나자 ✛당황하여 위층으로 뛰어오셨다고 해.

우리는 양말만 신은 채 판 단 아저씨의 방으로 갔어. ㉠감기에 걸린 판 단 아저씨가 기침을 할 때마다 온몸이 ✛오싹했단다.

만약, 누군가 우리 집 안을 엿보았다면 큰일이야. 라디오가 영국 방송에 맞추어져 있거든. ㉡만약, 우리를 경찰에 알리기라도 한다면…….

그래서 우리는 어젯밤 내내 ✛수도를 쓰지 않기로 하였고 화장실 물도 내리지 못하였어. 무척 불편하였지. 모두 ✛뜬눈으로 밤을 새웠고 ㉮아침을 겨우 먹었어.

3 1943년 7월 23일 금요일

키티! / 전쟁이 끝나고 가장 먼저 우리가 하고 싶은 일이 무엇인지 이야기해 줄게. 마르고 언니와 판 단 아저씨는 무엇보다도 더운물이 철철 넘치는 욕조에 푹 잠기고 싶대. 판 단 아주머니는 당장 크림 케이크를 먹고 싶다고 하셨고, 뒤셀 아저씨는 헤어진 로체를 만날 일만 생각하고 계셔. 엄마는 향기로운 커피를 마시고 싶다고 하시고, 아빠는 포스콰일 씨 ✛문병을 가고 싶어 하셔. 페터는 마음껏 거리를 걷다가 영화를 보고 싶대.

나는 그런 날이 오면 정말 기뻐서 무얼 해야 할지 모를 것 같아. 내가 가장 원하는 것은 학교에 다니는 거란다. 전쟁이 끝난 뒤에 무엇을 할지 생각에 잠기면 참 행복해.

낱말 풀이

✛**유대인**: 히브리어를 쓰며, 고대에는 팔레스타인에 살았다가 로마 제국에 의해 흩어진 뒤 다시 이스라엘을 세운, 유대교를 믿는 민족.

✛**은신처**: 몸을 숨기는 곳.

✛**출입구**: 나갔다가 들어왔다가 하는 곳.

✛**질려서**: 몹시 놀라거나 무서워서 얼굴빛이 변해서.

✛**당황하여**: 놀라거나 매우 급하여 어떻게 해야 할지를 몰라.

✛**오싹했단다**: 몹시 무섭거나 추워서 갑자기 몸이 움츠러들거나 소름이 끼쳤단다.

✛**수도**: 수돗물을 받아 쓸 수 있게 만든 시설.

✛**뜬눈**: 밤에 잠을 이루지 못한 눈.

✛**문병**: 병에 걸리거나 다친 사람을 찾아가 위로함.

쏙쏙! 내용 정리

□에 들어갈 알맞은 낱말을 글에서 찾아 쓰세요.

1 유대인인 안네는 가족들과 함께 은신처에서 숨어 살면서 [ㅇ][ㄱ][ㅈ]에 마음을 털어놓기 시작했다.

 ______________

2 [ㅍ][ㅌ]의 말을 듣고 안네와 가족, 이웃들은 밤새 두려움에 떨었다.

✎ ______________

3 안네와 가족, 이웃들은 [ㅈ][ㅈ]이 끝나면 하고 싶은 일을 생각하며 행복한 상상에 잠겼다.

✎ ______________

---

1 〔중심 글감〕

이 글에서 '키티'는 무엇을 뜻하나요? (　　　)

① 안네의 인형　　　　② 안네의 별명
③ 안네의 일기장　　　④ 안네의 은신처
⑤ 안네의 라디오

2 〔내용 이해〕

안네의 가족이 숨어 지내는 까닭은 무엇인가요? (　　　)

① 생활비를 절약해서 돈을 모으기 위해서
② 원래 살던 집에서 갑자기 쫓겨나 버려서
③ 안네 가족이 이웃들과 사이가 좋지 않아서
④ 여러 전염병이 돌고 있어서 병에 걸릴까 봐
⑤ 유대인이라는 이유로 독일군에게 끌려갈까 봐

3 〔내용 이해〕

안네에 대한 설명으로 알맞지 <u>않은</u> 것은 무엇인가요?

(　　　)

① 라디오로 영국 방송을 듣는다.
② 학교 숙제로 매일 일기를 쓴다.
③ 전쟁이 진행 중인 시대에 살고 있다.
④ 은신처에 누군가 올까 봐 무서워한다.
⑤ 전쟁이 끝나고 하고 싶은 일을 생각하며 행복해한다.

4 〔어휘〕

밑줄 친 말이 ㉮의 '아침'과 같은 뜻으로 쓰인 문장은 무엇인가요? (　　　)

① 어머니는 <u>아침</u> 일찍 일어나신다.
② 오늘의 <u>아침</u> 활동은 줄넘기이다.
③ <u>아침</u>에 해가 뜨면 하루가 시작된다.
④ <u>아침</u>을 먹고 나면 바로 학교에 간다.
⑤ 삼촌은 매일 <u>아침</u>부터 저녁까지 일하신다.

5 ‘우리’가 ㉠과 같이 느낀 까닭은 무엇인가요? (   )

추론

① 판 단 아저씨의 건강 상태가 걱정되었기 때문에
② 판 단 아저씨와 함께 바깥에 나가고 싶었기 때문에
③ 판 단 아저씨가 다른 가족에게 병을 옮길까 봐 두려웠기 때문에
④ 판 단 아저씨의 기침 소리가 너무 커서 잠을 잘 수가 없었기 때문에
⑤ 판 단 아저씨의 기침 소리가 새어 나가 은신처가 들킬까 봐 걱정되었기 때문에

6 ㉡에 이어질 내용을 알맞게 말한 것을 찾아 ◯표 하세요.

추론

우리 가족은 이곳을 떠나 안전한 곳에서 행복하게 살 수 있을 거야.	우리 가족은 아마 독일군에게 끌려가 끔찍한 일을 당하게 될 거야.	우리 가족이 드디어 전쟁 때문에 헤어진 다른 가족들을 만날 수 있게 될 거야.
(1) ( )	(2) ( )	(3) ( )

7 알맞은 말에 ◯표 하여, 이 글의 짜임을 정리해 보세요.

글의 구조

일기를 쓰게 된 안네의 마음	안네는 은신처에 숨어 살면서 일기장에 ❶(유쾌한, 답답한) 마음을 털어놓음.
숨어 지내는 안네의 마음	안네는 독일군에게 들킬까 봐 ❷(두려운, 뿌듯한) 마음을 가지고 살고 있음.
미래를 상상하는 안네의 마음	안네는 전쟁이 끝난 뒤에 하고 싶은 일을 생각하며 ❸(행복한, 불안한) 마음이 듦.

안네는 전쟁 중에 가족과 숨어 지내면서 있었던 일과
그때마다 느낀 마음을 ❹(일기, 편지)로 썼다.

1 다음 낱말의 뜻으로 알맞은 것을 찾아 선으로 이으세요.

(1) 뜬눈 •

(2) 수도 •

(3) 은신처 •

• ㉮ 몸을 숨기는 곳.

• ㉯ 밤에 잠을 이루지 못한 눈.

• ㉰ 수돗물을 받아 쓸 수 있게 만든 시설.

2 다음 문장의 빈칸에 들어갈 알맞은 낱말을 보기 에서 찾아 쓰세요.

보기
당황, 문병, 출입구, 오싹하다

(1) 무서운 이야기를 들으니 등이 (   ).

(2) 그는 예상치 못한 질문에 (   )하여 어쩔 줄 몰라 했다.

(3) 선생님께서 (   )을/를 와 주셔서 아픈 것이 다 나은 기분이었다.

(4) 공연장의 (   )이/가 좁아 관객들이 빠져나가는 데 한참이 걸렸다.

확장

3 다음 밑줄 친 낱말의 알맞은 뜻을 보기 에서 찾아 번호를 쓰세요.

보기

잠기다 { ① 어떤 현상에 휩싸이거나 푹 박히다.
② 생각이나 느낌 속에 빠지다.

(1) 해가 지자 마을 전체가 어둠에 <u>잠겼다</u>. (   )

(2) 영주는 가족 여행 생각에 <u>잠겨서</u> 공부는 뒷전이었다. (   )

오늘
나의 실력은?   

부모님의
응원 한마디

□ 설명문
□ 논설문
☑ 실용문
□ 시
□ 동화
□ 극본

낱말 풀이

✦ **단열재**: 열이 빠져나가거나 들어오는 것을 막는 데 쓰는 재료.

✦ **포장재**: 제품이나 농산물 등을 포장하는 데 쓰는 재료.

✦ **유입되어**: 액체, 기체, 열 등이 흘러들게 되어.

✦ **대체품**: 무엇을 대신하는 물품.

✦ **대체**: 비슷한 다른 것으로 바꿈.

✦ **생분해**: 어떤 물질이 생명체에 의해 두 가지 이상의 더 간단한 물질로 변화하는 것.

✦ **상대적**: 서로 맞서거나 비교되는 관계에 있는 것.

✦ **변형**: 모양이나 형태가 달라지거나 달라지게 함.

✦ **주입해**: 액체나 기체가 흘러들어가도록 부어 넣어.

✦ **코팅해**: 물체의 겉면을 엷은 막으로 입혀.

✦ **상용화하기**: 일상적으로 쓰이게 하기.

✦ **생산**: 사람이 생활하는 데 필요한 물건을 만듦.

✦ **체결했다**: 계약이나 조약 등을 맺었다.

미래일보　　　　　　　　　　　　2O○○년 ○○월 ○○일

1 최근 온라인 쇼핑 거래의 증가로 스티로폼을 활용한 포장 사용량도 함께 증가하고 있다. 스티로폼은 열을 차단하는 효과가 뛰어나고, 무게도 가벼워서 ✦단열재나 ✦포장재로 널리 사용된다. 하지만 사람들이 한 번 쓰고 버리는 데다 잘 썩지 않고, 가벼워서 물에 쉽게 쓸려 바다까지 ✦유입되어 환경 오염을 일으킨다. 또한 스티로폼은 불이 잘 붙는 성질이 있어 화재 시 매우 위험하다는 점도 큰 문제로 지적되고 있다.

2 그런데 최근 독일의 ○○대학교 연구 팀이 팝콘(옥수수 알갱이를 튀겨서 만든 음식)에서 스티로폼의 ✦대체품으로서의 가능성을 찾았다. 이들은 팝콘을 으깬 다음 통에 넣고 뭉쳐 만든 단열재가 스티로폼과 비슷한 역할을 할 것이라고 밝혔다.

3 연구 팀은 팝콘으로 만든 ✦대체 스티로폼은 자연 상태에서 ✦생분해되기 때문에 환경을 오염시키지 않는다고 설명했다. 그리고 스티로폼보다 불에 잘 타지 않아 건축 재료로 사용하기에 안전한 소재라고 전했다. 이뿐만 아니라 ✦상대적으로 크고 딱딱한 일반 스티로폼에 비해 팝콘 스티로폼은 다양한 모양으로 ✦변형도 가능하다. 또한 팝콘 내에 공기를 ㉠✦주입해 제품을 안전하게 보호할 수 있으며, 스티로폼 외부에 얇은 바이오 플라스틱을 ✦코팅해 포장재가 물에 녹지 않도록 만들 수 있다. 게다가 으깬 팝콘을 뭉칠 때 생물에 해롭지 않은 접착제를 사용하므로, 대체 스티로폼을 동물의 먹이로 재활용할 수도 있다고 한다.

4 연구 팀은 팝콘 스티로폼을 단열재로 ✦상용화하기 위해 독일의 한 건축 업체와 ✦생산 계약을 ✦체결했다. 앞으로 팝콘 스티로폼이 널리 사용되면 환경 오염을 일으키지 않고 생활에 큰 편리함을 줄 것으로 기대되고 있다.

□에 들어갈 알맞은 낱말을 글에서 찾아 쓰세요.

1 ㅅㅌㄹㅍ은 열을 잘 차단하고 가벼운 장점이 있지만, 환경 오염을 일으키고 화재 시 매우 위험하다는 단점이 있다.

2 최근 독일의 한 대학 연구 팀이 ㅍㅋ에서 스티로폼의 대체품으로서의 가능성을 찾았다.

3 팝콘으로 만든 대체 스티로폼은 환경을 오염시키지 않고, 건축 재료로 사용하기에 안전하며, 다양한 모양으로 ㅂㅎ이 가능하고, 물에 녹지 않는 등의 장점이 있다.

4 팝콘 스티로폼을 단열재로 ㅅㅇㅎ하기 위한 계약이 체결되었다.

정답 확인 13쪽

1 **핵심어**
이 글에서 소개한 대체 스티로폼의 재료는 무엇인가요?

( )

① 공기　　　② 팝콘　　　③ 접착제
④ 포장지　　⑤ 플라스틱

2 **내용 이해**
팝콘 스티로폼의 장점이 <u>아닌</u> 것은 무엇인가요? ( )

① 다양한 모양으로 변형할 수 있다.
② 생분해되어 환경 오염을 일으키지 않는다.
③ 불에 잘 타지 않아 건축 재료로 사용하기 안전하다.
④ 바다까지 흘러가기 쉬워 바다 생물에게 도움을 준다.
⑤ 팝콘 내에 공기를 주입해 제품을 안전하게 보호할 수 있다.

3 **내용 이해**
팝콘 스티로폼을 동물의 먹이로 재활용할 수 있는 까닭은 무엇인가요? ( )

① 기존의 스티로폼보다 무게가 가벼워서
② 동물들이 팝콘 스티로폼의 맛을 좋아해서
③ 팝콘 스티로폼에 여러 영양소가 포함되어 있어서
④ 기존 스티로폼과 달리 작고 딱딱하지 않아 먹기 좋아서
⑤ 팝콘을 뭉칠 때 생물에 해롭지 않은 접착제를 사용해서

4 **어휘**
㉠과 바꾸어 쓸 수 있는 말은 무엇인가요? ( )

① 넣어　　　② 움직여　　　③ 맞대어
④ 교환하여　⑤ 정화하여

5

이 글의 내용을 보충하기 위해 추가할 자료로 가장 알맞은 것은 무엇인가요?

(   )

① 해양 동물의 먹이 사슬 구조
② 플라스틱이 환경에 주는 영향
③ 옥수수로 만들 수 있는 다양한 요리
④ 팝콘 스티로폼을 실제로 활용한 사례
⑤ 스티로폼 포장재를 올바르게 버리는 방법

6

이 글을 읽고 팝콘 스티로폼이 단열재로 상용화되었을 때 일어날 수 있는 일에 대해 바르게 말한 친구의 이름을 쓰세요.

> 도영: 팝콘 스티로폼은 일회용으로 사용되기 때문에 새로운 환경 오염의 주범이 될 수 있어.
>
> 선아: 팝콘 스티로폼은 불에 잘 타지 않기 때문에 기존의 스티로폼보다 안전하게 사용될 수 있어.
>
> 준우: 팝콘 스티로폼은 겉이 얇은 플라스틱으로 코팅되어 있기 때문에 우리 몸에 해로울 수 있어.

(   )

7

빈칸에 알맞은 말을 써서, 이 글의 짜임을 정리해 보세요.

팝콘 스티로폼이 널리 사용되어 환경 오염을 일으키지 않고 생활에 큰 ❹(   )을 줄 것으로 기대되고 있다.

1 다음 뜻에 알맞은 낱말을 완성하여 쓰세요.

(1) 비슷한 다른 것으로 바꿈. → ㄷ ㅊ

(2) 모양이나 형태가 달라지거나 달라지게 함. → ㅂ ㅎ

(3) 액체, 기체, 열 등이 흘러들게 되다. → ㅇ ㅇ ㄷ ㄷ

(4) 열이 빠져나가거나 들어오는 것을 막는 데 쓰는 재료. → ㄷ ㅇ ㅈ

2 다음 낱말이 들어갈 문장을 찾아 선으로 이으세요.

(1) 체결 •

(2) 생분해 •

(3) 상용화 •

• ㉮ 두 나라는 평화 조약을 (   )하였다.

• ㉯ 이 봉투는 (   )이/가 되어 환경 오염을 일으키지 않는다.

• ㉰ 기술의 발전으로 머지않아 수소 자동차가 (   )될 것이다.

확장

3 다음 낱말이 아래의 문장에서 어떤 뜻으로 사용되었는지 찾아 번호를 쓰세요.

타다

① 불씨나 높은 열로 불이 붙어 번지거나 불꽃이 일어나다.

② 많은 양의 액체에 적은 양의 액체나 가루를 넣어 섞다.

(1) 따뜻한 물에 꿀을 <u>타서</u> 마셨다. (   )
(2) 아궁이에 넣은 장작이 활활 <u>타고</u> 있다. (   )

오늘 나의 실력은?      부모님의 응원 한마디

□ 설명문
□ 논설문
☑ 기행문
□ 시
□ 동화
□ 수필

낱말 풀이

✦ **문화유산**: 다음 세대에 물려줄 만한 가치를 지닌 문화적 소산.

✦ **출토된**: 땅속에 묻혀 있던 오래된 물건이 밖으로 나오게 된.

✦ **국보**: 보물에 해당하는 문화유산 가운데 가치가 높아 국가가 특별히 지정한 유형 문화유산.

✦ **보물**: 국가에서 지정하여 법으로 보호하는 유형 문화유산.

✦ **유물**: 앞선 시대에 살았던 사람들이 후대에 남긴 물건.

✦ **선사**: 문자로 된 기록이 없는, 역사 시대 이전의 시대.

✦ **권위**: 특별한 능력, 자격, 지위로 남을 이끌어서 따르게 하는 힘.

✦ **유적**: 남아 있는 역사적인 자취.

✦ **수막새**: 지붕의 수키와의 끝에 달린 부분.

✦ **망새**: 전통 건물에서 지붕의 가장 높은 수평 마루의 양쪽 끝머리에 얹는 장식 기와.

✦ **범종**: 절에 매달아 놓고, 사람들을 모이게 하거나 시각을 알리기 위해 치는 종.

✦ **석불**: 돌로 만든 부처.

✦ **경건한**: 어떤 대상에 대해 공손하고 엄숙한.

1 경주는 신라 천 년의 수도이다. 나는 책에서만 보았던 신라의 ✦문화유산을 직접 보고 싶어 국립경주박물관에 가 보기로 하였다. 서울에서 아침 일찍 출발하니 점심 전에 경주에 도착했고, 곧바로 국립경주박물관을 찾아갔다. 국립경주박물관은 경주에서 ✦출토된 ✦국보와 ✦보물을 비롯한 많은 ✦유물을 보존하고 전시하는 곳이다.

2 국립경주박물관에서 가장 먼저 가 본 곳은 신라 역사관이다. 신라 역사관은 까마득한 ✦선사 시대의 돌도끼부터 신라의 금관까지 만날 수 있는 전시관이다. 빗살무늬 토기와 돌칼들을 보니 옛사람들이 어떻게 살았을지 짐작할 수 있었다. 또 국보 제188호인 천마총 금관을 보았는데, 눈부시게 아름다웠다. 섬세하게 조각된 장식과 하늘로 솟은 왕관의 모습을 보니 그 옛날 임금님의 ✦권위가 느껴졌다.

3 그다음으로 간 곳은 월지관이다. 월지관은 월지 ✦유적에서 발견된 국가유산을 전시하여 둔 곳이다. 월지는 문무왕 14년(674년)에 삼국 통일을 기념하기 위해 궁궐 안에 만든 연못이다. 월지의 출토품들은 신라 왕실에서 사용하던 생활용품으로, 신라 사람들이 어떤 그릇으로 밥을 먹고, 어떤 장식품을 좋아하고, 어떤 기와로 집을 지었는지 알려 주었다. 월지관에서 본 연꽃무늬 ✦수막새, ✦망새 등을 통해 신라 왕궁의 화려하고 웅장한 모습을 짐작해 볼 수 있었다.

4 마지막으로 옥외 전시장을 구경했다. 옥외 전시장에는 ✦범종, 석탑, ✦석불 등 규모가 큰 유물들이 있었다. 특히 성덕 대왕 신종은 넋을 잃고 바라본다는 말이 실감 날 정도로 내 마음을 사로잡았다. 생각보다 어마어마하게 큰 종 앞에 서니 저절로 ✦경건한 마음이 생겼다.

5 국립경주박물관을 둘러보고 나니 사라진 신라가 아니라 살아 숨 쉬는 신라를 느낄 수 있었다. 책에서 본 유물은 지식으로 머릿속에 남지만, 직접 보고 느낀 유물은 마음속에 감동으로 남는 것 같다.

 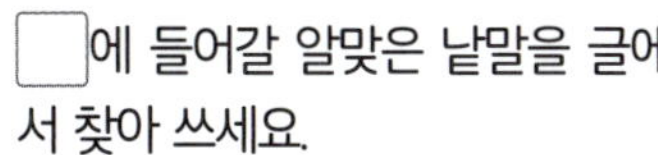

정답 확인
14쪽

쏙쏙! 내용 정리

☐에 들어갈 알맞은 낱말을 글에서 찾아 쓰세요.

1 책에서만 본 신라의 문화유산을 직접 보고 싶어 ㄱㄹ ㄱㅈㅂㅁㄱ에 갔다.

✏ ____________________

2 신라 역사관에서 빗살무늬 토기, 돌칼, 천마총 ㄱㄱ을 보았다.

✏ ____________________

3 ㅇㅈㄱ에서 월지의 출토품들, 연꽃무늬 수막새, 망새 등을 보았다.

✏ ____________________

4 옥외 전시장에는 범종, 석탑 등의 규모가 큰 유물들이 있었는데, ㅅㄷㄷㅇㅅㅈ이 특히 인상 깊었다.

✏ ____________________

5 국립경주박물관을 둘러보고 나니 살아 숨 쉬는 ㅅㄹ를 느낄 수 있었다.

✏ ____________________

---

1 〔갈래〕 **이 글을 읽는 방법으로 알맞은 것을 찾아 ○표 하세요.**

(1) 글쓴이의 의견을 자신의 의견과 비교하며 읽는다. ( )

(2) 글쓴이가 책을 읽게 된 동기와, 책을 읽고 알게 된 지식을 찾으며 읽는다. ( )

(3) 글쓴이가 들른 곳을 차례대로 알아보고, 그곳에서 보거나 들은 것, 생각하거나 느낀 점을 찾으며 읽는다. ( )

2 〔내용 이해〕 **글쓴이가 여행한 곳에 대한 설명으로 알맞은 것을 모두 고르세요. (,   ,   )**

① 옛날 임금님이 살았던 곳이다.
② 규모가 큰 유물만 보관하고 있다.
③ '신라 역사관', '월지관' 등의 전시실이 있다.
④ 신라의 문화유산을 직접 볼 수 있는 곳이다.
⑤ 경주에서 출토된 유물을 보존하고 전시하는 곳이다.

3 〔내용 이해〕 **글쓴이가 박물관에서 다음 유물을 본 곳은 어디인지 쓰세요.**

> 빗살무늬 토기, 돌칼, 천마총 금관

( )

4 〔어휘〕 **사물의 성질이나 상태를 나타내는 다음 낱말의 뜻을 찾아 선으로 이으세요.**

(1) 웅장하다 · · ㉮ 매우 세밀하고 정확하다.

(2) 섬세하다 · · ㉯ 크기나 분위기 등이 무척 크고 무게가 있다.

1 ~ 5 중 다음 내용을 추가하기에 알맞은 문단의 번호를 쓰세요.

> 성덕 대왕 신종은 원래 봉덕사라는 절에 걸려 있어서 봉덕사종이라고도 하고, '에밀레' 하고 우는 소리가 난다고 하여 에밀레종이라고도 한다. 마음을 울리는 종소리를 듣고 싶었지만, 지금은 국가유산 보호를 위하여 종을 치지 않는다고 한다.

(   )

이 글과 같은 기행문을 쓰려고 합니다. 글의 짜임에 알맞은 글쓰기 방법을 찾아 선으로 이으세요.

(1) 처음 •

(2) 가운데 •

(3) 끝 •

• ㉮ 여행의 전체 감상을 쓴다.

• ㉯ 여행한 까닭이나 목적을 쓴다.

• ㉰ 여행지에서 다닌 곳, 보고 들은 것, 생각하거나 느낀 것을 쓴다.

빈칸에 알맞은 말을 써서, 이 글의 짜임을 정리해 보세요.

다닌 곳(여정)	보고 들은 것(견문)	생각하거나 느낀 것(감상)
신라 ❶( )	빗살무늬 토기, 돌칼, 금관 등	천마총 금관은 눈부시게 아름다웠고, 옛날 임금님의 권위가 느껴졌음.
월지관	❷( )의 출토품, 연꽃무늬 수막새 등	연꽃무늬 수막새, 망새 등을 통해 신라 왕궁의 화려하고 웅장한 모습을 짐작해 볼 수 있었음.
옥외 전시장	범종, 석탑, 석불, 성덕 대왕 신종 등	성덕 대왕 신종 앞에 서니 ❸( ) 마음이 들었음.

↓

> 국립경주박물관을 둘러보고 나니 사라진 신라가 아닌,
> 살아 숨 쉬는 신라를 느낄 수 있었다.

1 다음 낱말의 뜻을 보기 에서 찾아 기호를 쓰세요.

> **보기**
> ㉮ 어떤 대상에 대해 공손하고 엄숙하다.
> ㉯ 문자로 된 기록이 없는, 역사 시대 이전의 시대.
> ㉰ 다음 세대에 물려줄 만한 가치를 지닌 문화적 소산.
> ㉱ 땅속에 묻혀 있던 오래된 물건이 밖으로 나오게 되다.

(1) 선사: (　　　　　　)　　　(2) 문화유산: (　　　　　　)

(3) 출토되다: (　　　　　　)　　　(4) 경건하다: (　　　　　　)

2 다음 초성과 뜻을 참고하여 빈칸에 알맞은 낱말을 쓰세요.

(1) ㅇㅈ: 남아 있는 역사적인 자취.

　　� 경주에는 불교와 관련된 중요한 (　　　　　　)이/가 많다.

(2) ㄱㅇ: 특별한 능력, 자격, 지위로 남을 이끌어서 따르게 하는 힘.

　　㉾ 옛날에는 집안에서 남자의 (　　　　　　)을/를 중요하게 생각했다.

(3) ㅇㅁ: 앞선 시대에 살았던 사람들이 후대에 남긴 물건.

　　㉾ 조상들의 (　　　　　　)을/를 보고 당시 생활 모습을 짐작할 수 있다.

확장

3 다음 낱말의 뜻을 보고, 문장에 어울리는 낱말을 찾아 ○표 하세요.

솟다	아래에서 위로 세차게 혹은 곧바로 오르다.
쏟다	정성을 다해 어떠한 일에 열중하거나 집중하다.

(1) 동생이 놓친 풍선이 하늘로 (솟았다, 쏟았다).

(2) 이 화가는 붓질 하나하나에도 정성을 (솟는다, 쏟는다).

(3) 주방에 있는 냄비에서 모락모락 김이 (솟았다, 쏟았다).

오늘
나의 실력은?   　　부모님의
응원 한마디

☐ 설명문
☐ 논설문
☐ 실용문
☐ 시
☑ 동화
☐ 극본

낱말 풀이

✦ **가파른**: 경사가 심하게 기울어져 있는.

✦ **험한**: 땅이나 길 등이 다니기 어려울 만큼 사납고 가파른.

✦ **속도**: 물체가 움직이거나 일이 진행되는 빠르기.

✦ **정상**: 산 등의 맨 꼭대기.

✦ **의지한다면**: 다른 것에 마음을 기대어 도움을 받는다면.

✦ **조바심**: 조마조마한 마음.

✦ **중턱**: 산이나 언덕, 고개, 바위 등의 중간쯤 되는 곳.

✦ **백발**: 하얗게 센 머리카락.

✦ **성성한**: 머리카락이나 수염 같은 것이 군데군데 흰.

✦ **단호하게**: 결심이나 태도, 입장 등이 흔들림이 없이 엄격하고 분명하게.

✦ **온기**: 따뜻한 기운.

✦ **체온**: 몸의 온도.

✦ **안도감**: 마음이 놓여 편안해지는 느낌.

---

1 한 나그네가 눈보라 치는 ✦가파른 산길을 걷고 있었다. ✦험한 산길에 세찬 바람이 몰아쳐, 산길에 익숙한 나그네도 ✦속도를 낼 수 없었다.

　산 ✦정상에 이르렀을 때, 나그네는 앞서가는 한 남자를 보았다. 해가 지기 시작해서 땅 위로 어둠이 내리고 있었지만, 서로를 ✦의지한다면 산 아랫마을에 도착할 수 있을 것 같았다. 두 사람은 서로 만나게 된 것을 기뻐하며 나란히 걸었다. 얼마쯤 지났다.

　"길을 잃은 것 같아요. 주변을 살펴보면 길을 찾을 수 있을 거예요."

　나그네는 길을 잃은 것 같아 걱정스러웠지만, 주변을 둘러보며 위치를 살폈다. 남자는 ✦조바심을 내며 나그네를 보았다. 나그네는 산등성이를 바라보며 고개를 끄덕이더니 앞장서서 걷기 시작했다.

2 산 ✦중턱에 이르렀을 즈음, 나그네는 눈 위로 솟아오른 무언가를 보았다. 놀랍게도 그것은 사람의 발이었다. 나그네와 남자가 쓰러진 사람에게 다가가려는 순간, 그의 발이 움직였다. 그는 살아 있었다.

　"정신 차리세요! 이대로 있다가는 죽어요."

　눈 속에 쓰러진 사람은 ✦백발이 ✦성성한 노인이었다.

3 "이분을 모시고 내려갑시다. 우리가 모른 체한다면 이분은 분명 죽고 말 것이오." / 그러자 남자는 고개를 저으며 대답하였다.

　"안 돼요. 우리도 죽을지 살지 모르는 판에 누구를 도와준다는 말이오? 자칫하면 우리까지 얼어 죽을 수 있어요!"

　"이 사람을 죽게 버려두고 가겠다는 말입니까?"

　"그건 내 알 바가 아니오."

　남자는 ✦단호하게 대꾸하고 뒤도 돌아보지 않고 혼자 산 아래로 내려갔다.

4 나그네는 노인을 등에 업었다. 가파르고 미끄러운 길을 쉬지 않고 걷느라 몸이 땀에 흠뻑 젖었다. 다행히 눈보라는 점점 약해졌고, 서로의 ✦온기로 ✦체온이 유지되었다. 어느 순간, 마을이 보이기 시작했다.

　나그네는 ✦안도감에 마을을 둘러보다 마을 입구에 쓰러져 있는 한 사람을 발견하였다. 가까이 가 보니 혼자 먼저 산을 내려간 그 남자였다.

쏙쏙! 내용 정리

□에 들어갈 알맞은 낱말을 글에서 찾아 쓰세요.

1 눈보라가 치는 날, 산 정상에서 만난 □□□와 남자가 함께 걷다가 길을 잃었지만 곧 다시 길을 찾았다.

____

2 나그네와 남자는 산 중턱에서 눈 속에 쓰러진 □□을 발견했다.

____

3 □□는 노인을 모시고 내려가자는 나그네의 제안을 거절하고, 혼자서 산 아래로 내려갔다.

____

4 나그네는 노인을 □에 업고 마을까지 내려왔고, 마을 입구에 쓰러져 있는 남자를 보았다.

____

1 갈래

이 글에서 일이 일어난 배경은 어디인가요? (   )

① 눈보라 치는 산속

② 비가 많이 내리는 숲속

③ 험한 산길에 자리한 쉼터

④ 눈이 다 녹은 산 아랫마을

⑤ 산골짜기에 위치한 외딴집

2 내용 이해

나그네와 남자가 산 정상에서 서로 만나게 된 것을 기뻐한 까닭은 무엇인가요? (   )

① 눈보라를 헤치고 마침내 산 정상에 도착하여서

② 서로를 의지하며 산 아랫마을로 내려갈 수 있다고 생각해서

③ 원래부터 알고 지내던 사이인데 산에서 만나니 더 반가워서

④ 두 사람 중 한 사람은 빨리 가는 길을 알고 있다고 생각해서

⑤ 둘이 가려니 심심했는데 이야기를 나눌 사람이 한 사람 더 생겨서

3 내용 이해

다음 인물이 한 행동과 그 결과를 표에서 찾아 각각 기호를 쓰세요.

행동	㉮ 쓰러진 노인을 구하였다.
	㉯ 쓰러진 노인을 구하지 않았다.
결과	㉰ 마을 입구에 쓰러져 있었다.
	㉱ 별 탈 없이 마을에 도착하였다.

(1) 남자: (   ) (2) 나그네: (   )

4 어휘

노인에 대한 나그네의 마음을 나타낸 사자성어로 알맞은 것을 찾아 ○표 하세요.

(1) 회자정리(會者定離): 이별의 아쉬움. (   )

(2) 측은지심(惻隱之心): 불쌍히 여기는 마음. (   )

5 추론

만약 남자가 나그네와 함께 쓰러진 사람을 데리고 산 아래로 내려왔다면 이야기의 결말은 어떻게 달라졌을까요? (　　　　)

① 쓰러진 사람은 그만 죽고 말았을 것이다.
② 세 사람은 모두 무사히 마을에 도착하였을 것이다.
③ 세 사람 모두 길을 잃고 헤매다 얼어 죽었을 것이다.
④ 힘이 들었던 나그네가 마을에 도착하기 전에 쓰러졌을 것이다.
⑤ 남자는 쓰러진 사람을 데리고 나그네와 다른 마을로 갔을 것이다.

6 감상

이 글을 읽고 깨달은 점을 말한 내용으로 가장 알맞은 것은 무엇인가요?

(　　　　)

① 이현: 열심히 노력하면 언젠가는 바라는 바를 이룰 수 있다는 것을 알았어.
② 다미: 일의 결과보다는 일을 해 나가는 과정이 더 중요하다는 것을 알았어.
③ 윤우: 자기 자신을 먼저 사랑해야 다른 사람을 사랑할 수 있다는 것을 알았어.
④ 아라: 어려움에 처한 사람을 도와주면 그것이 나에게도 좋은 일이 될 수 있다는 것을 알았어.
⑤ 은수: 도움이 필요할 때에는 다른 사람에게 적극적으로 도움을 요청해야 한다는 것을 알았어.

7 글의 구조

빈칸에 알맞은 말을 써서, 이 글의 짜임을 정리해 보세요.

나그네가 처한 상황	나그네의 말과 행동

| 눈보라 속에서 길을 잃은 상황 | • "주변을 살펴보면 길을 찾을 수 있을 거예요."
• (　　　　　　)를 바라보며 앞장서서 걷기 시작함. |
| 눈 속에 쓰러진 노인을 발견한 상황 | • "이분을 모시고 내려갑시다. 우리가 모른 체한다면 이분은 분명 죽고 말 것이오."
• ❷(　　　　　　)을 등에 업고 산 아래로 내려감. |

❸(　　　　　　)는 힘든 상황에서도 쉽게 포기하지 않는 삶, 다른 사람을 위해 희생하는 삶을 추구한다.

1 다음 뜻을 가진 낱말을 찾아 선으로 이으세요.

(1) 따뜻한 기운. · · ㉮ 온기

(2) 마음이 놓여 편안해지는 느낌. · · ㉯ 안도감

(3) 다른 것에 마음을 기대어 도움을 받다. · · ㉰ 단호하다

(4) 결심이나 태도, 입장 등이 흔들림이 없이 엄격하고 분명하다. · · ㉱ 의지하다

2 다음 문장의 빈칸에 들어갈 알맞은 낱말을 보기 에서 찾아 쓰세요.

보기

체온, 중턱, 조바심

(1) 길이 막혀 약속에 늦을까 봐 (   )이 났다.
(2) 언덕 (   )에 올라가 푸른 바다를 바라보았다.
(3) 우리의 몸은 (   )을 일정하게 유지하는 기능이 있다.

확장

3 다음 밑줄 친 낱말과 반대인 뜻을 가진 낱말을 찾아 ○표 하세요.

산은 나이에 따라 그 생김새가 달라요. 생긴 지 얼마 되지 않은 산은 봉우리가 뾰족하고, 길이 험해요. 그리고 물이 흐르는 골짜기도 좁지요. 하지만 시간이 흐르면 흐를수록 산은 바람에 닳고 물에 깎여요. 그래서 봉우리의 모양이 둥글둥글해지고, 골짜기는 넓어져요.

(사납다, 가파르다, 완만하다)

오늘
나의 실력은?   

부모님의
응원 한마디

☑ 설명문
☐ 논설문
☐ 실용문
☐ 시
☐ 동화
☐ 극본

낱말 풀이

✦ **인식하는**: 사물을 분별하고 판단하여 아는.

✦ **망막**: 빛을 받아들이는 기관으로 시각 신경이 퍼져 있는 막.

✦ **감지하고**: 느끼어 알고.

✦ **전달해서**: 신호나 자극 등을 다른 곳에 보내거나 전해지도록 해서.

✦ **도달하면**: 목적한 곳이나 일정한 수준에 다다르면.

✦ **변환해서**: 원래와 다르게 바꾸어서.

✦ **분자**: 어떤 물질의 화학적 형태와 성질을 띠는 가장 작은 알갱이.

✦ **후세포**: 콧속의 끈끈한 막에 있는, 냄새 자극을 감지하는 신경 세포.

✦ **압력**: 누르는 힘.

✦ **감각점**: 피부에 흩어져 있으면서 압력이나 온도를 느끼는 자리.

✦ **탐색할**: 알려지지 않은 사물이나 현상을 찾아내거나 밝히기 위해 살피어 찾을.

✦ **다채롭게**: 여러 가지 색, 종류, 모양 등이 어울려 다양하고 화려하게.

1 우리 몸에는 여러 가지 감각이 있어요. 이런 감각들 덕분에 우리는 보고, 듣고, 냄새를 맡고, 맛보고, 느낄 수 있답니다. 감각은 우리가 세상을 ✦인식하는 데 매우 중요한 역할을 하지요. 그럼 우리 몸으로 느낄 수 있는 여러 가지 감각에 대해 알아볼까요?

2 먼저 시각은 눈을 통해 외부의 빛을 받아들여 우리가 사물을 볼 수 있게 해 주는 감각이에요. 눈의 ✦망막에서 빛을 ✦감지하고 이 정보를 뇌로 ✦전달해서, 우리가 사물의 모양, 색깔, 크기를 인식할 수 있게 해 준답니다. 우리가 세상의 아름다움을 볼 수 있는 것은 모두 시각 덕분이지요.

3 청각은 귀를 통해 소리를 듣게 해 주는 감각이에요. 소리의 진동이 귀에 ✦도달하면, 귀에서 이것을 전기 신호로 ㉠변환해서 뇌로 보내 우리가 소리를 인식하게 돼요. 우리가 사람들의 목소리나 음악을 듣는 것은 모두 청각을 통한 것이지요.

4 후각은 코를 통해 냄새를 맡는 감각을 말해요. 냄새 ✦분자가 콧속의 ✦후세포에 닿으면, 냄새에 대한 정보가 뇌로 전달되어 우리가 냄새를 구별할 수 있게 돼요. 후각을 통해서 우리는 맛있는 음식의 냄새나 꽃향기를 맡을 수 있어요.

5 미각은 혀를 통해 맛을 느끼는 감각이에요. 혀에 있는 맛봉오리가 음식의 맛을 감지하고 뇌로 정보를 보내 맛을 인식하게 해 줘요. 단맛, 쓴맛, 짠맛, 신맛을 구별하는 것은 미각의 역할이에요.

6 마지막으로, 촉각은 피부를 통해 물리적인 ✦압력, 온도 등을 느끼는 감각이에요. 우리는 피부에 있는 ✦감각점을 통해 추위나 더위, 부드러움이나 거칢을 느낄 수 있어요. 이 감각 덕분에 우리는 주변 환경을 안전하게 ✦탐색할 수 있답니다.

7 이러한 감각은 우리가 세상을 경험하고 이해하는 데 꼭 필요해요. 각각의 감각은 서로 다른 방식으로 우리에게 정보를 제공하며, 우리의 생활을 더욱 풍부하고 ✦다채롭게 만들어 주지요.

에 들어갈 알맞은 낱말을 글에서 찾아 쓰세요.

1 우리 몸의 여러 가지 ㄱㄱ 은 우리가 세상을 인식하는 데 매우 중요한 역할을 한다.

2 시각은 눈의 ㅁㅁ을 통해 빛을 받아들여 사물을 볼 수 있게 해 주는 감각이다.

____

3 청각은 귀를 통해 소리의 ㅈㄷ을 받아들여 소리를 듣게 해 주는 감각이다.

____

4 후각은 코의 ㅎㅅㅍ를 통해 냄새를 맡는 감각이다.

5 미각은 혀의 ㅁㅂㅇㄹ 를 통해 맛을 느끼는 감각이다.

6 촉각은 피부의 ㄱㄱㅈ을 통해 물리적인 압력, 온도를 느끼는 감각이다.

7 우리 몸의 감각은 서로 다른 방식으로 우리에게 ㅈㅂ를 제공한다.

---

1 이 글의 제목으로 가장 알맞은 것은 무엇인가요? (   )

핵심어

① 시각과 청각의 비밀
② 미각과 후각의 중요성
③ 눈과 귀의 구조와 기능
④ 우리 몸의 여러 가지 감각
⑤ 음식의 맛을 결정하는 요소

2 다음 설명에 해당하는 감각을 이 글에서 찾아 쓰세요.

내용 이해

(1) 코를 통해 냄새를 맡는 감각   (   )
(2) 혀를 통해 맛을 느끼는 감각   (   )
(3) 귀를 통해 소리를 듣는 감각   (   )
(4) 눈을 통해 사물을 보는 감각   (   )
(5) 피부를 통해 물리적인 압력, 온도를 느끼는 감각

(   )

3 이 글의 내용으로 알맞은 것에 ◯표, 알맞지 <u>않은</u> 것에 ✗표 하세요.

내용 이해

(1) 눈의 망막에서 빛을 감지하고 이 정보를 뇌로 전달한다.

(   )

(2) 혀에 있는 맛봉오리가 음식의 온도와 냄새를 감지하고 뇌로 정보를 보낸다.   (   )

(3) 우리는 피부에 있는 감각점을 통해 추위나 더위, 부드러움이나 거칢을 느낄 수 있다.   (   )

4 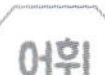과 바꾸어 쓸 수 있는 말은 무엇인가요? (   )

어휘

① 느껴서   ② 알려서   ③ 이어서
④ 전달해서   ⑤ 바꾸어서

촉각을 활용하여 느낀 감각의 예로 알맞은 것은 무엇인가요? (   )

① 하늘이 구름 한 점 없이 새파랗다.

② 꽃잎에서 싱그러운 향기가 느껴졌다.

③ 손으로 얼음을 만져 보니 아주 차가웠다.

④ 문밖에서 시끄러운 자동차 경적 소리가 들렸다.

⑤ 달콤한 사탕을 먹어 입안에서 단맛이 느껴졌다.

이 글을 읽고 짐작할 수 있는 내용을 알맞게 말한 친구의 이름을 쓰세요.

> 윤성: 망막에서 빛을 감지할 수 없다면 우리는 사물을 볼 수 없겠구나.
>
> 화연: 코를 막고 음식을 먹으면 맛봉오리가 맛을 감지하지 못해서 음식의 맛을 느
> 　　　낄 수 없을 거야.
>
> 채영: 우리 몸에는 여러 가지 감각들이 있으니 한 가지 감각이 제 역할을 하지 못
> 　　　하더라도 생활하는 데 아무런 문제가 없겠어.

(   )

빈칸에 알맞은 말을 써서, 이 글의 짜임을 정리해 보세요.

우리 몸의 여러 가지 감각

- 시각 — 눈을 통해 사물을 보게 해 주는 감각
- 청각 — 귀를 통해 ❶(   )를 듣게 해 주는 감각
- 후각 — 코를 통해 ❷(   )를 느끼는 감각
- 미각 — 혀를 통해 맛을 느끼는 감각
- 촉각 — ❸(   )를 통해 물리적인 압력, 온도 등을 느끼는 감각

↓

우리 몸의 ❹(   )은 서로 다른 방식으로 우리에게 정보를 제공하고, 우리가 세상을 인식하는 데 매우 중요한 역할을 한다.

1 다음 뜻을 지닌 낱말을 [보기]에서 찾아 빈칸에 쓰세요.

[보기]
분자, 망막, 인식하다, 탐색하다

(1) 사물을 분별하고 판단하여 알다. (   )

(2) 빛을 받아들이는 기관으로 시각 신경이 퍼져 있는 막. (   )

(3) 어떤 물질의 화학적 형태와 성질을 띠는 가장 작은 알갱이. (   )

(4) 알려지지 않은 사물이나 현상을 찾아내거나 밝히기 위해 살피어 찾다.

(   )

2 다음 문장의 빈칸에 들어갈 알맞은 낱말을 찾아 선으로 이으세요.

(1) 이 조명은 사람을 (   )하면 자동으로 불이 켜진다. ・ ・㉮ 압력

(2) 옛날에는 소식을 (   )할 때 불을 이용하기도 했다. ・ ・㉯ 전달

(3) 잠수함은 깊은 바다의 높은 (   )을/를 견딜 수 있도록 만들어졌다. ・ ・㉰ 감지

[확장]

3 다음 밑줄 친 낱말과 뜻이 통하는 낱말을 [보기]에서 찾아 쓰세요.

[보기]
감지하다, 도달하다, 다채롭다, 변환하다

(1) 음성을 인식해서 문자로 바꾸었다. (   )

(2) 여러 색을 다양하게 써서 그림을 그렸다. (   )

(3) 오징어는 위험을 느끼고 먹물을 내뿜었다. (   )

(4) 외국에서 보낸 편지는 뒤늦게 집에 도착했다. (   )

오늘
나의 실력은?   

부모님의
응원 한마디

□ 설명문
□ 논설문
□ 실용문
□ 시
□ 동화
☑ 극본

[앞부분 이야기] 아니카와 토마스의 옆집에 삐삐가 이사를 왔다. 삐삐의 집 이름은 '뒤죽박죽 ✛별장'이다. 누가 이사를 온 것인지 아니카와 토마스가 궁금해하던 찰나에, 사다리 위에서 삐삐가 불쑥 나타난다. 아니카와 토마스는 삐삐를 보고 ✛화들짝 놀라지만, 삐삐는 ✛태연하게 아주 좋은 친구가 될 수 있을 것 같다고 말한다.

1 삐삐: ㉠그냥 삐삐라고 부르면 돼.

토마스: 넌 원숭이가 있어서 좋겠다. 그 원숭이는 이름이 뭐니?

삐삐: 닐손 씨.

아니카: 닐손 씨, 참 귀엽다.

삐삐: 귀엽기는 하지만 버릇없이 굴 때도 많아.

2 아니카: 네가 여기로 이사 와서 얼마나 좋은지 몰라.

토마스: 우리가 너희 엄마랑 아빠께 인사드려야 하지 않니?

삐삐: 그건 좀 어려울 거야. 우리 엄마는 하늘나라 천사이시고, 아빠는 ✛해적이시거든. 아니, 해적이셨지. 지금은 아빠가 뭘 하시는지 나도 잘 몰라.

토마스: (놀라서) 그럼 여기에 너 혼자 산단 말이니?

삐삐: 혼자 살긴. 말이랑 닐손 씨도 여기에 사는데.

3 아니카: 동물 말고 너를 돌봐 줄 사람이 있어야 하잖아?

삐삐: 난 누가 돌봐 주지 않아도 스스로 잘 돌봐. 나 참 똑똑하지?

토마스: 응. 그런데 그럼 밤에 그만 자라거나 뭐 그런 얘기는 누가 해 주는데?

삐삐: 내가 스스로 해. 처음에는 아주 상냥하게 "삐삐야, 이제 그만 가서 자." 이래. 그런데 내가 말을 안 들으면 그다음에는 조금 딱딱하게 "삐삐야, 내 말 안 들려? 그만 가서 자라니까!" 이래. 그런데도 내가 계속 말을 안 들으면 그다음에는 화를 내. "얘가 왜 이렇게 말을 안 들어! 얼른 가서 자!" 이렇게. 그러고 나서야 아기 돼지처럼 잠을 자. ㉡(코✛고는 소리를 두어 번 낸다.)

토마스: 야, 너 정말 웃긴다.

아니카: 하지만, 엄마랑 아빠가 안 계셔서 슬프겠다.

삐삐: 계신다니까. 엄마가 하늘나라에 계신다고 했잖아? 우리 엄마는 하늘에 앉아서 작은 구멍으로 나를 내려다보고 계셔. 그래서 난 엄마한테 손을 흔들면서 이래. "엄마, 내 걱정은 마세요. 잘 지내고 있으니까요."

낱말 풀이

✛ **별장**: 평소에 머물러 사는 집이 아닌, 가끔 가서 쉬기 위하여 조용한 곳에 따로 지은 집.

✛ **화들짝**: 갑자기 호들갑스럽게 펄쩍 뛸 듯이 놀라는 모양.

✛ **태연하게**: 당연히 머뭇거리거나 두려워할 상황에서 태도나 얼굴빛이 아무렇지도 않게.

✛ **해적**: 배를 타고 다니면서, 다른 배나 해안 지방을 공격하여 돈이나 물건을 빼앗는 강도.

✛ **고는**: 잠잘 때 거칠고 시끄럽게 숨 쉬는 소리를 내는.

정답 확인
17쪽

□에 들어갈 알맞은 낱말을 글에서 찾아 쓰세요.

1 삐삐가 토마스와 ㅇㄴㅋ 에게 자신과 원숭이 닐손 씨를 소개했다.

✎ __________

2 토마스가 삐삐의 부모님께 인사를 드리겠다고 하자, 삐삐는 그건 좀 어려울 것이라고 하며 자신이 ㅁ과 닐손 씨와 함께 산다고 말했다.

✎ __________

3 삐삐는 아니카와 토마스에게 ㅈㅅ은 다른 사람이 돌봐 주지 않아도 스스로 잘 돌본다고 말했다.

✎ __________

---

1 갈래

이 글에서 ㉠, ㉡의 역할을 찾아 선으로 이으세요.

(1) ㉠ 대사 •

• ㉮ 인물이 직접 하는 말을 나타냄.

(2) ㉡ 지문 •

• ㉯ 인물의 행동이나 표정을 나타냄.

2 내용 이해

삐삐에게 밤에 자라고 이야기하는 사람은 누구인가요?

( )

① 해적이셨던 삐삐의 아빠
② 사람의 말을 할 줄 아는 말
③ 하늘나라에 계신 삐삐의 엄마
④ 옆집에 사는 토마스와 아니카
⑤ 부모님의 말을 흉내 내는 삐삐

3 내용 이해

부모님이 계시지 않지만 삐삐가 슬프지 않다고 하는 까닭은 무엇인가요? ( )

① 부모님이 안 계신다고 생각하지 않기 때문에
② 해적인 아빠가 가끔 집으로 찾아오기 때문에
③ 삐삐는 부모님의 얼굴을 본 적이 없기 때문에
④ 말과 닐손 씨가 부모님 역할을 대신해 주기 때문에
⑤ 부모님보다 토마스와 아니카와 노는 것이 더 즐겁기 때문에

4 어법

다음 내용을 참고하여, ( )에 들어갈 알맞은 낱말을 찾아 ○표 하세요.

• 내 말 (안, 않) 들려?

5
이 글의 등장인물에 대한 생각을 알맞게 말한 것을 두 가지 고르세요.

(,)

① 자신과 처지가 다른 삐삐를 비웃은 행동으로 보아 토마스는 배려심이 부족해.

② 아니카는 돌봐 주는 사람이 없어도 스스로 잘 돌보는 씩씩하고 독립적인 아이야.

③ 삐삐의 부모님께 인사를 드리려는 모습으로 보아 토마스는 예의가 바른 친구인 것 같아.

④ 삐삐가 사람이 아닌 동물들과 함께 지내는 것을 보니 삐삐는 다른 사람들과 잘 어울리지 못하는 아이이구나.

⑤ 아니카는 이사 온 삐삐를 반겨 주고, 부모님이 안 계시는 삐삐의 마음을 헤아릴 줄 아는 상냥하고 인정 많은 인물이야.

6
만약 삐삐가 부정적이고 소극적인 성격이었다면 이 이야기는 어떻게 바뀌었을지 알맞은 것을 찾아 기호를 쓰세요.

> ㉮ 자신도 해적이 되어 아빠와 함께 모험을 떠나려고 하였을 것이다.
> ㉯ 자신과 같은 삶을 살고 있는 친구들을 찾아 도와주려고 하였을 것이다.
> ㉰ 부모님 없이 혼자 지내는 것을 힘들어하고 친구도 잘 사귀지 못하였을 것이다.

( )

7
빈칸에 알맞은 말을 써서, 이 글의 짜임을 정리해 보세요.

토마스와 아니카가 뒤죽박죽 ❶( ) 에 이사 온 삐삐와 만남. → 삐삐는 자신이 말과 ❷( ) 씨와 함께 살고 있다고 말함. → 삐삐는 누가 돌봐 주지 않아도 ❸( ) 잘 돌본다고 말함.

❹( )는 혼자 살아가지만 씩씩하고 명랑한 아이이다.

1 다음 낱말의 뜻으로 알맞은 것을 찾아 선으로 이으세요.

(1) 별장 •

(2) 해적 •

(3) 화들짝 •

• ㉮ 갑자기 호들갑스럽게 펄쩍 뛸 듯이 놀라는 모양.

• ㉯ 평소에 머물러 사는 집이 아닌, 가끔 가서 쉬기 위하여 조용한 곳에 따로 지은 집.

• ㉰ 배를 타고 다니면서, 다른 배나 해안 지방을 공격하여 돈이나 물건을 빼앗는 강도.

2 다음 문장의 빈칸에 들어갈 알맞은 낱말을 보기 에서 찾아 쓰세요.

보기
> 골다, 돌보다, 상냥하다, 태연하다

(1) 미우는 화가 많이 났지만 겉으로는 (   ).

(2) 형이 많이 피곤한지 코를 드르렁드르렁 (   ).

(3) 그 가게의 점원은 항상 손님들에게 친절하고 (   ).

(4) 더운 여름에 말라 죽지 않도록 식물을 정성껏 (   ).

확장

3 다음 낱말의 뜻을 보고, 문장에 어울리는 낱말을 찾아 ○표 하세요.

계시다	'있다(어느 곳에서 떠나거나 벗어나지 않고 머물다.)'의 높임말.
주무시다	'자다(눈을 감고 한동안 몸과 정신의 활동을 쉬는 상태가 되다.)'의 높임말.

(1) 아버지께서 방에서 (잔다, 주무신다).

(2) 할아버지께서는 고향에 (있다, 계신다).

(3) 나는 서울에 일 년 동안 (있었다, 계셨다).

(4) 동생이 이불도 덮지 않고 낮잠을 (잔다, 주무신다).

오늘 나의 실력은?      부모님의 응원 한마디

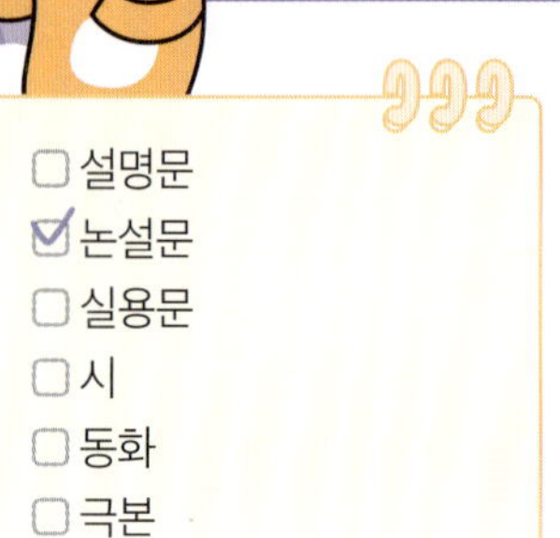

낱말 풀이

✚ **권장량**: 건강한 생활을 위해 받아들이기를 권하는 양.

✚ **평균**: 수나 양, 정도의 중간 값을 갖는 수.

✚ **일상**: 날마다 반복되는 평범한 생활.

✚ **혈압**: 심장에서 피를 밀어낼 때 혈관 안쪽에 생기는 압력.

✚ **혈액 순환**: 심장에서 나온 혈액이 온몸의 혈관을 타고 흐르다가 다시 심장으로 돌아오는 것.

✚ **면역 체계**: 몸 밖에서 들어온 병균을 이겨 내게 하는 체계.

✚ **공급**: 요구나 필요에 따라 물건이나 돈 등을 제공함.

✚ **미모**: 아름답게 생긴 얼굴.

✚ **윤활유**: 기계가 맞닿는 부분의 마찰을 줄여 잘 움직이게 하려고 쓰는 기름.

✚ **사기**: 일을 해내거나 이기고자 하는 씩씩한 기운.

✚ **화합**: 사이좋게 어울림.

✚ **능률**: 일정한 시간 동안 할 수 있는 일의 비율.

1　웃음의 하루 ✚권장량은 아주 큰 소리로 1회에 10초 이상, 하루에 10회 이상이다. 웃음 권장량을 채우는 사람은 몇 명이나 될까? 어렸을 때는 하루에 ✚평균 400번을 웃지만, 다 자란 뒤에는 하루에 평균 8번밖에 웃지 않는다고 한다. 웃음이 설 자리를 잃은 것은 답답한 현실과 무거운 ✚일상 때문이다. 그러나 삶이 무거울수록 웃음이 필요하다.

2　웃음은 여러 가지 면에서 도움을 준다. 첫째, 웃음은 우리를 건강하게 해 준다. 웃음은 ✚혈압을 낮추고 ✚혈액 순환에도 도움을 주어 ✚면역 체계와 소화 기관을 안정시킨다. 또, 산소 ✚공급을 두 배로 증가시켜 몸이 시원해지는 기분을 느끼게 해 준다.

3　둘째, 웃음은 아름다운 얼굴을 만드는 최고의 화장품이기도 하다. 웃는 얼굴처럼 아름다운 모습은 없다. 아무리 조각 같은 ✚미모를 가지고 있고 멋진 화장술로 치장을 한다고 해도, 웃을 줄 모르는 사람은 마네킹보다 나을 것이 없다.

4　셋째, 사람과 사람의 마음을 이어 주는 데에도 웃음이 큰 역할을 한다. 웃음은 처음 만난 사람에게 마음의 문을 열게 하고, 인간관계의 ✚윤활유가 된다. 실제로 사람들은 혼자 있을 때보다 다른 사람들과 함께 있을 때에 더 많이 웃는다.

5　넷째, 웃음은 회사나 학교생활에도 긍정적인 역할을 한다. 연구 결과에 따르면 회사 내에서 웃음은 ✚사기를 높여 주고, ✚화합을 하게 하고, 창의력을 일어나게 해 생산성을 높인다고 한다. 또, 학습 과정에서 웃음은 흥미를 가지게 하고, 기억력을 높이고, 긴장을 늦추어 주며, 학습 ✚능률을 올린다고 한다.

6　삶이 아무리 힘들어도 여유롭고 긍정적인 마음으로 시원하게 웃어 보자. 배꼽을 움켜쥐고 눈물이 찔끔 날 만큼 크게 웃어 보자. 그러면 기쁨의 에너지가 샘솟아 온갖 고민이 사라질 것이다.

□에 들어갈 알맞은 낱말을 글에서 찾아 쓰세요.

1 삶이 무거울수록 ○○이 필요하다.

2 웃음은 우리를 ㄱㄱ하게 해 준다.

3 웃음은 아름다운 ○ㄱ을 만드는 최고의 화장품이다.

4 사람과 사람의 ㅁ○을 이어 주는 데에 웃음이 큰 역할을 한다.

5 웃음은 회사나 ㅎㄱㅅㅎ에서도 긍정적인 역할을 한다.

6 힘들어도 여유롭고 ㄱㅈ적인 마음으로 크게 웃어 보자.

1 중심 내용

글쓴이가 이 글을 쓴 목적은 무엇인가요? (   )

① 다양한 웃음 치료법을 소개하기 위해서

② 웃음의 중요성과 이점을 알리기 위해서

③ 사람들이 웃지 않는 이유를 분석하기 위해서

④ 건강하게 잘 웃을 수 있는 방법을 소개하기 위해서

⑤ 웃음의 종류와 원리를 과학적으로 설명하기 위해서

2 내용 이해

웃음이 우리를 건강하게 해 주는 까닭으로 알맞지 <u>않은</u> 것을 두 가지 고르세요. (,   )

① 면역 체계를 안정시켜 주기 때문이다.

② 혈압을 낮추고, 혈액 순환을 돕기 때문이다.

③ 기억력을 높이고, 학습 능률을 올리기 때문이다.

④ 몸의 산소 공급을 두 배로 증가시켜 주기 때문이다.

⑤ 창의력을 일어나게 해 생산성을 높여 주기 때문이다.

3 내용 이해

이 글의 내용으로 알맞지 <u>않은</u> 것은 무엇인가요? (   )

① 성인이 되면 어릴 때보다 훨씬 적게 웃는다.

② 웃음은 회사와 학교생활에 긍정적인 영향을 준다.

③ 웃음은 사람들과의 관계 형성에 도움이 되지 않는다.

④ 웃음은 처음 만난 사람에게 마음의 문을 열게 해 준다.

⑤ 웃음의 하루 권장량은 아주 큰 소리로 1회에 10초 이상, 하루에 10회 이상이다.

4 어휘

이 글의 내용을 참고하여, 빈칸에 들어갈 알맞은 사자성어를 찾아 기호를 쓰세요.

> ㉮ 다다익선(多多益善): 많으면 많을수록 좋음.
>
> ㉯ 설상가상(雪上加霜): 눈 위에 서리가 내리듯 어려운 일이 겹침.

• 웃음은 (   )이다.

5 웃음이 일상생활에서 긍정적인 역할을 한 사례를 모두 찾아 기호를 쓰세요.

적용

> ㉮ 어려운 모둠 발표를 준비하면서 친구들과 웃으며 함께 문제를 해결했다.
> ㉯ 친구와 심각한 대화를 하다가 웃음이 터져서 친구를 불편하게 만들었다.
> ㉰ 스트레스를 받을 때 웃음을 통해 스트레스를 해소하고 에너지를 회복했다.

(   )

6 다음 내용을 추가하기에 알맞은 문단을 찾아 번호를 쓰세요.

추론

(1)
> 마음을 화장하는 웃음은 그 어떤 화장품보다 눈부신 매력과 화사한 생기를 얼굴에 불어넣는다.

(   )

(2)
> 웃음은 그 어떤 약보다 뛰어난 효과를 가지고 있고, 돈을 들이지 않고도 얻을 수 있는 신비한 약이다.

(   )

7 빈칸에 알맞은 말을 써서, 이 글의 짜임을 정리해 보세요.

글의 구조

서론 — 웃음이 줄어든 현실과 우리에게 웃음이 필요한 까닭

본론 —
웃음이 우리에게 주는 도움
① 웃음은 우리를 ❶(   )하게 해 줌.
② 웃음은 우리의 얼굴을 ❷(   ) 만들어 줌.
③ 웃음은 사람과 사람의 마음을 이어 주는 데에도 도움을 줌.
④ 웃음은 회사나 학교생활에도 긍정적인 역할을 함.

결론: 삶이 아무리 힘들어도 여유롭고 긍정적인 마음으로 ❸(   ).

1 다음 뜻에 알맞은 낱말을 완성하여 쓰세요.

(1) 사이좋게 어울림. → ㅎ ㅎ

(2) 날마다 반복되는 평범한 생활. → ㅇ ㅅ

(3) 수나 양, 정도의 중간값을 갖는 수. → ㅍ ㄱ

(4) 일을 해내거나 이기고자 하는 씩씩한 기운. → ㅅ ㄱ

2 다음 낱말이 들어갈 문장을 찾아 선으로 이으세요.

(1) 능률 •　　• ㉮ 사고로 전기 (　　　)이 중단되었다.

(2) 공급 •　　• ㉯ 잠을 푹 자야 일의 (　　　)이 오른다.

(3) 권장량 •　　• ㉰ 이 비타민의 하루 (　　　)은 1알이다.

확장

3 다음 낱말이 아래의 문장에서 어떤 뜻으로 사용되었는지 찾아 번호를 쓰세요.

채우다
① 자물쇠 등으로 잠가서 문이나 서랍 등을 열지 못하게 하다.
② 정한 수량이나 기간 등을 다 되게 하다.
③ 물건을 몸에 매어 달게 하거나 걸게 하거나 끼우게 하다.

(1) 그는 새로 산 시계를 손목에 채웠다.　　　　　　　　(　　　)
(2) 중요한 서류를 서랍에 넣고 자물쇠를 채웠다.　　　　(　　　)
(3) 밤늦게까지 일하여 작업량을 겨우 다 채웠다.　　　　(　　　)

오늘 나의 실력은?   　　부모님의 응원 한마디 

□ 설명문
□ 논설문
☑ 전기문
□ 시
□ 동화
□ 극본

1 닉 부이치치는 1982년에 호주에서 태어났습니다. 그는 두 다리와 두 팔이 없지만 "나는 행복한 사람입니다."라고 자신 있게 말하고 다닙니다.

2 닉 부이치치는 다른 사람들과 달리 두 팔과 두 다리가 없고, ⁺단지 조그만 왼쪽 발만을 가지고 태어났습니다. 그래서 닉 부이치치는 어린 시절 주변의 ⁺따가운 ⁺시선 때문에 ⁺절망에 빠지기도 했습니다. 특히, 여덟 살이 되던 때부터는 자신이 그렇게 태어난 것을 ⁺원망하며 힘들게 지내기도 했습니다.

3 이러한 ㉠그의 삶이 달라진 것은 어머니가 보여 준 기사 때문이었습니다. 그는 ⁺지체 장애를 받아들인 한 남자에 대한 기사를 보고, 장애에 대한 ⁺차별과 ⁺편견으로 어려움을 겪는 사람이 자신만이 아니라는 것을 깨달았습니다.

4 닉 부이치치는 끊임없는 부모님의 사랑을 느끼고, 포기하지 않는 법과 긍정적으로 생각하는 법을 배우기 시작하였습니다. '저 몸으로는 아무것도 못할 거야.'라는 세상 사람들의 생각을 비웃듯 닉은 양치질이나 옷 입기, 넘어져도 스스로 일어나기와 같이 생활에 필요한 모든 행동을 스스로 해 나가는 법을 배우기 시작하였습니다.

5 닉 부이치치는 ⁺비장애인이 다니는 중·고등학교를 다녔습니다. 학교에서 학생회장을 지냈고, 호주 로건 그리피스 대학에서는 회계와 경영을 ⁺전공하였습니다. 그리고 그는 골프와 수영을 즐기고, 작은 발로 멋지게 드럼을 칠 수 있게 되었습니다.

6 현재 그는 전 세계의 사람들이 찾는 ㉡⁺동기 ⁺부여 연설가이자, 목사로 활동하고 있습니다. 그리고 몇 년 전부터 아버지가 되어 행복한 가정도 일구며 살아가고 있습니다. 장애를 극복하고 꿈을 이룬 그의 긍정적인 삶의 태도는 많은 사람들의 관심을 모았고, 전 세계에 큰 희망의 메시지를 전달하고 있습니다.

낱말 풀이

⁺**단지**: 다른 것이 아니라 오로지.

⁺**따가운**: 눈길이나 충고 등이 매우 비판적이고 날카로운.

⁺**시선**: 사람들의 주의나 관심.

⁺**절망**: 바라볼 것이 없게 되어 모든 희망을 버림. 또는 그런 상태.

⁺**원망하며**: 마음에 들지 않아서 탓하거나 미워하며.

⁺**지체**: 팔다리와 몸을 통틀어 이르는 말.

⁺**차별**: 둘 이상을 차등을 두어 구별함.

⁺**편견**: 공평하고 올바르지 못하고 한쪽으로 치우친 생각.

⁺**비장애인**: 몸에 장애가 없는 사람.

⁺**전공하였습니다**: 전문적으로 연구하거나 공부하였습니다.

⁺**동기**: 어떤 일이나 행동을 하게 되는 원인이나 기회.

⁺**부여**: 가치, 권리, 의미, 임무 등을 지니게 하거나 그렇다고 여김.

□에 들어갈 알맞은 낱말을 글에서 찾아 쓰세요.

1 닉 부이치치는 두 다리와 두 팔이 없지만 "나는 ㅎ ㅂ ㅎ 사람입니다."라고 자신 있게 말한다.

2 어린 시절, 닉 부이치치는 자신이 ㅈ ㅇ 를 가지고 태어난 것을 원망하며 힘들게 지냈다.

3 닉 부이치치는 어머니가 보여 준 기사를 보고, 차별과 ㅍ ㄱ 으로 어려움을 겪는 사람이 자신만이 아님을 깨달았다.

4 닉 부이치치는 부모님의 사랑을 느끼고, 포기하지 않는 법과 ㄱ ㅈ 적으로 생각하는 법, 모든 행동을 스스로 해 나가는 법을 배웠다.

5 닉 부이치치는 ㅂ ㅈ ㅇ ㅇ 이 다니는 학교에서 학교생활을 했다.

6 장애를 극복하고 꿈을 이룬 닉 부이치치의 긍정적인 삶의 태도는 전 세계에 큰 ㅎ ㅁ 의 메시지를 전해 주었다.

1 핵심어

이 글에서 다루고 있는 실제 인물이 태어난 곳과 인물의 이름을 빈칸에 쓰세요.

(　　　　　　　)에서 태어난 (　　　　　　)

2 내용 이해

㉠의 원인은 무엇이었나요? (　　　)

① 혼자 양치질을 할 수 있게 되어서
② 골프와 수영을 즐기고 드럼도 칠 수 있게 되어서
③ 어머니가 보여 준 기사를 보고 깨달음을 얻게 되어서
④ 자신과 같은 어려움을 겪고 있는 친구를 만나게 되어서
⑤ 생활에 필요한 행동을 할 때 부모님의 도움을 받을 수 있게 되어서

3 내용 이해

닉 부이치치에 대한 설명으로 알맞지 <u>않은</u> 것은 무엇인가요? (　　　)

① 학교에서 학생회장을 지냈다.
② 두 팔과 두 다리가 없이 태어났다.
③ 대학에서 회계와 경영을 전공했다.
④ 어린 시절 장애 때문에 힘들어했다.
⑤ 운동선수가 되고 싶었지만 꿈을 이루지 못했다.

4 어휘

밑줄 친 말이 ㉡과 같은 뜻으로 쓰인 것을 찾아 〇표 하세요.

(1) 우리 남매는 사이좋은 <u>동기</u>이다. (　　)
(2) 확실한 <u>동기</u>가 있으면 공부를 잘하게 된다. (　　)
(3) 학교에 같은 때에 입학한 사람을 '<u>동기</u>'라고 부른다.

(　　)

5

추론

닉 부이치치의 성격은 어떻게 변화하였나요? (   )

① 신중한 성격 → 대담한 성격

② 부지런한 성격 → 게으른 성격

③ 활동적인 성격 → 내성적인 성격

④ 부정적인 성격 → 긍정적인 성격

⑤ 독립적인 성격 → 남에게 의지하는 성격

6

적용

이 글을 읽고 알맞게 이야기한 친구의 이름을 쓰세요.

> 예서: 닉 부이치치처럼 두 다리와 두 팔이 없으면 더 행복할 수 있는 것 같아.
>
> 지안: 닉 부이치치는 전 세계 사람들이 장애인에게 관심을 가져야 한다고 생각했어.
>
> 규민: 닉 부이치치를 통해 장애와 같은 어려움이 있어도 행복한 사람이 될 수 있다
> 는 것을 알게 되었어.

(   )

7

글의 구조

빈칸에 알맞은 말을 써서, 이 글의 짜임을 정리해 보세요.

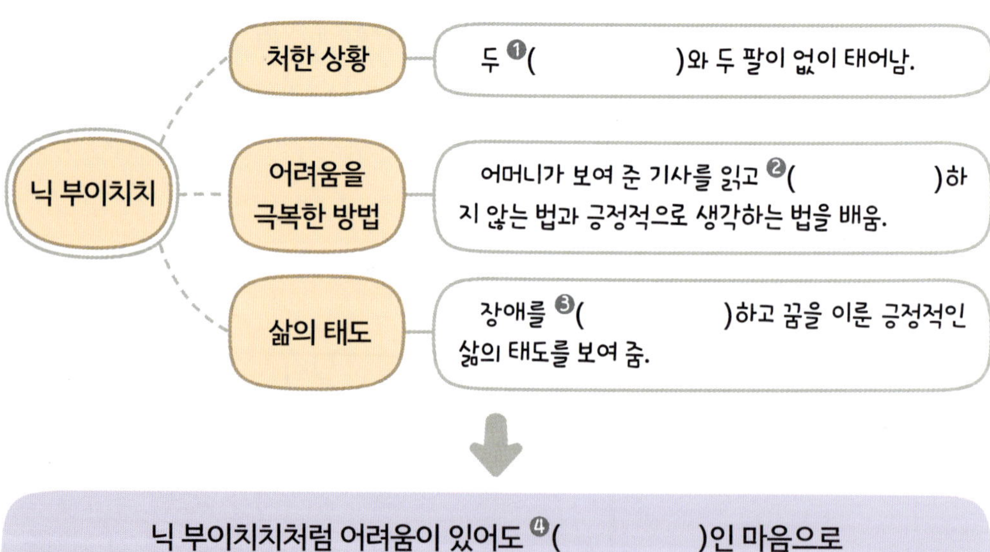

1 다음 낱말의 뜻을 **보기** 에서 찾아 기호를 쓰세요.

보기
㉮ 팔다리와 몸을 통틀어 이르는 말.
㉯ 마음에 들지 않아서 탓하거나 미워함.
㉰ 공평하고 올바르지 못하고 한쪽으로 치우친 생각.
㉱ 바라볼 것이 없게 되어 모든 희망을 버림. 또는 그런 상태.

(1) 절망: (　　　　　　)　　(2) 원망: (　　　　　　)
(3) 편견: (　　　　　　)　　(4) 지체: (　　　　　　)

2 다음 초성과 뜻을 참고하여 빈칸에 알맞은 낱말을 쓰세요.

(1) ㄷㅈ: 다른 것이 아니라 오로지.
　　㉠ 우리는 (　　　　　　　) 집이 가깝다는 이유 하나로 친구가 되었다.
(2) ㅊㅂ: 둘 이상을 차등을 두어 구별함.
　　㉠ 조선 시대에는 신분과 직업에 따른 (　　　　　　)이/가 존재했다.
(3) ㅂㅇ: 가치, 권리, 의미, 임무 등을 지니게 하거나 그렇다고 여김.
　　㉠ 작전에 참여한 부대원들에게 특수한 임무를 (　　　　　)하였다.

확장
3 다음 밑줄 친 낱말과 비슷한 뜻을 가진 낱말을 찾아 ◯표 하세요.

최근 우리나라의 음식에 세계인들의 <u>시선</u>이 집중되고 있다. 우리나라의 음식, 즉 한식은 건강에 좋아 '웰빙 음식'으로 불리고는 한다. 한식은 자연에 가까운 재료를 사용하여 만드는 데다가 채소와 해산물을 주로 사용해 열량이 적고 건강에 좋다.

(시력, 효능, 관심)

오늘 나의 실력은?    부모님의 응원 한마디

- ☐ 설명문
- ☐ 논설문
- ☐ 실용문
- ☑ 시
- ☐ 동화
- ☐ 극본

혼자 있어 봐

이화주

1 　친구와
　　✦쌍동밤처럼
　　어깨동무하는 것도 좋지만

2 　참새 떼처럼
　　짹째글 짹째글
　　몰려다니는 것도 좋지만

3 　가끔씩은 / 아주 가끔씩은
　　혼자 있어 봐.

4 　별들의 이야기
　　엿들을 수도 있고,
　　✦입속말하던 시계들이
　　✦낭랑한 목소리로 말을 걸어온단다.

5 　그래, 운동장 가슴이 쿵쿵 울리도록
　　뛰놀던 아이들이 가 버린
　　늦은 저녁 / 그네에 혼자 앉아
　　바람처럼 ✦휘파람을 불어 봐.

6 　거인 같은 운동장이
　　이웃집 아저씨처럼
　　너를 ㉠번쩍 안아 올려
　　네 마음의 무게를 ✦재어 주실 테니까.

낱말 풀이

✦**쌍동밤**: 한 껍데기 속에 두 쪽이 들어 있는 밤.

✦**입속말**: 남이 잘 알아듣지 못하게 입속으로 중얼거리는 말.

✦**낭랑한**: 소리가 매우 맑고 또렷한.

✦**휘파람**: 입술을 동그랗게 오므리고 그 사이로 입김을 불어서 내는 소리.

✦**재어**: 도구나 방법을 써서 길이, 크기, 양 등의 정도를 알아보아.

□에 들어갈 알맞은 낱말을 글에서 찾아 쓰세요.

1 친구와 ㅇㄲㄷㅁ하는 것도 좋다.

2 ㅊㄱ와 몰려다니는 것도 좋다.

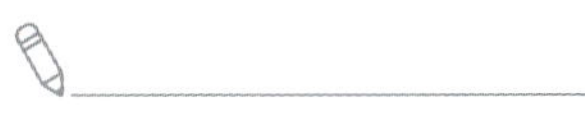

3 하지만 가끔씩은 ㅎㅈ 있어 보자.

4 혼자 있으면 별들의 이야기를 들을 수 있고, ㅅㄱ 소리도 낭랑하게 들린다.

5 늦은 저녁 그네에 혼자 앉아 ㅎㅍㄹ을 불어 보자.

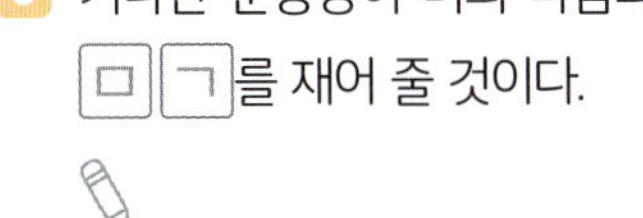

6 커다란 운동장이 너의 마음의 ㅁㄱ를 재어 줄 것이다.

---

1 주제

이 시의 말하는 이가 읽는 이에게 하고 싶은 말이 직접적으로 드러나 있는 부분을 찾아 쓰세요.

( )

2 내용 이해

이 시에서 친구들과 함께 있는 모습이 나타나 있는 연을 두 가지 고르세요. (,)

① **1** 연 ② **2** 연 ③ **3** 연
④ **4** 연 ⑤ **5** 연

3 내용 이해

이 시에서 운동장 그네에 혼자 앉아 있으면 어떤 일이 일어날 것이라고 하였나요? ( )

① 친구들이 달려와 줄 것이라고 하였다.
② 사람들이 참새 떼처럼 몰려올 것이라고 하였다.
③ 거인과 운동장에서 뛰어놀게 될 것이라고 하였다.
④ 운동장이 마음의 무게를 재어 줄 것이라고 하였다.
⑤ 아이들의 휘파람 소리를 듣게 될 것이라고 하였다.

4 어휘

의 뜻은 무엇인가요? ( )

① 눈을 갑자기 아주 크게 뜨는 모양.
② 어떤 생각이 갑자기 떠오르는 모양.
③ 큰 빛이 잠깐 나타났다가 사라지는 모양.
④ 사람이 잠깐 나타났다가 빨리 사라지는 모양.
⑤ 무거운 대상을 아주 가볍고 쉽게 들어 올리는 모양.

다음 밑줄 친 표현에 담긴 의미로 알맞은 것을 찾아 ○표 하세요.

> 별들의 이야기
>
> 엿들을 수도 있고,
>
> 입속말하던 시계들이
>
> 낭랑한 목소리로 말을 걸어온단다.

(1) 시계에서 알람이 계속해서 울린다. ( )

(2) 별들보다 시계가 이야기를 더 많이 한다. ( )

(3) 평소에 잘 듣지 못하던 시계 소리를 들을 수 있다. ( )

이 시에서 다음 대상을 비유한 표현을 찾아 빈칸에 쓰세요.

대상	비유하는 표현	비유한 까닭
 친구와 어깨동무하는 모습	( )	어깨동무한 모습이 밤알이 붙어 있는 모습과 닮아서

빈칸에 알맞은 말을 써서, 이 글의 짜임을 정리해 보세요.

1~2연 — 친구와 어깨동무하는 것도 좋고, ❶( ) 것도 좋음.

3연 — 가끔씩은 혼자 있어 보길 바람.

4~6연 —
- 혼자 있으면 ❷( )들의 이야기, 시계들의 낭랑한 목소리를 들을 수 있음.
- 그네에 혼자 앉아 휘파람을 불면 운동장이 ❸( )의 무게를 재어 줄 것임.

❹( ) 있는 시간도 소중하다.

1 다음 뜻을 가진 낱말을 찾아 선으로 이으세요.

(1) 한 껍데기 속에 두 쪽이 들어 있는 밤. ・ ・㉮ 쌍동밤

(2) 상대방의 어깨에 서로 팔을 얹어 끼고 나란히 함. ・ ・㉯ 입속말

(3) 남이 잘 알아듣지 못하게 입속으로 중얼거리는 말. ・ ・㉰ 휘파람

(4) 입술을 동그랗게 오므리고 그 사이로 입김을 불어서 내는 소리. ・ ・㉱ 어깨동무

2 다음 문장의 빈칸에 들어갈 알맞은 낱말을 보기 에서 찾아 쓰세요.

보기
재다, 엿듣다, 낭랑하다

(1) 점원의 목소리가 크고 (　　　　　　).

(2) 체온계로 환자의 체온을 (　　　　　　).

(3) 부모님의 대화 내용을 몰래 (　　　　　　).

확장

3 다음 낱말의 뜻을 보고, 문장에 어울리는 낱말을 찾아 〇표 하세요.

때	시간의 어떤 순간이나 부분. 또는 끼니.
떼	사람이나 동물이 한데 많이 모여 있는 것. 또는 요구를 들어 달라고 고집부리는 것.

(1) 서현이는 웃을 (때, 떼)가 제일 예쁘다.

(2) 공원에 모인 비둘기 (때, 떼)를 보고 소스라치게 놀랐다.

(3) 여섯 살 된 동생이 인형을 달라고 울면서 (때, 떼)를 썼다.

오늘
나의 실력은?   

부모님의
응원 한마디

☑ 설명문
☐ 논설문
☐ 실용문
☐ 시
☐ 동화
☐ 극본

1 옛날 중국은 여러 나라로 나뉘어 있었습니다. 그중 연나라는 항상 이웃해 있던 조나라와 제나라의 위협을 받으며 살고 있었습니다. 어느 해, 연나라에 큰 ✛흉년이 들어 사람들은 굶주림에 시달렸습니다. 이때, 조나라는 연나라가 약해진 것을 보고 ✛침략할 계획을 세웠습니다. 그러나 연나라는 이미 제나라와 전쟁 중이었기에 더 이상의 전쟁을 ✛감당할 수 없었습니다. 이 위기에서 ㉠연나라는 '소대'라는 현명한 사람을 조나라에 ✛파견하여 조나라 왕을 설득하기로 했습니다.

2 소대는 조나라 왕 앞에서 이야기를 풀어 냈습니다.

"이곳에 오는 길에 강을 건넜습니다. 그 강에서 큰 조개가 입을 벌리고 햇볕을 쬐고 있는 것을 보았습니다. 그때 황새 한 마리가 날아와 조개의 살을 쪼았는데, 놀란 조개는 황새의 주둥이를 꽉 물었습니다. 황새는 조개에게 '비가 안 오면 너는 말라 죽을 거야.'라고 말했고, 조개는 '내가 너를 놓지 않으면 너는 굶어 죽을 거야.'라고 대답했습니다. 둘은 끝까지 서로 양보하려 하지 않았고, 때마침 길을 지나가던 어부가 싱글벙글하며 둘 다 잡아갔습니다. 우리 연나라와 조나라가 만약 서로 싸운다면, 제나라와 같은 ✛강대국에게만 이득이 될 것입니다."

3 이 이야기를 들은 조나라의 왕은 깨달은 바가 있었습니다. 그는 소대의 말처럼 서로 다투기보다는 ✛협력하는 것이 두 나라에 이익이라는 것을 이해하고 침략 계획을 즉시 ✛중단했습니다. 이로써 연나라와 조나라는 큰 전쟁 없이 평화를 유지할 수 있었습니다. 이 소대의 이야기에서 ✛유래된 말이 바로 ㉡'조개와 황새가 다투는 사이에 어부가 힘도 들이지 않고 이득을 본다.'라는 뜻의 '어부지리'입니다.

낱말 풀이

✛ **흉년**: 농사가 잘되지 않아 다른 때보다 수확이 적은 해.

✛ **침략할**: 정당한 이유 없이 남의 나라에 쳐들어갈.

✛ **감당할**: 어려운 일을 참고 이겨 낼.

✛ **파견하여**: 일정한 임무를 주어 사람을 보내어.

✛ **강대국**: 경제적으로나 군사적으로 힘이 세고 영토가 넓은 나라.

✛ **협력하는**: 힘을 합해 서로 돕는.

✛ **중단했습니다**: 어떤 일을 중간에 멈추거나 그만두었습니다.

✛ **유래된**: 사물이나 일이 생겨나게 된.

쏙쏙! 내용 정리

☐에 들어갈 알맞은 낱말을 글에서 찾아 쓰세요.

1 연나라에 흉년이 들어 조나라가 연나라를 침략하려고 하자, 연나라는 'ㅅ ㄷ'라는 현명한 사람을 조나라에 파견했다.

✎ ___________

2 소대는 조나라 왕에게 ㅈ ㄱ 와 황새의 이야기를 들려주었다.

✎ ___________

3 소대의 이야기를 들은 조나라 왕은 ㅊ ㄹ 계획을 중단했고, 연나라와 조나라는 평화를 유지할 수 있었다.

✎ ___________

---

1 **'소대'의 이야기 방식으로 가장 알맞은 것은 무엇인가요?**

(   )

글의 종류

① 어떤 일의 순서를 차례대로 설명한다.
② 두 대상을 비교해서 차이점을 알려 준다.
③ 대상을 여러 가지로 나누어 각각을 설명한다.
④ 문제의 원인을 분석하여 해결 방법을 제시한다.
⑤ 대상을 다른 대상에 빗대어 상황을 알기 쉽게 나타낸다.

2 **이 글의 내용으로 알맞은 것에 O표, 알맞지 않은 것에 X표 하세요.**

내용 이해

(1) 연나라는 조나라와 제나라의 위협을 받으며 살았다.

(   )

(2) 연나라와 조나라는 제나라를 같이 침략하기로 결정했다.

(   )

(3) 소대의 이야기는 제나라 왕이 침략 계획을 멈추게 하는 데 영향을 주었다.

(   )

3 **연나라가 ㉠처럼 한 까닭은 무엇인가요? (**   **)**

내용 이해

① 제나라와 교류를 하기 위해서
② 조나라에게 땅을 요구하기 위해서
③ 제나라와의 전쟁을 중단하기 위해서
④ 조나라에게 식량을 요청하기 위해서
⑤ 조나라 왕을 설득하여 전쟁을 피하기 위해서

4 **다음과 같은 상황을 두고 할 수 있는 말을 이 글에서 찾아 네 글자로 쓰세요.**

어휘

> 뛰어난 사냥개가 날랜 토끼를 뒤쫓았습니다. 사냥개와 토끼는 며칠 동안 쫓고 쫓기며 뛰어다니다가 결국 둘 다 지쳐서 쓰러지고 말았습니다. 이 모습을 지켜보던 농부는 아무런 힘도 들이지 않고 사냥개와 토끼를 모두 잡아갔습니다.

(   )

5 다음 중 ⓛ과 가장 비슷한 상황은 무엇인가요? (   )

적용

① 두 학생이 서로 싸우고 나서, 둘 다 선생님께 혼이 났다.

② 두 팀이 축구 경기를 하다가, 비가 와서 경기가 중단되었다.

③ 두 친구가 같은 편이 되어 게임을 하고, 게임에서 함께 이겼다.

④ 두 나라가 전쟁을 준비하다가, 갑자기 전쟁을 하지 않기로 결정했다.

⑤ 두 회사가 서로 제품의 가격을 낮추는 경쟁을 무리하게 해서, 소비자가 매우 싼 값에 제품을 구매했다.

6 '소대'의 이야기에서 각 나라를 비유한 대상을 찾아 선으로 이으세요.

추론

(1) 연나라 ·

(2) 제나라 ·

(3) 조나라 ·

· ㉮ 

· ㉯ 

· ㉰ 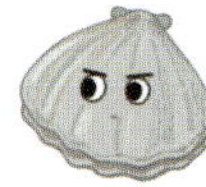

7 빈칸에 알맞은 말을 써서, 이 글의 짜임을 정리해 보세요.

글의 구조

❶ (   )에 큰 흉년이 들어 조나라가 연나라를 침략할 계획을 세움.

↓

연나라는 위기를 해결하기 위해 현명한 소대를 ❷ (   )에 보냄.

↓

소대는 조개와 ❸ (   )의 이야기로 조나라 왕을 설득함.

↓

조나라 왕은 소대의 이야기를 듣고 연나라에 대한 침략 계획을 중단함.

↓

연나라와 조나라는 큰 전쟁 없이 ❹ (   )를 유지할 수 있게 됨.

소대가 '조개와 황새'의 이야기를 통해 조나라 왕을 설득하여 전쟁 위기를 평화적으로 해결한 이야기로, '❺ (   )'라는 말이 유래된 일화이다.

1 다음 뜻을 지닌 낱말을 보기 에서 찾아 쓰세요.

보기
흉년, 침략, 협력, 파견

(1) 힘을 합해 서로 도움. ( )
(2) 일정한 임무를 주어 사람을 보냄. ( )
(3) 정당한 이유 없이 남의 나라에 쳐들어감. ( )
(4) 농사가 잘되지 않아 다른 때보다 수확이 적은 해. ( )

2 다음 문장의 빈칸에 들어갈 알맞은 낱말을 찾아 선으로 이으세요.

(1) 주인공은 악당의 ( )에 굴하지 않았다. · · ㉮ 평화

(2) 전쟁이 끝나고 마침내 나라에 ( )이/가 찾아왔다. · · ㉯ 이득

(3) 욕심쟁이 놀부는 ( )이/가 되는 일이라면 무슨 일이든 했다. · · ㉰ 위협

확장

3 다음 밑줄 친 낱말과 뜻이 통하는 낱말을 보기 에서 찾아 쓰세요.

보기
현명하다, 중단하다, 유지하다, 감당하다

(1) 나는 너무 큰 슬픔을 <u>견딜</u> 수 없어서 울고 말았다. ( )
(2) 밖에서 갑자기 큰 소리가 들려 이야기를 <u>멈추었다</u>. ( )
(3) 건강을 <u>지키기</u> 위해서는 규칙적인 운동을 해야 한다. ( )
(4) 솔로몬 왕은 <u>슬기롭게</u> 문제를 해결하는 능력이 있었다. ( )

오늘 나의 실력은?    부모님의 응원 한마디

☐ 설명문
☐ 논설문
☐ 실용문
☐ 시
☑ 동화
☐ 극본

1 알라딘은 지니가 만든 +융단 위에 탔다. 융단이 땅 위에서 떠오르더니 엄청난 속도로 밤하늘을 가르며 날았다. 알라딘의 집 앞에 이르자 융단은 땅 위로 사뿐히 내려앉았다.

"주인님, 다 왔습니다. 그럼 이제 진짜 기적을 보여 드릴까요? 오랫동안 제대로 실력 +발휘를 하지 못했거든요. 아주 근사한 방이 오십 개 딸린 하얀 대리석 궁전에 시르카시아 지방의 노예 백 명, +경주마가 가득한 +마구간, 그리고 온통 다이아몬드로 장식한 드레스는 어떻습니까? 진짜 +부유한 귀족이 되고 싶지 않으십니까? 아니면 왕자 비는 어떨까요?"

"난 왕자 비 같은 건 되고 싶지 않아요. 그리고 귀족들도 영 맘에 들지 않는다고요. 그 사람들은 자기밖에 몰라요. 오직 자신들의 +쾌락과 +사치를 위해 가난한 사람들을 +억압하고 +착취할 뿐이죠."

알라딘은 천천히 고개를 흔들며 말했다.

2 "나 원, 세상 +물정을 도통 모르시네. 그런 +성인군자 같은 생각으로 뭘 하게요? 전에 모셨던 주인님들은 한결같이 왕궁이나 노예, 아니면 귀족들이 누리는 +특권 같은 것을 원했는데."

"난 좀 더 쓸모 있는 것을 원해요. 우선 전쟁을 없애 버리고 싶어요. 이 나라는 물론 주변 국가들에 있는 무기들을 모조리 사라지게 해 주세요. 그렇게 되면 사람들이 더 이상 싸우거나 다른 사람을 위협하고 괴롭히지 못하게 될 거예요."

3 지니는 놀란 눈으로 대답했다.

"난 그런 일에는 익숙하지 않아요. 이전의 주인들은 항상 적을 죽이거나 그들을 충실한 사냥개처럼 만들어 주길 원했죠. 평화는 내 전공이 아니라고요."

"그래요? ㉠당신에게 그럴 능력이 없다면……."

"그런 식으로 말하지 마세요. 꼬마 주인님! 이 몸은 램프의 요정 지니란 말입니다. 난 뭐든지 할 수 있어요."

지니는 두 주먹을 불끈 쥐고 눈을 질끈 감았다 뜨면서 '부드득' 소리가 날 정도로 이를 갈며 입술에 힘을 주었다. / "자, 다 됐습니다. 주인님!"

낱말 풀이

+ **융단**: 두꺼운 천.
+ **발휘**: 재능이나 실력 등을 잘 나타냄.
+ **경주마**: 경주에 출전시키기 위한 말.
+ **마구간**: 말을 기르는 곳.
+ **부유한**: 살림이 아주 넉넉할 만큼 재물이 많은.
+ **쾌락**: 유쾌하고 즐거움.
+ **사치**: 필요 이상의 돈을 쓰거나 값비싼 물건을 사용하며 분수에 지나친 생활을 함.
+ **억압하고**: 자유로이 행동하지 못하도록 억지로 누르고.
+ **착취할**: 노동의 성과를 아무런 대가나 보상 없이 가져갈.
+ **물정**: 세상의 실제 사정이나 형편.
+ **성인군자**: 배움이 많고 성품이 훌륭하여 다른 사람들의 우러름을 받는 사람.
+ **특권**: 특별한 권리.

정답 확인
22쪽

□에 들어갈 알맞은 낱말을 글에서 찾아 쓰세요.

1 지니는 ㅇㄹㄷ 에게 귀족이나 왕자 비로 만들어 주겠다고 말했지만 알라딘은 거절했다.

✎ _______________

2 알라딘은 ㅈㅈ 을 없애기 위해 지니에게 무기를 모조리 사라지게 해 달라고 말했다.

✎ _______________

3 지니는 평화를 위한 일에 익숙하지 않았지만, 알라딘의 소원대로 세상의 모든 ㅁㄱ 를 없앴다.

✎ _______________

1 갈래
이 글의 중심인물을 모두 찾아 쓰세요.

(   )

2 내용 이해
지니가 자신의 실력을 발휘하여 알라딘에게 해 주고 싶어 한 일은 무엇인가요? (   )

① 세상 물정을 깨닫게 해 주는 것
② 부유한 귀족이 되게 해 주는 것
③ 알라딘이 원래 살던 집으로 데려다주는 것
④ 성인군자로서 사람들의 존경을 받게 해 주는 것
⑤ 알라딘의 마음대로 융단을 움직일 수 있게 해 주는 것

3 내용 이해
알라딘이 생각한 '귀족'은 어떤 사람인가요? (   )

① 불쌍한 사람들을 위해 희생할 줄 아는 사람
② 꿈을 명확하게 알고 꿈을 이루려고 노력하는 사람
③ 돈이 많아도 더 많은 돈을 모으려고 노력하는 사람
④ 지위를 이용해 어려운 사람을 억압하고 착취하는 사람
⑤ 아름다움은 본질적으로 마음에서 비롯된다는 것을 알고 열심히 수양하는 사람

4 어휘
이 글에 쓰인 낱말과 뜻이 반대인 낱말을 알맞게 짝 지은 것은 무엇인가요? (   )

① 능력 - 실력   ② 물정 - 형편
③ 위협하다 - 겁주다   ④ 억압하다 - 누르다
⑤ 부유하다 - 가난하다

알라딘이 "당신에게 그럴 마음이 없다면……."이라고 말하지 않고 ㉠과 같이 말하여 얻게 된 결과로 알맞은 것은 무엇인가요? (   )

① 알라딘과 지니의 관계가 더욱 친밀해졌다.
② 알라딘을 대하는 지니의 태도가 더욱 거만해졌다.
③ 알라딘을 돕고 싶어 했던 지니의 마음이 바뀌었다.
④ 말끝을 흐리며 제대로 요구하지 않는 알라딘에 대한 지니의 불만이 커졌다.
⑤ 지니가 자신의 능력을 의심하는 알라딘에게 발끈하여 자신이 할 수 있다는 것을 보여 주었다.

6
적용

이 글과 보기 의 글을 바르게 비교한 것을 찾아 ○표 하세요.

> 보기
>
> "저는 지니입니다. 주인님, 무엇을 도와드릴까요?"
>
> "지금 너무 배가 고파. 먹을 것을 가져다줄 수 있니?"
>
> 알라딘의 말이 끝나자, 순식간에 맛있는 음식이 가득 차려졌습니다. 알라딘은 맛있는 음식을 배불리 먹은 다음, 다시 램프의 요정 지니를 불렀습니다.
>
> "주인님, 무엇을 도와드릴까요?"
>
> "부자가 되고 싶어. 나에게 보물을 가져다줘."
>
> 알라딘은 보물로 가득 찬 방을 가지게 되었습니다.

(1) 이 글의 배경은 동굴이지만 보기 의 배경은 시장이다. (   )
(2) 이 글의 알라딘은 정의롭지만 보기 의 알라딘은 욕심이 많다. (   )
(3) 이 글은 연극을 위한 글이지만 보기 는 대중에게 읽히기 위해 쓴 글이다.
(   )

7
글의
구조

빈칸에 알맞은 말을 써서, 이 글의 짜임을 정리해 보세요.

❶(   )는 알라딘에게 부유한 귀족이나 왕자 비로 만들어 주겠다고 말함. → 알라딘은 전쟁을 없애기 위해 ❷(   )를 모조리 사라지게 해 달라고 말함. → 지니는 평화를 위한 일에 익숙하지 않지만, 알라딘의 말대로 세상의 모든 무기를 없애 주었음.

지니가 평화를 원하는 ❸(   )의 소원을 들어주었다.

1 다음 낱말의 뜻으로 알맞은 것을 찾아 선으로 이으세요.

(1) 착취 •

(2) 물정 •

(3) 성인군자 •

• ㉮ 세상의 실제 사정이나 형편.

• ㉯ 노동의 성과를 아무런 대가나 보상 없이 가져감.

• ㉰ 배움이 많고 성품이 훌륭하여 다른 사람들의 우러름을 받는 사람.

2 다음 문장의 빈칸에 들어갈 알맞은 낱말을 보기에서 찾아 쓰세요.

보기

발휘, 특권, 사치, 쾌락

(1) (   )이/가 심하면 돈을 모으기가 어렵다.

(2) 회원으로 가입하면 (   )이/가 두 가지 주어진다.

(3) 이번 대회에서 실력 (   )을/를 제대로 해서 상을 받았다.

(4) 봉사 활동으로 뿌듯함이라는 정신적 (   )을/를 얻을 수 있다.

확장

3 다음 밑줄 친 낱말의 알맞은 뜻을 보기에서 찾아 번호를 쓰세요.

보기

주인 { ① 대상이나 물건을 자기의 것으로 가진 사람.

② 책임감을 가지고 중심이 되어 국가나 조직, 집안, 단체의 일을 이끌어 가는 사람.

(1) 어린이들은 장차 이 나라의 <u>주인</u>이 될 꿈나무들이다. (   )

(2) 손님은 과일 가게 <u>주인</u>을 바라보며 값을 깎아 달라고 했다. (   )

오늘
나의 실력은?   

부모님의
응원 한마디

낱말 풀이

- **이상**: 정상적인 상태와 다름.
- **주요**: 중심이 되고 중요함.
- **온실가스**: 지구 대기를 오염시켜 온실 효과를 일으키는 가스.
- **연료**: 태워서 빛이나 열을 내거나 기계를 움직이는 에너지를 얻을 수 있는 물질.
- **상승하고**: 위로 올라가고.
- **해수면**: 바닷물의 표면.
- **해안가**: 바다와 육지가 맞닿은 곳이나 그 근처.
- **폭염**: 아주 심한 더위.
- **서식지**: 생물이 보금자리를 만들어 사는 곳.
- **멸종**: 생물의 한 종류가 지구에서 완전히 없어짐.
- **협약**: 공동의 목적을 이루기 위해 여러 사람이 의논하여 약속을 맺음. 또는 그 약속.

☑ 설명문
☐ 논설문
☐ 실용문
☐ 시
☐ 동화
☐ 극본

1 우리가 사는 지구가 펄펄 끓고 있다. 더운 여름은 점점 더 뜨거워지고, 추운 겨울이 사라지는 나라들이 생기고 있다. 아르헨티나와 칠레 같은 나라에서는 한겨울 기온이 30도를 넘기도 했는데, 이는 보통의 겨울 날씨에 비해 20도 이상 높은 ✛이상 기온이다. 이렇게 지구의 평균 기온이 높아지는 현상을 '지구 온난화'라고 한다.

2 지구 온난화의 ✛주요 원인은 이산화 탄소나 메탄가스와 같은 ✛온실가스이다. 온실가스는 우리가 사용하는 석유나 석탄과 같은 화석 ✛연료에서 발생한다. 이 가스들이 공기 중에 지나치게 많아지면서, 태양으로부터 온 열이 지구 밖으로 빠져나가지 못해 지구 전체의 기온이 ✛상승하고 있다.

3 지구 온난화의 결과는 아주 심각하다. 북극과 남극의 빙하가 녹아 ✛해수면이 상승하고, ✛해안가 지역이 물에 잠길 위기에 처해 있다. 또한, ✛폭염이나 큰 비, 심한 가뭄과 같은 현상이 자주 나타나면서 자연재해로 인한 피해가 커지고 있다. 더워진 날씨 때문에 물 부족이나 식량 문제가 생길 수 있고, 사람들의 건강에 이상이 생길 수도 있다. 생태계에 미치는 영향도 심각하다. 기온 변화로 인해 많은 동식물이 ✛서식지를 잃고 ✛멸종 위기에 처해 있다.

4 이처럼 상황이 심각해지자 지구 온난화 문제를 해결하기 위해 전 세계가 ㉠발 벗고 나서고 있다. 파리 기후 협약과 같은 국제 ✛협약을 통해 많은 나라가 온실가스를 줄이기로 약속했고, 화석 연료 대신 태양이나 바람 등에서 얻은 대체 에너지의 사용을 늘리려고 노력하고 있다.

5 우리도 일상생활에서 지구 온난화를 막기 위해 노력해야 한다. 전기를 아끼고, 재활용을 실천하고, 대중교통을 이용하는 것과 같은 작은 실천들이 모여 큰 변화를 만들 수 있다. 우리 모두가 함께 노력하면, 지구의 온도를 낮춰 우리가 사는 지구를 더 살기 좋은 곳으로 만들 수 있다.

쏙쏙! 내용 정리

□에 들어갈 알맞은 낱말을 글에서 찾아 쓰세요.

1 지구의 평균 기온이 높아지는 현상을 'ㅈㄱㅇㄴㅎ'라고 한다.

____

2 지구 온난화의 주요 원인은 이산화 탄소나 메탄가스와 같은 ㅇㅅ가스이다.

____

3 지구 온난화로 ㅎㅅㅁ이 상승하고, 자연재해로 인한 피해가 커지고 있으며, 동식물이 ㅁㅈ 위기에 처하기도 한다.

____

4 ㄱㅈㅎㅇ을 통해 많은 나라들이 온실가스를 줄이기로 약속했고, 대체 에너지의 사용을 늘리려 노력하고 있다.

____

5 우리는 지구 온난화를 막기 위해 전기를 아끼고, ㅈㅎㅇ을 실천하고, 대중교통을 이용할 수 있다.

____

---

1 이 글의 중심 내용은 무엇인가요? (   )

_중심 내용_

① 온실가스의 종류
② 화석 연료의 단점
③ 대중교통의 좋은 점
④ 재활용이 필요한 까닭
⑤ 지구 온난화의 심각성

2 이 글의 내용으로 알맞은 것에 ○표, 알맞지 <u>않은</u> 것에 ✗표 하세요.

_내용 이해_

(1) 지구 온난화는 공기 중의 온실가스가 줄어들어 발생하는 현상이다.　　　　　　　　　　(　　　)

(2) 온실가스는 우리가 사용하는 석유나 석탄과 같은 화석 연료에서 발생한다.　　　　　　　(　　　)

(3) 지구 온난화로 인해 아르헨티나와 칠레에서는 한겨울 기온이 30도를 넘는 현상이 발생했다.　　(　　　)

3 지구 온난화의 결과로 알맞은 것을 두 가지 고르세요.
　　　　　　　　　　　　　　(　　,　　)

_내용 이해_

① 물과 식량이 풍부해진다.
② 지구의 평균 기온이 낮아진다.
③ 북극과 남극의 빙하가 녹아 해수면이 낮아진다.
④ 많은 동식물이 서식지를 잃고 멸종 위기에 처한다.
⑤ 폭염이나 큰 비, 심한 가뭄과 같은 현상이 자주 나타난다.

4 ㉠의 뜻으로 알맞은 것은 무엇인가요? (   )

_어휘_

① 적극적으로 나서다.
② 어떤 곳에 자주 다니다.
③ 어떤 상태에서 벗어나다.
④ 매우 분주하게 많이 다니다.
⑤ 아는 사람이 많아 활동하는 범위가 넓다.

다음 기사문의 내용과 가장 관련이 있는 문단의 번호를 쓰세요.

> 미래일보 　　　　　　　　　　　　　　　　　　20○○년 ○월 ○일
>
> 　　지구 온난화에 대응하기 위해 전 세계가 힘을 모으고 있는 가운데, 온실가스를 내뿜지 않는 태양광과 풍력 에너지를 사용하는 나라들이 늘고 있다. 태양과 바람, 물 등에서 얻은 깨끗한 에너지의 사용을 늘림으로써 화석 연료의 사용으로 발생하는 온실가스의 양을 줄이려는 것이다. 이러한 국제적인 노력은 지구의 온도 상승을 막고, 건강한 지구를 만드는 중요한 발걸음이 될 것이다.

（　　　　　　　）

이 글에서 답을 찾을 수 있는 질문이 <u>아닌</u> 것은 무엇인가요? (　　　　)

① 지구 온난화의 주요 원인은 무엇인가요?
② 지구 온난화로 인해 멸종한 동물은 어떤 동물인가요?
③ 지구 온난화로 발생하는 자연재해에는 어떤 것이 있나요?
④ 지구 온난화로 인해 해수면이 상승하는 이유는 무엇인가요?
⑤ 지구 온난화에 대응하기 위한 국제 협약에는 무엇이 있나요?

빈칸에 알맞은 말을 써서, 이 글의 짜임을 정리해 보세요.

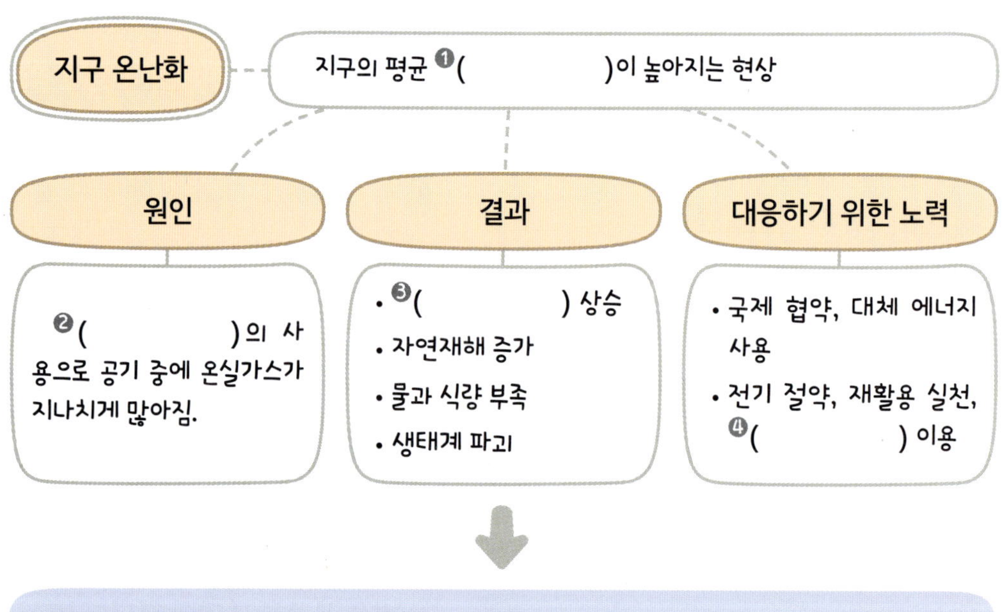

1 다음 뜻에 알맞은 낱말을 완성하여 쓰세요.

(1) 바닷물의 표면. → ㅎ ㅅ ㅁ

(2) 중심이 되고 중요함. → ㅈ ㅇ

(3) 위로 올라가다. → ㅅ ㅅ ㅎ ㄷ

(4) 지구 대기를 오염시켜 온실 효과를 일으키는 가스. → ㅇ ㅅ ㄱ ㅅ

2 다음 낱말이 들어갈 문장을 찾아 선으로 이으세요.

(1) 멸종 ·

(2) 협약 ·

(3) 서식지 ·

· ㉮ 새들의 (   )이/가 사라지고 있다.

· ㉯ 공룡은 오래전에 지구상에서 (   ) 되었다.

· ㉰ 여러 나라가 (   )을/를 맺어 기후 변화를 막기 위해 노력하고 있다.

확장

3 다음 낱말이 아래의 문장에서 어떤 뜻으로 사용되었는지 찾아 번호를 쓰세요.

이상

① 정상적인 상태와 다름.

② 수량이나 정도가 일정한 기준을 포함하여 그보다 많거나 나은 것.

③ 어떤 것에 대해 생각할 수 있는 것 중 가장 나은 상태나 모습.

(1) 여기서 집까지 가려면 두 시간 <u>이상</u> 걸린다. (   )

(2) 무리하게 운동을 했더니 다음 날 바로 몸에 <u>이상</u>이 왔다. (   )

(3) 민준이는 불치병을 치료하겠다는 <u>이상</u>을 품고 의사가 되었다. (   )

오늘 나의 실력은?   

부모님의 응원 한마디 

☑ 설명문
☐ 논설문
☐ 실용문
☐ 시
☐ 동화
☐ 극본

1 최근에 우리 사회에서 감정 ✛노동이라는 말이 자주 등장하고 있습니다. 감정이란 인간이라면 누구나 가지고 있는 자연스러운 마음이나 기분을 의미합니다. 감정은 자연스럽게 일어나는 것이기 때문에 '노동'이 될 수 없습니다. 하지만 우리 사회는 언제부터인가 '감정 노동'을 강요하게 되었습니다.

2 감정 노동이란 자신의 진짜 감정을 숨기며 일하는 것을 말합니다. 더 쉽게 풀어 말하자면 일을 할 때 화가 나는 감정 등을 숨기는 것뿐만 아니라 말투나 표정 등을 ✛연기하며 일하는 것을 감정 노동이라고 합니다. 우리나라에는 대략 1,200만 명의 감정 노동자가 있다고 합니다. 자신의 진짜 감정을 드러내지 못하고 일하는 몇 시간 동안 말투나 표정 등을 연기하는 것만으로도 감정 노동자는 상당히 큰 ✛피로감을 ✛호소합니다.

3 하지만 이보다 더 큰 문제가 있습니다. 그것은 감정 노동을 하는 사람들이 고객으로부터 존중을 받지 못하고 있다는 것입니다. 한국 노동 사회 연구소가 몇 해 전 실시한 한 조사에 의하면 감정 노동자의 61퍼센트가 지난 1년 동안 고객에게 폭언이나 폭행 등을 당한 적이 있다고 답하였습니다. 최근에는 고객 앞에서 직원의 무릎을 꿇게 하는 등 감정 노동자의 ✛인권을 무시하는 일들도 ㉠✛빈번히 일어나고 있습니다.

4 이처럼 우리 사회에서 감정 노동자를 무시하는 일들이 계속해서 일어나는 까닭은 무엇일까요? 전문가들은 그 이유가 고객의 권리를 지나치게 강조하는 문화 때문이라고 보고 있습니다. 제품이나 서비스를 사기 위해 돈을 ✛지불하기 때문에 자신이 그 정도의 ✛대접을 마땅히 받아야 한다고 생각하게 된다는 것입니다. 우리 사회에서 감정 노동을 없애기 위해서는 노동자의 인격과 권리를 보호할 수 있는 제도를 마련하고, 고객과 노동자가 서로 존중하는 문화로 바뀌어 갈 수 있도록 모두가 함께 노력해야 할 것입니다.

낱말 풀이

✛ **노동**: 사람이 필요한 음식이나 물자를 얻기 위하여 육체적으로나 정신적으로 하는 일.

✛ **연기하며**: 배우가 맡은 역할에 따라 인물, 성격, 행동 등을 표현해 내며.

✛ **피로감**: 몸이나 정신이 지쳐서 힘든 느낌.

✛ **호소합니다**: 자신의 어렵거나 억울한 사정을 다른 사람에게 알려 도움을 청합니다.

✛ **인권**: 인간으로서 당연히 가지는 기본적인 권리.

✛ **빈번히**: 어떤 일이나 현상 등이 일어나는 횟수가 많게.

✛ **지불하기**: 돈을 내거나 값을 치르기.

✛ **대접**: 상대방이 마땅히 받아야 할 만한 예로 대함.

□에 들어갈 알맞은 낱말을 글에서 찾아 쓰세요.

1 우리 사회는 언제부터인가 `ㄱ` `ㅈ` `ㄴ` `ㄷ`'을 강요하게 되었다.

✎ ___________

2 자신의 진짜 감정을 드러내지 못하고 일하는 동안, 감정 노동자는 상당히 큰 `ㅍ` `ㄹ` `ㄱ`을 호소한다.

✎ ___________

3 더욱 큰 문제는 감정 노동을 하는 사람들이 `ㄱ` `ㄱ`으로부터 존중을 받지 못하고 있다는 것이다.

✎ ___________

4 감정 노동을 없애기 위해 고객과 노동자가 서로 `ㅈ` `ㅈ`하는 문화로 바뀌어 가도록 노력해야 한다.

✎ ___________

1
핵심어

이 글에서 자신의 솔직한 감정을 숨기고 꾸민 표정과 말투로 일하는 것을 무엇이라고 하였는지 쓰세요.

(   )

2
내용 이해

감정 노동자가 힘들어하는 까닭은 무엇인가요? (   )

① 쉬는 날이 없어서
② 다른 사람과 대화를 많이 하지 못해서
③ 하루에 몇 시간 동안이나 서서 일을 해야 해서
④ 다른 수많은 감정 노동자들과 경쟁을 해야 해서
⑤ 자신의 진짜 감정을 드러내지 못하고 말투나 표정을 연기해야 해서

3
내용 이해

감정 노동자들이 겪고 있는 가장 큰 문제가 무엇인지 찾아 기호를 쓰세요.

> ㉮ 감정 노동자를 가족이나 친구처럼 친근하게 대하는 것
> ㉯ 감정 노동자를 함부로 대하는 일들이 많이 일어나는 것
> ㉰ 감정 노동자들이 너무 많은 제품과 서비스를 판매하는 것

(   )

4
어휘

㉠과 바꾸어 쓰기에 알맞은 낱말을 두 가지 고르세요.

(,   )

① 자주
② 많이
③ 마땅히
④ 드물게
⑤ 심각하게

5 다음 중 감정 노동자를 무시하는 태도를 보인 사람을 찾아 ○표 하세요.

적용

6 이 글에서 말한 문제를 해결하기 위한 타당한 의견이 되도록 빈칸에 알맞은 말을 쓰세요.

비판

직원에게 (   )이나 (   ) 등을 하는 고객을 엄하게 처벌하여 감정 노동을 하는 사람들을 보호해야 한다.

7 빈칸에 알맞은 말을 써서, 이 글의 짜임을 정리해 보세요.

글의 구조

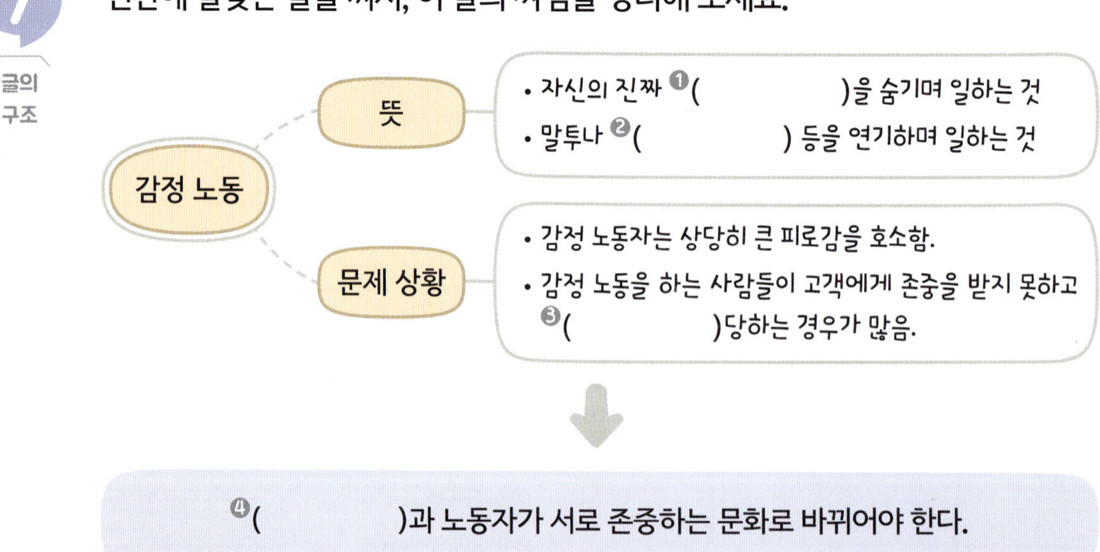

1 다음 낱말의 뜻을 보기 에서 찾아 기호를 쓰세요.

보기

㉮ 돈을 내거나 값을 치르다.

㉯ 몸이나 정신이 지쳐서 힘든 느낌.

㉰ 자신의 어렵거나 억울한 사정을 다른 사람에게 알려 도움을 청하다.

㉱ 사람이 필요한 음식이나 물자를 얻기 위하여 육체적으로나 정신적으로 하는 일.

(1) 노동: (   )   (2) 피로감: (   )

(3) 지불하다: (   )   (4) 호소하다: (   )

2 다음 초성과 뜻을 참고하여 빈칸에 알맞은 낱말을 쓰세요.

(1) ㄱㅈ: 일이나 대상에 대하여 마음에 일어나는 느낌이나 기분.

　㉠ 그 영화를 보니 슬픈 (   )이/가 들었다.

(2) ㄷㅈ: 상대방이 마땅히 받아야 할 만한 예로 대함.

　㉠ 보통 스무 살이 지나면 어른 (   )을/를 받기 시작한다.

(3) ㅇㄱ: 인간으로서 당연히 가지는 기본적인 권리.

　㉠ 하루에 열 시간 넘게 일하는 노동자의 (   )을/를 보호하자.

확장

3 다음 낱말이 아래의 문장에서 어떤 뜻으로 사용되었는지 찾아 번호를 쓰세요.

연기
하다

① 정해진 시기를 뒤로 미루다.

② 배우가 맡은 역할에 따라 인물, 성격, 행동 등을 표현해 내다.

(1) 협회는 전시회를 무기한 연기하기로 하였다. (   )

(2) 갑자기 내린 비로 체육 대회를 다음 주로 연기했다. (   )

(3) 연기력이 뛰어난 그 배우는 어떤 배역을 맡아도 훌륭히 연기해 냈다. (   )

오늘
나의 실력은?　  　　부모님의
응원 한마디

□ 설명문
□ 논설문
□ 실용문
□ 시
☑ 동화
□ 극본

1 고려 제19대 명종 임금 때, 노극청이라는 선비가 살았다. 노극청은 ✦벼슬도 낮은 데다 워낙 ✦청렴해서 늘 가난에 쪼들렸다. 아내가 ✦근근이 ✦살림을 꾸려 왔지만 더는 힘에 부쳤다.

부부는 이리 뒤척, 저리 뒤척 고민 끝에 집을 팔기로 했다. 그런데 웬걸. 그것마저 쉽지 않았다. 집이 ✦허름해서인지 ✦선뜻 사겠다고 나서는 사람이 없었다.

2 마침 일이 생겨 노극청은 며칠 집을 비우게 되었다. 집에 돌아오니 아내가 지나치게 환한 얼굴로 반겼다. 집이 팔렸다고 했다. 그것도 아주 좋은 가격에 팔았는데, 집값으로 은 열두 근을 받았다고 했다.

3 아내는 은근히 칭찬을 기대하는 눈치였다. 그런데 이 무슨 ⟦ ㉠ ⟧인가. 아홉 근을 주고 산 집을 비싸게 팔았다며 노극청이 아내에게 버럭 화를 냈다. 아내에게 물으니, 집을 산 사람은 현덕수라고 했다. 그래서 노극청은 은 세 근을 들고 현덕수를 찾아온 것이다.

4 "정녕 안 받으시겠습니까?"

"사내대장부가 한 입으로 두말하겠습니까."

두 사람 사이에 팽팽한 긴장감이 흘렀다. 이내 결심한 듯 노극청이 ✦카랑카랑한 목소리로 말했다.

"내 평생 옳은 길이 아니면 가지를 않았습니다. 그런데 어찌 집을 싸게 사서 비싸게 팔아 재물을 ✦탐내는 짓을 할 수 있겠소. 그대가 끝내 고집을 피운다면 집값을 다 드릴 터이니 집을 돌려주시오."

현덕수는 고개를 절레절레 흔들었다. 평생 옳은 일을 따르겠다고 큰소리치던 그였다. 전쟁에 나가 목숨을 걸고 싸워 큰 ✦공을 세우기도 했다. 그런 ✦괄괄한 현덕수였건만, ✦대꼬챙이 같은 선비 노극청 앞에서는 어쩔 ✦도리가 없었다.

낱말 풀이

✦ **벼슬**: 나랏일을 하는 관리의 직분이나 자리.
✦ **청렴해서**: 마음이 깨끗하고 욕심이 없어서.
✦ **근근이**: 어렵게 겨우.
✦ **살림**: 한 가정을 이루어 살아가는 일.
✦ **허름해서인지**: 좀 낡고 헌 듯해서인지.
✦ **선뜻**: 아무 망설임이나 어려움 없이 쉽게.
✦ **카랑카랑한**: 목소리가 쇳소리처럼 매우 맑고 높은.
✦ **탐내는**: 자기 것으로 가지고 싶어 하는.
✦ **공**: 어떤 일을 위해 바친 노력과 수고. 또는 그 결과.
✦ **괄괄한**: 성질이 세고 급한.
✦ **대꼬챙이**: 대나무로 만든 꼬챙이.
✦ **도리**: 어떤 일을 하거나 문제를 해결하기 위한 방법.

쏙쏙! 내용 정리

에 들어갈 알맞은 낱말을 글에서 찾아 쓰세요.

1 고려 명종 임금 때의 청렴한 선비 노극청은 가난에 쪼들리다 아내와 고민 끝에 ㅈ을 팔기로 결정했다.

2 노극청이 집을 비운 사이, 아내가 ㅎㄷㅅ에게 은 열두 근에 집을 팔았다.

3 노극청은 은 아홉 근에 산 집을 ㅂㅆㄱ 팔았다며 아내에게 화를 냈다.

4 노극청은 재물을 탐내는 짓을 할 수 없다며 현덕수에게 은 ㅅ 근을 돌려주었다.

---

1 〔갈래〕 이 글에 등장하는 인물을 모두 찾아 쓰세요.

(   )

2 〔내용 이해〕 이 글의 내용으로 알맞지 <u>않은</u> 것은 무엇인가요? (   )

① 노극청은 고려 시대에 살았던 선비이다.
② 현덕수는 노극청의 집을 은 열두 근에 샀다.
③ 노극청은 벼슬은 높았지만 늘 가난에 쪼들렸다.
④ 노극청이 집을 비운 사이에 아내가 집을 팔았다.
⑤ 현덕수는 결국 노극청에게 은 세 근을 받고 말았다.

3 〔내용 이해〕 노극청이 아내에게 화를 낸 까닭은 무엇인가요? (   )

① 집이 너무 허름했기 때문에
② 집을 너무 빨리 팔아 버렸기 때문에
③ 현덕수에게 속아서 집을 팔았기 때문에
④ 아내가 집을 팔겠다고 고집을 부렸기 때문에
⑤ 집을 처음 산 값보다 더 비싸게 팔았기 때문에

4 〔어휘〕 ㉠에 들어갈 속담으로 알맞은 것을 찾아 ○표 하세요.

(1) 울며 겨자 먹기: 맵다고 울면서 겨자를 먹는 것과 같이 싫은 일을 마지못해 하는 것. (   )

(2) 마른하늘에 날벼락: 맑은 하늘에 느닷없이 벼락이 치는 것처럼 뜻밖에 당하는 불행한 일. (   )

(3) 수박 겉 핥기: 맛있는 수박의 딱딱한 껍질만 핥는 것과 같이 사물의 속은 모르고 겉만 건드리는 일. (   )

이 글을 읽고 인물의 생각이나 마음을 알맞게 짐작하여 말한 친구의 이름을 쓰세요.

> 민주: 노극청의 아내는 노극청이 집을 비싸게 팔았다며 화를 내서 당황스러웠을 거야.
>
> 규진: 노극청은 현덕수가 은 세 근을 받지 않겠다고 했을 때 어쩔 도리가 없으니 포기해야겠다고 생각했을 거야.
>
> 송희: 현덕수는 나중에 집을 더 비싸게 팔고 싶어서 은 세 근을 받지 않으려고 했지만, 은 세 근을 돌려받고 무척 흐뭇한 마음이 들었을 거야.

(   )

이 글에서 얻을 수 있는 교훈은 무엇인가요? (   )

① 욕심이 많으면 해를 입게 된다.
② 돈으로 모든 것을 얻을 수는 없다.
③ 신하는 임금에게 충성을 다해야 한다.
④ 청렴하고 정직한 삶의 태도가 중요하다.
⑤ 한번 결정한 후에는 후회하지 않아야 한다.

빈칸에 알맞은 말을 써서, 이 글의 짜임을 정리해 보세요.

> 고려 시대의 청렴한 선비 노극청은 ❶(   ) 때문에 집을 팔기로 결정함.

↓

> 노극청이 집을 비운 사이, 노극청의 아내는 현덕수에게 집을 은 ❷(   ) 근에 팖.

↓

> 노극청은 ❸(   )을 탐내는 짓을 할 수 없다며, 현덕수에게 은 세 근을 돌려주려 함.

↓

> 현덕수는 처음에는 거부했으나, 노극청의 고집을 이기지 못하고 결국 은 세 근을 받아들임.

> 노극청의 이야기를 통해, 재물을 탐내지 않고
> ❹(   )하고 청렴하게 살아야 한다는 교훈을 얻을 수 있다.

1 다음 뜻을 가진 낱말을 찾아 선으로 이으세요.

(1) 좀 낡고 헌 듯하다. • • ㉮ 탐내다

(2) 성질이 세고 급하다. • • ㉯ 허름하다

(3) 마음이 깨끗하고 욕심이 없다. • • ㉰ 괄괄하다

(4) 자기 것으로 가지고 싶어 하다. • • ㉱ 청렴하다

2 다음 문장의 빈칸에 들어갈 알맞은 낱말을 〈보기〉에서 찾아 쓰세요.

〈보기〉

평생, 근근이, 살림

(1) 삼촌은 회사 근처에 신혼 (　　　　　　)을/를 차리셨다.
(2) 그 환자는 산소 호흡기로 (　　　　　　) 생명을 이어 갔다.
(3) 할머니께서는 (　　　　　　) 모은 돈을 사회에 기부하셨다.

확장

3 다음 밑줄 친 낱말과 비슷한 뜻을 가진 낱말을 찾아 ○표 하세요.

숲에서 본 나무의 이름이 궁금한데 알 도리가 없어 난감했던 적이 있나요? 그럴 때는 숲 해설가를 찾아가 보세요. 숲 해설가는 숲을 찾는 사람들에게 풀, 꽃, 나무 등의 이름과 특징, 쓰임새 등을 자세히 설명해 주는 일을 하는 분이에요. 숲에 있는 동식물들을 스스로 찾아 관찰할 수 있도록 도와주시고, 식물로 놀이하는 방법도 알려 주어요.

(연습, 방법, 봉사)

오늘
나의 실력은?   　부모님의
응원 한마디

☑ 설명문
☐ 논설문
☐ 실용문
☐ 시
☐ 동화
☐ 극본

낱말 풀이

✦ **공유지**: 국가나 단체가 소유한 땅.

✦ **비극**: 매우 슬프고 비참한 일.

✦ **공공**: 한 국가 또는 사회의 모든 사람에게 관계되는 것.

✦ **무분별하게**: 바른 생각이나 판단 없이.

✦ **고갈되어**: 자원이나 물질 등이 다 써서 없어져.

✦ **지하자원**: 땅속에 묻혀 있는 철, 석탄, 석유 등의 자원.

✦ **규제**: 규칙이나 법에 의하여 개인이나 단체의 활동을 제한함.

✦ **과도하게**: 정도에 지나치게.

✦ **목초지**: 가축의 먹이가 되는 풀이 많이 난 땅.

✦ **제약**: 조건을 붙여 내용을 제한함. 또는 그 조건.

✦ **황무지**: 가꾸지 않고 내버려 두어 거친 땅.

✦ **종사하는**: 어떤 일을 직업으로 삼아 일하는.

✦ **방지하는**: 어떤 좋지 않은 일이나 현상이 일어나지 않도록 막는.

1 ✦공유지의 ✦비극 이론은 미국의 생태학자이자 생물학자인 개릿 하딘에게서 비롯되었습니다. 누구나 자유롭게 사용할 수 있는 ✦공공 자원이 있을 때 사람들이 이를 ✦무분별하게 사용하면 결국에는 다 ✦고갈되어 버린다는 이론입니다. 하딘은 ✦지하자원, 초원, 공기, 호수나 바다의 물고기와 같이 누구에게나 열려 있는 자원을 아무런 ✦규제 없이 개인이 마음대로 사용하다 보면 결국에는 자원의 고갈이 일어난다고 하였습니다. 공동으로 사용할 수 있는 공공 자원을 사람들이 ✦과도하게 사용하여 결국에는 아무도 사용하지 못하게 되는 상태에 이르게 된다는 것입니다.

2 이 글을 읽는 여러분이 소를 키우는 목장의 주인이라고 생각해 봅시다. 그런데 주변에 소를 먹이기에 아주 좋은 ✦목초지가 펼쳐져 있습니다. 그리고 이 목초지는 누구나 ✦제약 없이 자유롭게 이용할 수 있습니다. 그러면 어떤 일이 벌어질까요? 너 나 할 것 없이 소를 끌고 나와 풀을 뜯게 하여 풀이 자라는 속도보다 소들이 풀을 뜯는 속도가 빨라지게 됩니다. 그러다가 결국에는 푸른 목초지가 ✦황무지가 되어 아무도 이용할 수 없는 곳이 되어 버릴 것입니다. 이것이 바로 공유지의 비극을 보여 주는 예라고 할 수 있습니다.

3 바다나 호수의 물고기와 같은 해양 자원에 대한 공유지의 비극도 찾아볼 수 있습니다. 어업에 ✦종사하는 사람들은 공유지인 바다나 호수에서 서로 많은 물고기를 잡으려고 노력합니다. 하지만 모두가 자신의 이익을 위해 너도나도 많은 물고기를 잡다 보면 결국에는 바다의 생태계가 파괴되고 물고기라는 자원이 모두 고갈되어 버리고 말 것입니다. 그래서 사람들은 이런 공유지의 비극이 일어나지 않도록 한 사람이 잡을 수 있는 물고기의 양을 정하여 마구잡이로 물고기를 잡는 행위를 ✦방지하는 등 공유 자원에 대한 규칙이나 제도를 만들기도 합니다.

정답 확인
26쪽

 □에 들어갈 알맞은 낱말을 글에서 찾아 쓰세요.

1 ㄱㅇㅈ의 비극이란 누구나 사용할 수 있는 공공 자원을 개인이 함부로 사용하다 보면 고갈되어 결국 아무도 사용하지 못하게 된다는 이론이다.

 ____________

2 좋은 목초지도 아무런 규제 없이 사용하다 보면 ㅎㅁㅈ가 되어 버릴 수 있다.

____

3 바다나 호수의 물고기와 같은 ㅎㅇㅈㅇ에서도 공유지의 비극이 일어난다.

 ____________

---

1 핵심어

이 글에서 말한 공공 자원이 <u>아닌</u> 것은 무엇인가요?

(   )

① 초원　　　　　　　② 공기
③ 지하자원　　　　　④ 목장에서 키우는 소
⑤ 호수나 바다의 물고기

2 내용 이해

이 글에서 설명한, 푸른 목초지가 황무지가 되는 까닭은 무엇인가요? (   )

① 가뭄이 계속되어 풀이 자라지 못해서
② 목초지가 관리되지 않아 잡초가 너무 많이 자라서
③ 풀이 자라는 것보다 소들이 풀을 뜯는 속도가 빨라서
④ 환경을 개발하는 과정에서 풀과 나무들이 죽어 버려서
⑤ 바다 오염의 심각한 영향이 목초지에까지 피해를 줘서

3 내용 이해

해양 자원에 대한 공유지의 비극을 막기 위한 노력으로 알맞은 것은 무엇인가요? (   )

① 유용한 해양 자원을 더 많은 사람들에게 홍보한다.
② 바다 환경을 깨끗이 하기 위한 캠페인 활동을 한다.
③ 바다의 물고기를 잡아 가정에서도 키울 수 있게 한다.
④ 바다 생물들에게 먹이를 충분히 제공해서 물고기의 수를 늘린다.
⑤ 개인이 잡을 수 있는 물고기의 양을 정해서 물고기를 마구잡이로 잡지 못하게 한다.

4 어휘

낱말의 관계가 보기와 다른 것은 무엇인가요? (   )

보기

> 과도하다 - 지나치다

① 자라다 - 성장하다　　　② 노력하다 - 애쓰다
③ 생겨나다 - 사라지다　　④ 벌어지다 - 일어나다
⑤ 사용하다 - 이용하다

추론

5 이 글에 추가할 내용으로 가장 알맞은 것을 찾아 기호를 쓰세요.

> ㉮ 태풍으로 인해 마을의 공동 비닐하우스가 무너진 사례
>
> ㉯ 여러 사람이 함께 대중교통을 이용하다가 사고가 난 사례
>
> ㉰ 전 세계에서 배출한 온실가스로 지구의 대기 오염이 심각해진 사례

(   )

적용

6 다음 기사문을 읽고 이 글의 내용과 알맞게 관련지어 말한 것을 찾아 ○표 하세요.

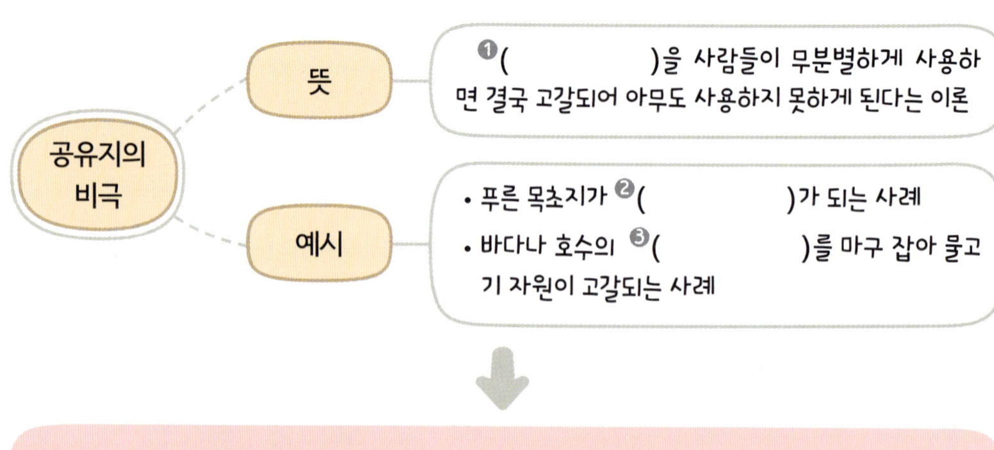

미래일보   20○○년 ○월 ○일

  ○○시에서는 시민들이 필요할 때 자유롭게 이용할 수 있는 공공 자전거를 운영하고 있다. 그런데 최근 공공 자전거를 이용한 뒤 제대로 반납하지 않거나, 자전거를 망가뜨린 채로 반납하는 사람들이 늘고 있다. 이로 인해 분실되거나 망가진 자전거가 많아지면 더 이상 공공 자전거를 이용하기 어려워질 수 있다. ○○시의 소중한 재산인 공공 자전거를 오래오래 잘 이용할 수 있도록 함께 노력해야 할 때이다.

(1) 더 많은 시민들이 이용할 수 있도록 공공 자전거의 수를 늘려야 해. (   )

(2) 공공 자전거보다 더 쉽게 이용할 수 있는 교통수단을 마련해야 해. (   )

(3) 공유지의 비극이 일어나지 않도록 공공 자전거를 이용하는 시민 모두가 이용 수칙을 잘 지켜야 해. (   )

글의 구조

7 빈칸에 알맞은 말을 써서, 이 글의 짜임을 정리해 보세요.

공유지의 비극

뜻 — ❶(   )을 사람들이 무분별하게 사용하면 결국 고갈되어 아무도 사용하지 못하게 된다는 이론

예시
- 푸른 목초지가 ❷(   )가 되는 사례
- 바다나 호수의 ❸(   )를 마구 잡아 물고기 자원이 고갈되는 사례

↓

누구나 사용할 수 있는 공공 자원을 무분별하게 사용하면 공유지의 ❹(   )이 일어날 수 있다.

1 다음 뜻을 지닌 낱말을 보기 에서 찾아 쓰세요.

> 보기
>
> 공공, 비극, 제약, 종사

(1) 매우 슬프고 비참한 일. ( )

(2) 어떤 일을 직업으로 삼아 일함. ( )

(3) 조건을 붙여 내용을 제한함. 또는 그 조건. ( )

(4) 한 국가 또는 사회의 모든 사람에게 관계되는 것. ( )

2 다음 문장의 빈칸에 들어갈 알맞은 낱말을 찾아 선으로 이으세요.

(1) 농부는 (   )을/를 일구어 비옥한 땅을 만들었다. · · ㉮ 어업

(2) 이 마을은 주변이 바다여서 (   )에 종사하는 사람이 많다. · · ㉯ 규제

(3) 우리 시는 환경 보호를 위해 일회용품 사용을 (   )하고 있다. · · ㉰ 황무지

확장

3 다음 밑줄 친 낱말과 뜻이 통하는 낱말을 보기 에서 찾아 쓰세요.

> 보기
>
> 비롯되다, 방지하다, 고갈되다, 파괴하다

(1) 사고를 <u>막기</u> 위해 안전시설을 설치했다. ( )

(2) 우리의 다툼은 사소한 오해에서 <u>시작된</u> 것이다. ( )

(3) 외국에서 들어온 생물이 생태계를 <u>무너뜨리고</u> 있다. ( )

(4) 지구의 자원은 한정되어 있기에 언젠가는 <u>떨어진다</u>. ( )

오늘
나의 실력은?   

부모님의
응원 한마디

☐ 설명문
☐ 논설문
☐ 실용문
☐ 시
☑ 동화
☐ 극본

1 얼른 버즘나무를 올려다보았어요. 엎드려서 나를 내려다보고 계시는 어머니가 보였지요. 한쪽에 있는 ✦팻말도 눈에 들어왔어요.

"엄마는 ✦파업 중. 청소, 요리, 빨래 등 집안일은 모두 안 함."

사실 어머니께서 파업하실 만한 이유는 충분하였어요.

우리 가족은 모두 다섯 명이지요. 어머니와 회사에서 늦게 돌아와 집안일은 거의 하지 못하시는 아버지, 나와 나보다 세 살 어린 예지, 유치원에 다니는 수지. 그런데 어머니를 도와주는 사람은 아무도 없어요. 물론 내가 큰언니이니까 당연히 어머니를 도와드려야 하죠. 하지만 학교 갔다 오면 학원에 가랴, 텔레비전 보랴, 숙제하랴…… 이렇게 이 일 저 일 하다 보면 하루가 ✦꼴딱 지나가 버려요.

2 "아빠, 머리 감겨 주세요. 동화책 읽어 주세요."

"언니가 괜히 ✦시비 걸어요. 배고파요, 빨리 밥 주세요……."

"가정 통신문 좀 보세요. 알림장에 사인해 주세요."

돌아가며 아버지를 찾는 우리의 목소리에 아버지께서는 ㉠귀를 막으셨어요. 게다가 짜고 시큼한 된장국 맛이란! 아버지께서는 ㉡✦풀 죽은 목소리로 물으셨어요. / "엄마가 왜 갑자기 파업을 하신 거니?"

"　　　　　　　　　㉢　　　　　　　　　　."

3 "사랑하는 여보, 내가 된장국을 끓였는데 맛이 좀 이상해. 당신이 ✦간 좀 봐 주구려. 우리가 ✦협상안도 가져왔는데."

"협상안이 있으면 적어서 이리 올려 보내세요."

"그러지 말고 내려와서 이야기합시다. 점심도 안 먹어서 배고플 텐데."

"그럼 거기서 말해 보세요."

"그럽시다. 첫째, 나는 나 스스로 출근 준비를 한다. 둘째……."

아버지께서는 우리와 함께 이야기한 내용을 쭉 읊으셨어요. 눈을 감고 가만히 듣고 계시던 어머니께서 입을 여셨어요.

"거 괜찮은 ✦조건이군요, 지켜 주기만 한다면."

"엄마, 걱정 마세요. 약속 꼭 지킬 거예요. 그렇지, 너희?"

낱말 풀이

✦ **팻말**: 무엇을 알리기 위해 글씨, 기호, 그림 등을 새겨서 붙이거나 세워 놓은 판이나 말뚝.

✦ **파업**: 하던 일을 도중에 그만둠.

✦ **꼴딱**: 일정한 시간을 완전히 넘긴 모양.

✦ **시비**: 서로 옳거나 잘못된 것을 따지는 말다툼.

✦ **풀**: 활발한 기운이나 힘 있는 기세.

✦ **간**: 음식물의 짠 정도.

✦ **협상안**: 어떤 문제를 해결하고 결정을 하기 위해 서로 의논하거나 살펴보아야 할 항목이나 내용.

✦ **조건**: 어떤 일을 하기에 앞서 내놓는 요구나 견해.

정답 확인
27쪽

□에 들어갈 알맞은 낱말을 글에서 찾아 쓰세요.

1 그동안 ㅈㅇㅇ에 지친 엄마가 청소, 요리, 빨래 등을 모두 하지 않겠다고 파업을 선언하셨다.

 _______________

2 아빠와 나, 예지, 수지는 엄마의 ㅍㅇ으로 엄마의 빈자리를 느끼며 힘들어하였다.

 _______________

3 가족들은 엄마의 파업을 멈추기 위해 집안일을 나누어 하겠다는 ㅎㅅㅇ을 만들고 이를 지키겠다고 약속하였다.

 _______________

---

1 〔갈래〕 이 이야기에서 파업을 한 인물은 누구인가요? (   )

① 엄마　　　② 아빠　　　③ 나
④ 예지　　　⑤ 수지

2 〔내용 이해〕 어머니께서 버즘나무 위로 올라가신 까닭은 무엇인가요?
(   )

① 아빠가 끓인 된장국을 먹고 싶지 않아서
② 이제 집안일을 하지 않겠다고 마음먹어서
③ 예지와 수지를 깜짝 놀라게 해 주고 싶어서
④ 아빠와 다툰 뒤 화난 마음을 식히기 위해서
⑤ 버즘나무 위에서 가족들을 지켜보기 위해서

3 〔내용 이해〕 ㉠에서 아버지께서 귀를 막으신 까닭은 무엇인가요?
(   )

① 갑자기 귀에서 통증이 느껴져서
② 예지가 느닷없이 크게 소리를 질러서
③ 된장국의 맛을 본 나의 반응이 걱정되어서
④ 수지와 예지가 싸우는 소리를 듣고 싶지 않아서
⑤ 나와 동생들이 해 달라는 일이 너무 많아 힘들어서

4 〔어휘〕 밑줄 친 말이 ㉡과 같은 뜻으로 사용된 문장은 무엇인가요?
(   )

① 옷에 풀을 먹여서 빳빳하게 다렸다.
② 소가 들판에서 한가롭게 풀을 뜯고 있다.
③ 풀 끝에 맺힌 이슬이 영롱하고 아름답다.
④ 경기에서 진 선수들은 풀이 꺾여 있었다.
⑤ 김치를 만들기 위해 찹쌀로 풀을 쑤었다.

㉢에 들어갈 말로 가장 알맞은 것은 무엇인가요? (   )

① 엄마가 바빠지셔서 집안일을 하기 어려워지셨거든요.
② 우리가 모두 아빠만 찾아서 엄마가 속이 상하셨거든요.
③ 우리가 이제부터 집안일을 나누어 맡기로 약속했잖아요.
④ 저랑 예지가 숙제를 자꾸 미뤄서 엄마가 화가 나셨거든요.
⑤ 우리 집 식구 모두 집안일을 몽땅 엄마에게만 미루었잖아요.

6
적용

이 글의 엄마와 보기 의 홍길동이 자신이 처한 상황을 극복한 방법을 알맞게 비교하여 말한 친구의 이름을 쓰세요.

> **보기**
>
> 홍길동은 신분 제도가 존재하던 조선 시대에 태어난 총명하고 재주 많은 아이였다. 홍길동은 아버지가 양반이었으나 어머니가 노비였기 때문에 아버지를 아버지라 부르지 못하고, 벼슬길에 오를 수도 없었다. 천한 신분으로 차별받는 것에 대한 답답함과 분함을 이기지 못한 홍길동은 집을 떠나 도적이 되어 백성들을 괴롭히는 관리들의 재산을 빼앗아 가난한 사람들에게 나누어 주었다. 그리고 '율도국'이라는 섬나라로 가 신분의 차별이 없는 나라를 만들었다.

> 연수: 홍길동은 다른 사람의 재산을 빼앗아서 자신이 원하는 바를 이루었고, 엄마는 가족들에게 자신이 원하는 것을 요구하여 갈등을 해결하였어.
> 은아: 홍길동은 자신이 처한 현실을 떠나 새로운 곳에서 자신의 뜻을 펼쳤고, 엄마는 파업을 선언한 후 가족들이 가져온 협상안을 받아들여 상황을 해결하였어.

(   )

7
글의
구조

빈칸에 알맞은 말을 써서, 이 글의 짜임을 정리해 보세요.

엄마가 청소, 빨래, 요리 등 집안일을 하지 않겠다며 ❶( )을 선언하심.	→ 엄마의 파업으로 가족 모두가 ❷( )의 빈자리를 느끼며 힘들어함.	→ 가족들이 엄마의 파업을 멈추기 위해 엄마에게 ❸( )을 만들어 가져감.

집안일을 혼자서 도맡아 하던 엄마의 파업으로
가족들이 엄마의 역할과 ❹(   )을 깨닫게 되었다.

1 다음 낱말의 뜻으로 알맞은 것을 찾아 선으로 이으세요.

(1) 팻말 •

(2) 조건 •

(3) 파업 •

• ㉮ 하던 일을 도중에 그만둠.

• ㉯ 어떤 일을 하기에 앞서 내놓는 요구나 견해.

• ㉰ 무엇을 알리기 위해 글씨, 기호, 그림 등을 새겨서 붙이거나 세워 놓은 판이나 말뚝.

2 다음 문장의 빈칸에 들어갈 알맞은 낱말을 **보기**에서 찾아 쓰세요.

> **보기**
>
> 간, 꼴딱, 시비, 협상안

(1) 미뤄 두었던 일을 하느라 밤을 (　　　　　) 새웠다.

(2) 그는 지나가는 사람을 붙잡고 대뜸 (　　　　　)을/를 걸었다.

(3) 미역국이 싱거워 간장을 더 넣고 (　　　　　)을/를 맞추었다.

(4) 두 나라는 회의 결과를 바탕으로 새로운 (　　　　　)을/를 내놓았다.

확장

3 다음 밑줄 친 낱말의 알맞은 뜻을 **보기**에서 찾아 번호를 쓰세요.

> **보기**
>
> 묻다 { ① 가루, 풀, 물 등이 그보다 큰 다른 물체에 들러붙거나 흔적이 남게 되다.
> ② 무엇을 밝히거나 알아내기 위하여 상대편의 대답이나 설명을 요구하는 내용으로 말하다.

(1) 짝꿍에게 국어 문제를 푸는 방법에 대해 <u>물었다</u>. (　　　)

(2) 동생과 모래놀이를 하느라 옷에 흙이 잔뜩 <u>묻었다</u>. (　　　)

오늘 나의 실력은?    부모님의 응원 한마디

☑ 설명문
☐ 논설문
☐ 실용문
☐ 시
☐ 동화
☐ 극본

1 현재 서울에 남아 있는 조선 시대의 궁궐은 모두 다섯 곳으로, 경복궁, 창덕궁, 창경궁, 경희궁, 경운궁이다.

2 궁궐의 건물

㉠ 궁궐에는 왕과 왕비뿐만 아니라 왕실의 가족과 관리, 군인, ✦내시, ✦나인 등 많은 사람이 살았다. 이 사람들은 각자 자신의 ✦신분에 알맞은 건물에서 생활했고, 건물의 ✦명칭 또한 주인의 신분에 따라 달랐다. 예컨대 궁궐에는 강녕전이나 교태전과 같이 '전' 자가 붙는 건물이 있는데, 이러한 건물에는 궁궐에서 가장 신분이 높은 왕과 왕비만 살 수 있었다. 왕실 가족이나 ✦후궁들은 주로 '전'보다 한 단계 ✦격이 낮은 '당' 자가 붙는 건물을 사용했다. 그 밖의 궁궐 사람들은 주로 '각', '재', '헌'이 붙는 건물에서 생활했다.

3 경복궁

'큰 복을 누리며 번성하라'는 뜻을 지닌 경복궁은 조선 시대 최초의 궁궐이면서 여러 궁궐 가운데 가장 대표적인 것이다. 경복궁은 태조 이성계가 조선을 세운 뒤에 한양, 즉 지금의 서울에 세운 조선의 ✦법궁이다.

경복궁은 7600여 칸으로 규모가 어마어마하다. 경복궁에서 가장 웅장한 건물은 '부지런히 나라를 다스리라'는 뜻을 지닌 근정전이다. 근정전은 왕의 ✦즉위식, 왕실의 ✦혼례식, 외국 ✦사신과의 만남과 같은 나라의 중요한 행사를 치르던 곳이다.

경복궁에서 안쪽에 자리 잡은 교태전은 왕비가 생활하던 곳이다. 교태전은 중앙에 대청마루를 두고 왼쪽과 오른쪽에 온돌방을 놓은 구조로 되어 있다. 교태전 뒤쪽으로는 아미산이라는 작고 아름다운 ✦후원이 있다.

'경사스러운 ✦연회'라는 뜻의 경회루는 커다란 연못 중앙에 섬을 만들고 그 위에 지은, 우리나라에서 가장 큰 ✦누각이다. 이곳은 왕이 외국 사신을 접대하거나 신하들에게 연회를 베풀던 장소이다.

낱말 풀이

✦ **내시**: 궁궐에서 임금의 시중을 들던 남자.
✦ **나인**: 궁궐에서 왕과 왕비를 가까이에서 모시던 여자.
✦ **신분**: 제도적으로 개인에게 주어진 지위나 서열.
✦ **명칭**: 사람이나 사물 등을 가리켜 부르는 이름.
✦ **후궁**: 왕이 아내 외에 데리고 사는 여자.
✦ **격**: 주위 환경이나 사회에 어울리는 수준이나 품위.
✦ **법궁**: 왕이 사는 나라의 공식적인 궁궐.
✦ **즉위식**: 임금 자리에 오르는 것을 알리기 위하여 치르는 의식.
✦ **혼례식**: 성인 남녀가 법적으로 부부가 됨을 알리는 의식.
✦ **사신**: 임금이나 나라의 명령을 받고 다른 나라에 파견되는 신하.
✦ **후원**: 대궐 안에 있는 동산.
✦ **연회**: 여러 사람이 모여 베푸는 잔치.
✦ **누각**: 지붕만 있고 문과 벽이 없는, 높이 지은 집.

쏙쏙! 내용 정리

 에 들어갈 알맞은 낱말을 글에서 찾아 쓰세요.

1 서울에 남아 있는 조선 시대의 궁궐은 모두 ㄷ ㅅ 곳이다.

✏ _______________

2 궁궐에는 왕, 왕비, 왕실의 가족과 관리 등 많은 사람이 각자 자신의 ㅅ ㅂ 에 알맞은 건물에서 살았다.

✏ _______________

3 경복궁은 조선 시대 최초의 궁궐이자 조선의 ㅂ ㄱ 이다. 건물은 7600여 칸으로, 근정전, ㄱ ㅌ ㅈ, 경회루 등이 있다.

✏ _______________

1 〔중심 내용〕 이 글에서 설명하고 있는 중심 내용은 무엇인가요?

( )

① 연못 위에 지어진 궁궐

② 우리나라에서 가장 작은 궁궐

③ 현재 남아 있는 조선 시대의 궁궐

④ 세계 문화유산으로 지정된 우리나라의 궁궐

⑤ 외국 사신이나 신하들에게 연회를 베풀던 궁궐

2 〔내용 이해〕 경복궁에 대한 설명으로 알맞지 <u>않은</u> 것은 무엇인가요?

( )

① 태조 이성계 때 지어졌다.

② 아주 규모가 큰 궁궐이다.

③ 조선 시대 최초의 궁궐이다.

④ 여러 궁궐 가운데 가장 대표적이다.

⑤ 지금의 경기도에 세운 조선의 법궁이다.

3 〔내용 이해〕 근정전에서 한 일이 <u>아닌</u> 것은 무엇인가요? ( )

① 나라의 중요한 행사를 치렀다.

② 임금이 죽으면 이곳에 모여 제사를 지냈다.

③ 외국에서 사신이 찾아왔을 때 이곳에서 만났다.

④ 임금의 집안에서 결혼을 할 때 결혼식을 올렸다.

⑤ 왕이 임금 자리에 오르는 것을 알리는 의식을 치렀다.

4 〔어휘〕 이 글에서 다음 낱말과 비슷한 뜻을 가진 말을 찾아 쓰세요.

(1) 크기: ( )　(2) 잔치: ( )

㉠을 바탕으로 짐작한 내용이 가장 알맞은 것은 무엇인가요? (   )

추론

① 많은 사람이 살아야 했기 때문에 궁궐은 매우 컸다.

② 여러 사람이 다녀야 했기 때문에 궁궐 안의 교통이 발달했다.

③ 여러 사람이 살았기 때문에 궁궐에서는 사고가 많이 일어났다.

④ 많은 사람이 함부로 드나들었기 때문에 궁궐은 매우 위험했다.

⑤ 왕은 외로움을 많이 느꼈기 때문에 여러 사람과 함께 살기를 원했다.

6

적용

이 글에 추가할 내용으로 알맞은 것을 모두 찾아 ○표 하세요.

(1) 창경궁은 성종이 할머니들을 모시려고 지은 궁궐로, 효자로 유명한 정조가 태어난 곳이기도 하여 효와 인연이 깊다.

(2) 1443년에 세종 대왕은 집현전의 여러 학사와 더불어 스물여덟 자로 된 훈민정음을 창제하였다. 훈민정음은 '백성을 가르치는 바른 소리'라는 뜻이다.

(3) 창덕궁은 경복궁의 동쪽에 있다고 하여 창경궁과 함께 '동궐'로도 불렸다. 건물과 후원이 잘 어우러져 매우 아름다우며 유네스코 세계 문화유산으로 등록되었다.

7

글의
구조

빈칸에 알맞은 말을 써서, 이 글의 짜임을 정리해 보세요.

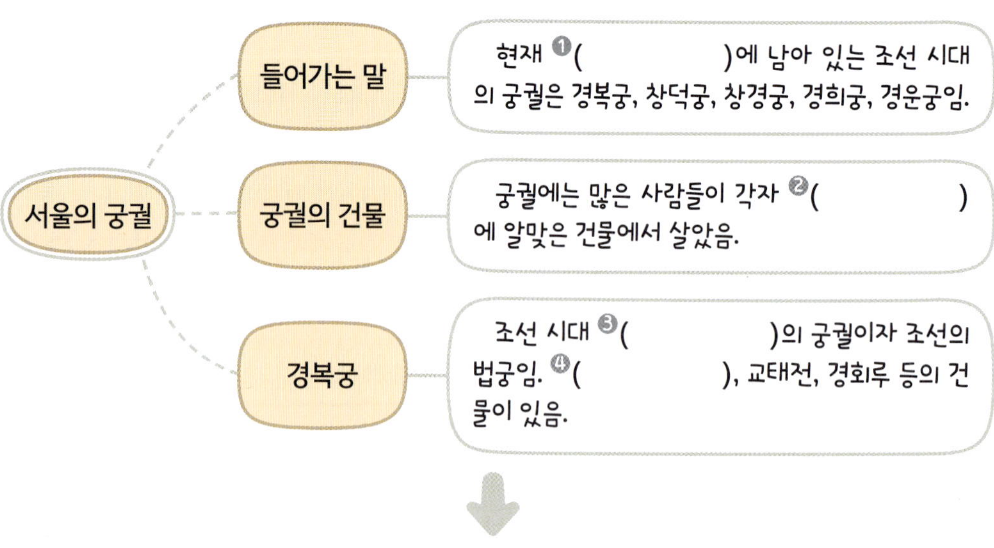

1 다음 뜻에 알맞은 낱말을 완성하여 쓰세요.

(1) 사람이나 사물 등을 가리켜 부르는 이름. → ㅁ ㅊ

(2) 제도적으로 개인에게 주어진 지위나 서열. → ㅅ ㅂ

(3) 주위 환경이나 사회에 어울리는 수준이나 품위. → ㄱ

(4) 임금 자리에 오르는 것을 알리기 위하여 치르는 의식. → ㅈ ㅇ ㅅ

2 다음 낱말이 들어갈 문장을 찾아 선으로 이으세요.

(1) 치르다 •

(2) 접대하다 •

(3) 웅장하다 •

• ㉮ 이모가 결혼식을 (   ).

• ㉯ 옛날 궁궐은 지금도 (   ).

• ㉰ 집에 손님을 초대하여 (   ).

확장

3 다음 낱말이 아래의 문장에서 어떤 뜻으로 사용되었는지 찾아 번호를 쓰세요.

가장

① 여럿 가운데에서 제일로.

② 한 가족을 대표하고 책임지는 사람.

③ 얼굴이나 옷차림새 등을 다른 사람이 알아보지 못하게 바꾸어 꾸밈.

(1) 적도 지방은 지구에서 <u>가장</u> 더운 곳이다. (   )

(2) 가발에 안경까지 쓰고 <u>가장</u>을 했더니 아무도 알아보지 못했다. (   )

(3) 그는 가족을 챙기고 일도 열심히 하며 <u>가장</u>으로서 최선을 다했다. (   )

오늘
나의 실력은?   

부모님의
응원 한마디

- ☑ 설명문
- ☐ 논설문
- ☐ 실용문
- ☐ 시
- ☐ 동화
- ☐ 극본

낱말 풀이

+ **화폐**: 상품을 사고팔거나 다른 상품과 교환할 때 상품의 가치를 매기는 기준이 되며, 상품과 교환할 수 있는 수단이 되는 것.
+ **발행한**: 공공의 기능을 하는 화폐나 증권 등을 만들어 내놓은.
+ **고유한**: 한 사물이나 집단 등이 본래부터 지니고 있는 것으로 다른 것과 다른.
+ **특색**: 보통의 것과 차이가 나게 다른 점.
+ **지폐**: 종이로 만든 화폐.
+ **초충도**: 풀과 풀벌레를 그린 그림.
+ **병풍**: 직사각형으로 짠 나무틀에 종이를 바르고 그 위에 수를 놓거나 그림을 그려 만든 물건.
+ **창제한**: 전에 없던 것을 처음으로 만들거나 정한.
+ **천문**: 우주와 천체의 온갖 현상.
+ **관측기구**: 천체나 날씨 등을 자세히 살펴보기 위하여 사용하는 기구.
+ **천체**: 우주에 존재하는 모든 물체.
+ **운행**: 우주에 있는 물체가 정해진 길을 따라 움직이는 일.

1 +화폐에는 그 화폐를 +발행한 나라의 +고유한 +특색이 담겨 있습니다. 특히 +지폐에는 나라의 역사를 빛낸 위대한 인물과 그 인물에 관련된 그림이 그려져 있습니다. 우리나라의 화폐에서도 우리의 문화를 살펴볼 수 있습니다.

2 오천 원짜리 지폐에는 어떤 그림이 있을까요? 먼저 앞면의 오른쪽에는 조선 시대의 뛰어난 학자 이이가 그려져 있습니다. 그리고 앞면의 한가운데에는 집이 한 채 그려져 있습니다. 그곳은 이이가 태어난 곳인데, 이이의 어머니인 신사임당이 이곳에서 용꿈을 꾸고 이이를 낳았다고 하여 몽룡실로 불립니다. 여기에서 '몽'은 꿈을 뜻하고, '룡'은 '용'을 뜻합니다. 몽룡실의 뒤쪽으로는 대나무 숲이 그려져 있습니다. 이것은 이이가 태어난 오죽헌을 표현한 것입니다.

3 오천 원짜리 지폐의 뒷면에는 신사임당이 그린 「신사임당 +초충도병」이 들어가 있습니다. 이 그림은 원래 여덟 폭의 +병풍 그림으로, 오천 원짜리 지폐에 들어간 것은 그중 '수박과 여치', '맨드라미와 개구리' 두 폭입니다.

4 만 원짜리 지폐도 살펴볼까요? 만 원짜리 지폐에 그려진 인물은 바로 세종 대왕입니다. 지폐의 앞면을 보면 세종 대왕의 모습과 함께 세종 대왕이 +창제한 훈민정음으로 쓰인 최초의 작품 「용비어천가」가 나와 있습니다. 그리고 그 아래에는 우뚝 솟은 다섯 개의 봉우리와 해와 달을 그린 「일월오봉도」라는 그림도 있는데, 그림의 해와 달은 각각 왕과 왕비를 상징합니다.

5 만 원짜리 지폐의 뒷면에는 혼천의가 그려져 있습니다. 혼천의는 세종 대에 만들어진 +천문 +관측기구로 +천체의 +운행과 위치를 파악하는 데 사용하였습니다. 혼천의의 뒤로는 조선 시대에 그려진 별자리 그림이 있고, 아래쪽에는 우리나라에서 가장 큰 망원경인 보현산 천문대의 망원경이 그려져 있습니다. 지폐 한 면에 우리의 과학 기술이 고스란히 담겨 있는 것입니다. 이처럼 지폐를 자세히 살펴보면 그 나라의 역사와 문화를 알 수 있습니다.

쏙쏙! 내용 정리

에 들어갈 알맞은 낱말을 글에서 찾아 쓰세요.

1 지폐에는 나라의 역사를 빛낸 위대한 ㅇㅁ과 그와 관련된 그림이 그려져 있어 그 나라의 문화를 살펴볼 수 있다.

____

2 오천 원짜리 지폐의 앞면에 그려진 인물은 ㅇㅇ로, 몽룡실, 오죽헌 등이 함께 그려져 있다.

____

3 오천 원짜리 지폐의 뒷면에는 ㅅㅅㅇㄷ이 그린 그림이 들어가 있다.

____

4 만 원짜리 지폐의 앞면에는 ㅅㅈㄷㅇ의 모습과 「용비어천가」, 「일월오봉도」가 함께 들어가 있다.

____

5 만 원짜리 지폐의 뒷면에는 ㅎㅊㅇ와 별자리 그림, 보현산 천문대 망원경이 그려져 있다.

____

1 핵심어

이 글에서 설명하는 대상은 무엇인지 빈칸에 알맞은 말을 쓰세요.

(   )에 그려진 그림

2 내용 이해

오천 원짜리 지폐에 그려져 있는 집이 '몽룡실'이라 불리게 된 까닭은 무엇인가요? (   )

① 집의 뒤쪽에 대나무 숲이 있어서
② 여덟 폭의 병풍이 있는 곳이라서
③ 지폐의 한가운데에 그려져 있는 집이라서
④ 신사임당이 이곳에서 용꿈을 꾸고 이이를 낳아서
⑤ 신사임당이 「신사임당초충도병」을 그린 곳이라서

3 내용 이해

이 글의 내용으로 알맞지 <u>않은</u> 것은 무엇인가요? (   )

① 이이의 어머니는 신사임당이다.
② 만 원짜리 지폐에는 세종 대왕이 그린 그림이 있다.
③ 오천 원짜리 지폐에는 이이가 태어난 곳이 그려져 있다.
④ 만 원짜리 지폐에는 훈민정음으로 쓰인 최초의 작품이 담겨 있다.
⑤ 만 원짜리 지폐의 뒷면에는 조선 시대에 만들어진 천문 관측기구의 그림이 있다.

4 어법

다음 중 띄어쓰기가 올바르지 <u>않은</u> 것은 무엇인가요?

(   )

① 오만 원   ② 첫번 째   ③ 세 개
④ 일곱 장   ⑤ 열 마리

5 만 원짜리 지폐에 있는 「일월오봉도」의 그림으로 알맞은 것에 ○표 하세요.

(1)  (2) (3)

(   )   (   )   (   )

6 다음은 미국의 지폐를 소개한 글입니다. 이 글과 다음 글을 읽고 생각을 알맞게 말한 친구의 이름을 쓰세요.

> 미국 1달러 지폐의 앞면에는 미국의 초대 대통령인 조지 워싱턴이 그려져 있다. 그는 영국과의 독립 전쟁을 승리로 이끌고 미국의 기틀을 세운 인물이자, 국민이 직접 뽑은 세계 최초의 대통령이다. 1달러 지폐의 뒷면에는 미국을 상징하는 새인 흰머리 독수리와 13개의 별이 그려져 있다. 이 13개의 별은 미국이 독립할 당시의 13개의 주를 의미한다.

> 슬기: 나라마다 지폐에 그려져 있는 그림이 다른 걸 보니 지폐의 그림에는 그 나라의 역사와 문화가 담겨 있는 것 같아.
> 윤우: 미국의 지폐 뒷면에도 별이 그려져 있는 걸 보니 미국도 우리나라처럼 천문학에 대한 관심이 무척 높은 것 같아.

(   )

7 빈칸에 알맞은 말을 써서, 이 글의 짜임을 정리해 보세요.

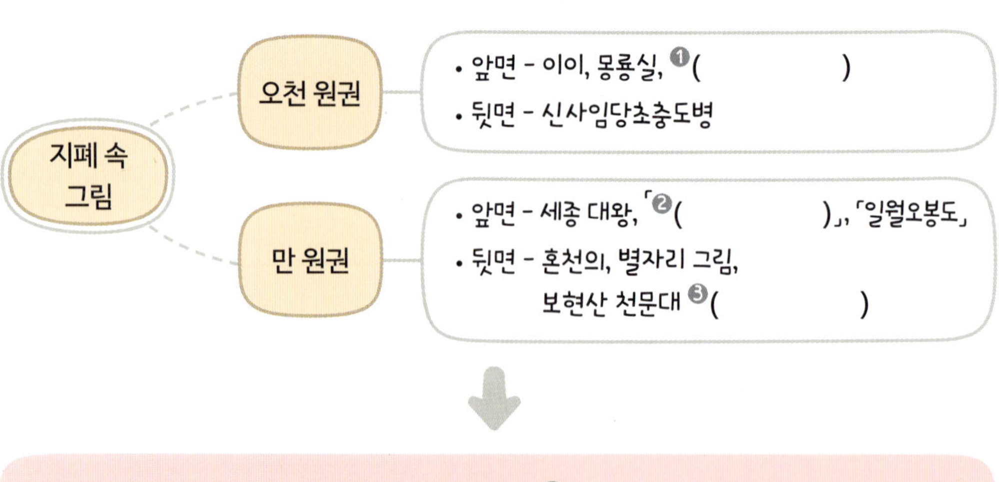

지폐 속 그림을 통해 그 나라의 역사와 ❹(   )를 알 수 있다.

1 다음 낱말의 뜻을 보기 에서 찾아 기호를 쓰세요.

보기
㉮ 우주와 천체의 온갖 현상.
㉯ 보통의 것과 차이가 나게 다른 점.
㉰ 우주에 있는 물체가 정해진 길을 따라 움직이는 일.
㉱ 직사각형으로 짠 나무틀에 종이를 바르고 그 위에 수를 놓거나 그림을 그려 만든 물건.

(1) 천문: (　　　　　)　　(2) 운행: (　　　　　)
(3) 병풍: (　　　　　)　　(4) 특색: (　　　　　)

2 다음 초성과 뜻을 참고하여 빈칸에 알맞은 낱말을 쓰세요.

(1) ㅊㅊ: 우주에 존재하는 모든 물체.
　　예 나는 달을 관찰할 수 있는 (　　　　　) 망원경을 선물로 받았다.
(2) ㅊㅈ: 전에 없던 것을 처음으로 만들거나 정함.
　　예 세종 대왕은 백성을 지극히 아껴 훈민정음을 (　　　　　)하였다.
(3) ㅂㅎ: 공공의 기능을 하는 화폐나 증권 등을 만들어 내놓음.
　　예 각 나라의 중앙은행에서 화폐를 (　　　　　)하여 공급하고 있다.

확장

3 다음 낱말의 뜻을 보고, 문장에 어울리는 낱말을 찾아 ○표 하세요.

담다	어떤 내용이나 생각을 그림이나 글, 표정 등에 나타내거나 포함하다.
달다	물건을 어떤 곳에 걸거나 매어 놓다.
닿다	어떤 것이 다른 어떤 것에 가까이 가서 붙게 되다.

(1) 개천절을 맞아 집집마다 태극기를 (담았다, 달았다, 닿았다).
(2) 신발을 벗고 걷자 발에 보드라운 흙이 (담았다, 달았다, 닿았다).
(3) 편지에 부모님을 사랑하는 마음을 가득 (담았다, 달았다, 닿았다).

오늘
나의 실력은?　  　부모님의
응원 한마디

- ☐ 설명문
- ☐ 논설문
- ☐ 실용문
- ☐ 시
- ☑ 동화
- ☐ 극본

[앞부분 이야기] 학급 게시판에 붙어 있던 성미의 사진이 사라졌다. 반에서 힘이 세고 ✚짓궂은 싸움 대장 영만이는 성미를 좋아하는 아이가 사진을 가져갔을 것이라고 생각하고 사진을 찾던 중 평소 얌전하고 겁이 많은 민철이의 책가방을 뒤져 수첩 한 권을 꺼냈다. 그 순간 이제껏 한 번도 다른 아이에게 ✚대항이라고는 해 본 적 없던 민철이가 영만이의 손에서 수첩을 낚아챈다.

1 민철이는 수첩을 빼앗기지 않으려고 힘을 주어 잡아당겼다.

"하하하, '㉠지렁이도 밟으면 꿈틀한다.'는 말이 맞긴 맞구나."

옆에서 찬영이가 배꼽을 쥐는 ✚시늉을 하며 웃었다.

"너, 아무래도 수상해. 이리 안 줘?"

영만이가 눈을 ✚부라리며 민철이의 팔을 잡아 비틀었다. 나는 그러는 영만이를 뒤에서 확 밀어 버릴 생각으로 몸을 움직였다. 그러나 내가 한 발을 움직이는 순간에 누구인가 교실 바닥에 ✚나뒹굴었다. / 나는 내 눈을 의심하였다. 교실 바닥에 나뒹군 아이는 민철이가 아닌 영만이였다.

"어?" / 반 아이들이 믿기지 않는다는 눈빛으로 민철이와 영만이를 번갈아 보았다. 자존심이 상한 영만이는 입술을 ✚잔뜩 깨물더니 벌떡 일어나 민철이에게 달려들었다. 영만이의 무서운 ✚기세에 아이들은 얼어붙은 듯 서 있었다. 나는 눈을 질끈 감아 버렸다.

"어어?" / "아니?" / 우당탕하는 소리를 듣고 나는 눈을 떴다.

2 정말 놀라운 일이었다. 떡 버티고 선 민철이 앞에 영만이가 넘어져 있었다.

"사진, 저기 있다!"

누구인가 소리쳤다. 속이 펼쳐진 수첩 사이에서 환히 웃고 있는 내 사진이 보였다. 나는 멍하게 서 있는 아이들을 밀치고 여유 있게 수첩을 집어 들었다. 민철이는 죄를 지은 사람처럼 ✚울상이 되어 어쩔 줄 몰라 하였다.

"잘했어. 이유 없이 괴롭히면 그렇게 해 주는 거야. 이 사진은 너 가져도 좋아."

나는 내 사진을 수첩 속에 넣어 민철이 손에 쥐여 주었다. 민철이의 얼굴이 금방 환해졌다. / 나에게는 남모르는 비밀이 하나 생겼기 때문이다. 나는 민철이의 펼쳐진 수첩에서 한 장 가득히 시처럼 써 놓은 글을 보았던 것이다.

'성미 좋아, 성미 천사⋯⋯.'

낱말 풀이

✚**짓궂은**: 장난스럽게 남을 괴롭히고 귀찮게 구는.

✚**대항**: 지지 않으려고 맞서서 버팀.

✚**시늉**: 어떤 모양이나 동작을 실제로 하는 것처럼 흉내 냄.

✚**부라리며**: 눈을 크게 뜨고 눈동자를 무섭게 굴리며.

✚**나뒹굴었다**: 쓰러지거나 넘어지면서 바닥에 굴렀다.

✚**잔뜩**: 힘이 닿는 데까지 한 껏.

✚**기세**: 힘차게 뻗치는 기운.

✚**울상**: 울려고 하는 얼굴 표정.

정답 확인
30쪽

□에 들어갈 알맞은 낱말을 글에서 찾아 쓰세요.

1 평소 얌전하고 겁이 많은 민철이는 영만이에게 ㅅㅊ을 빼앗기지 않으려고 몸싸움을 하다 영만이를 넘어뜨렸다.

🖉 ______________________________

2 민철이의 수첩에 쓰여 있던 글을 보고 행복한 ㅂㅁ이 생긴 성미는 자신의 사진을 민철이에게 준다.

🖉 ______________________________

1 〔중심 글감〕 교실에서 없어진 물건은 무엇인가요? (   )

① 성미의 편지　　② 성미의 수첩　　③ 성미의 사진

④ 민철이의 수첩　　⑤ 영만이의 사진

2 〔내용 이해〕 이 글의 내용으로 알맞지 <u>않은</u> 것은 무엇인가요? (   )

① 영만이는 성미의 사진을 찾으려고 했다.

② 민철이는 평소 다른 친구들과 자주 다투었다.

③ 민철이는 영만이를 넘어뜨려 나뒹굴게 하였다.

④ 영만이는 민철이의 가방을 뒤져 수첩을 꺼냈다.

⑤ 펼쳐진 민철이의 수첩 속에 성미의 사진이 있었다.

3 〔내용 이해〕 민철이의 얼굴이 환해진 까닭은 무엇인가요? (   )

① 처음으로 영만이를 이겨 기분이 좋아서

② 성미가 민철이에게 사진을 가지라고 하여서

③ 성미가 민철이에게 새 수첩을 선물로 주어서

④ 성미에게 자신의 마음을 전할 수 있게 되어서

⑤ 성미의 잃어버린 사진을 찾아 줄 수 있게 되어서

4 〔어휘〕 밑줄 친 낱말이 〔보기〕의 '수상하다'와 같은 뜻으로 사용된 문장을 두 가지 고르세요. (,   )

〔보기〕
"너, 아무래도 <u>수상해</u>. 이리 안 줘?"

① 영호는 이번 대회에서 최우수상을 <u>수상했다</u>.

② 경찰은 그 남자를 <u>수상하게</u> 여겨 뒤따라갔다.

③ 형이 갑자기 당황해하는 모습이 왠지 <u>수상했다</u>.

④ 우수상 이상을 <u>수상한</u> 작품들은 모두 전시되었다.

⑤ 우리나라 선수가 모두를 제치고 금메달을 <u>수상했다</u>.

5 표현

㉠에 대한 설명으로 알맞은 것을 모두 찾아 기호를 쓰세요.

> ㉮ 속담의 '지렁이'에 해당하는 인물은 민철이이다.
> ㉯ 영만이에게 맞서는 민철이를 무시하는 마음이 담긴 말이다.
> ㉰ 비슷한 뜻을 가진 속담으로는 '가재는 게 편', '바늘 가는 데 실 간다.'가 있다.
> ㉱ 아무리 순하고 약한 사람이라도 너무 업신여기면 가만히 있지 않고 저항한다는 뜻이다.

(   )

6 추론

성미에게 생긴 남모르는 비밀은 무엇인가요? (   )

① 민철이가 성미를 좋아하고 있었다는 것
② 영만이가 성미를 질투하고 있었다는 것
③ 민철이가 영만이보다 힘이 더 세다는 것
④ 영만이와 민철이 모두 성미를 좋아하고 있었다는 것
⑤ 민철이가 영만이와 서로 친하게 지내고 싶어 했다는 것

7 글의 구조

빈칸에 알맞은 말을 써서, 이 글의 짜임을 정리해 보세요.

> 학급 게시판에 붙어 있던 ❶(   )의 사진이 사라짐.

↓

> 영만이가 성미의 사진을 찾다 ❷(   )이의 가방을 뒤져 수첩을 꺼냄.

↓

> 민철이가 영만이에게 수첩을 빼앗기지 않으려 하다 ❸(   )이를 넘어뜨림.

↓

> 민철이의 ❹(   )에서 성미의 사진이 나오고 성미가 수첩에 쓰인 글을 보게 됨.

↓

> 성미는 민철이가 자신을 좋아한다는 사실을 알게 되어
> 행복한 ❺(   )이 생겼다.

1 다음 뜻을 가진 낱말을 찾아 선으로 이으세요.

(1) 힘이 닿는 데까지 한껏. ・　・㉮ 잔뜩

(2) 쓰러지거나 넘어지면서 바닥에 구르다. ・　・㉯ 짓궂다

(3) 장난스럽게 남을 괴롭히고 귀찮게 굴다. ・　・㉰ 부라리다

(4) 눈을 크게 뜨고 눈동자를 무섭게 굴리다. ・　・㉱ 나뒹굴다

2 다음 문장의 빈칸에 들어갈 알맞은 낱말을 보기 에서 찾아 쓰세요.

보기
기세, 대항, 울상

(1) 수많은 독립운동가들이 일제에 (　　　　　　)하여 싸웠다.
(2) 적들은 무서운 (　　　　　　)(으)로 산을 넘어 쳐들어왔다.
(3) 동생은 (　　　　　　)이/가 되어 금방이라도 눈물을 쏟을 것 같았다.

확장
3 다음 밑줄 친 낱말과 비슷한 뜻을 가진 낱말을 찾아 ○표 하세요.

　　우리 속담에 '때리는 시늉하면 우는 시늉을 한다.'라는 말이 있습니다. 이 말은 한 사람이 때리는 체를 하면 다른 사람이 맞아서 우는 것처럼 보이도록 한다는 말로, 서로 손발이 잘 맞는다는 뜻을 가지고 있습니다.

(시험, 흉내, 장난)

오늘
나의 실력은?　  　부모님의
응원 한마디

☑ 설명문
☐ 논설문
☐ 실용문
☐ 시
☐ 동화
☐ 극본

1 최근 출판하는 책이나 광고, 알림판 따위에서 네모 모양의 ✛표식을 자주 볼 수 있다. 네모 모양 안에 검은 점과 선들을 ✛배열했는데, 이것을 '정보 무늬[QR 코드]'라고 한다. 큐아르(QR)는 '빠른 ✛응답'이라는 영어의 줄임말이다.

2 정보 무늬는 여러 가지 정보를 확인할 수 있는 표식이다. 정보 무늬를 쓰기 전에는 막대 표시를 주로 썼다. 막대 표시는 숫자 20개를 저장할 수 있는 무늬로서 물건을 살 때 쉽게 계산할 수 있다. 그러나 정보 무늬는 숫자 7089개, 한글 1700자 정도를 저장할 수 있다. 또 정보 무늬는 일부를 지워도 사용할 수 있다. 정보 무늬의 세 ✛귀퉁이에 위치를 ㉠지정하는 ✛문양이 있기 때문이다. 이 문양이 있어 정보 무늬를 어느 각도에서 찍어도 내용을 확인할 수 있다.

3 정보 무늬는 스마트폰으로 사용할 수 있다. 스마트폰 응용 프로그램으로 정보 무늬를 찍으면 관련 내용이 있는 누리집으로 이동하거나, 관련 사진이나 동영상을 볼 수 있다. 또 정보 무늬에 색깔이나 신기한 그림을 넣어 만들기도 한다.

4   ㉡   백화점이나 할인점에서는 정보 무늬로 할인 정보를 ✛제공한다. 신문 광고에 있는 정보 무늬를 찍으면 3차원으로 움직이는 광고가 나오기도 하고, 책에 있는 정보 무늬를 찍으면 등장인물이 튀어나와 책의 정보와 줄거리를 알려 주기도 한다. 박물관이나 미술관에서는 자료나 작품을 더 알아볼 수 있도록 정보 무늬에 설명을 담아 제공하기도 한다.

5 정보 무늬는 누구나 만들 수 있다. 예를 들어 개인 정보를 담은 ✛명함을 만들 수도 있다. 명함에 있는 정보 무늬로 자신의 사진이나 동영상을 보여 주거나 이름이나 연락처를 자동으로 저장할 수 있다.

낱말 풀이

✛ **표식**: 무엇을 나타내 보이는 일정한 방식.

✛ **배열했는데**: 여럿을 일정한 순서나 간격으로 죽 벌여 놓았는데.

✛ **응답**: 부름이나 물음에 답함.

✛ **귀퉁이**: 사물이나 공간, 도형 등이 각이 져서 튀어나온 부분.

✛ **문양**: 물건의 표면에 그리거나 새겨 넣은 무늬.

✛ **제공한다**: 무엇을 내주거나 가져다준다.

✛ **명함**: 남에게 알리기 위해 자신의 이름, 직업, 주소, 연락처 등을 적은 작은 종이.

쏙쏙! 내용 정리

□에 들어갈 알맞은 낱말을 글에서 찾아 쓰세요.

1 ㅈㅂㅁㄴ는 검은 점과 선들로 이루어진 네모난 모양의 무늬이다.

 _______________

2 정보 무늬는 ㅅㅈ 7089개, ㅎㄱ 1700자 정도의 정보를 저장할 수 있고, 일부를 지워도 사용할 수 있다.

____

3 정보 무늬를 ㅅㅁㅌㅍ의 응용 프로그램으로 찍어 내용을 확인할 수 있다.

____

4 정보 무늬는 ㅂㅎㅈ, 신문 광고, 책, ㅂㅁㄱ이나 미술관 등 다양한 곳에서 활용된다.

____

5 정보 무늬는 ㄴㄱㄴ 만들 수 있다.

____

---

1 _{글의 종류} 이 글의 특징으로 알맞은 것은 무엇인가요? (　　　)

① 일상의 경험이나 생각을 담고 있다.

② 정보와 지식을 전달하고 설명하고 있다.

③ 상상력을 바탕으로 이야기를 풀어 가고 있다.

④ 일이 일어난 과정을 순서대로 설명하고 있다.

⑤ 자신의 주장을 드러내고 근거를 설명하고 있다.

2 _{내용 이해} 이 글의 내용으로 알맞은 것은 무엇인가요? (　　　)

① 정보 무늬는 막대 모양으로 된 표식이다.

② 정보 무늬는 일부가 지워지면 사용할 수 없다.

③ 정보 무늬는 숫자로 된 정보만 저장할 수 있다.

④ 정보 무늬는 물건값을 계산할 때에만 사용할 수 있다.

⑤ 정보 무늬는 세 귀퉁이에 위치를 지정하는 문양이 있다.

3 _{내용 이해} 정보 무늬를 사용하여 할 수 있는 일로 알맞지 <u>않은</u> 것은 무엇인가요? (　　　)

① 책의 정보와 줄거리를 알려 준다.

② 백화점의 할인 정보를 알려 준다.

③ 스마트폰에서 자동으로 사진을 촬영한다.

④ 신문 광고에서 움직이는 광고를 볼 수 있다.

⑤ 미술관에 전시된 그림에 대한 설명을 제공한다.

4 _{어휘} ㉠의 뜻으로 알맞은 것에 ◯표 하세요.

(1) 가리켜 분명하게 정하는. (　　　)

(2) 잘못된 것을 바로잡아 고치는. (　　　)

(3) 움직여 옮기는. 또는 움직여 자리를 바꾸는. (　　　)

이 글의 내용으로 볼 때, 다음 일기에서 알맞지 <u>않은</u> 내용은 무엇인가요? (   )

> 오늘은 학교에서 수업 시간에 정보 무늬를 만들어 보았다. ① 내가 좋아하는 노래의 정보를 담아 정보 무늬를 만들고 친구들과 공유했다. ② 정보 무늬를 스마트폰으로 찍으면 그 안에 담긴 정보를 확인할 수 있다. ③ 정보 무늬는 정확한 각도로 찍지 않으면 인식이 되지 않는다. ④ 정보 무늬는 막대 표시보다 정보를 많이 저장할 수 있고, 쓰임새도 아주 다양하다. ⑤ 정보 무늬를 생각보다 쉽게 만들 수 있어서 정말 신기하고 재미있었다.

ⓛ에 들어갈 말로 알맞은 것을 찾아 기호를 쓰세요.

> ㉮ 정보 무늬는 여러 분야에서 활용한다.
> ㉯ 정보 무늬는 특정한 사람들만 사용할 수 있다.
> ㉰ 정보 무늬를 통해 전달할 수 없는 정보도 있다.

(   )

빈칸에 알맞은 말을 써서, 이 글의 짜임을 정리해 보세요.

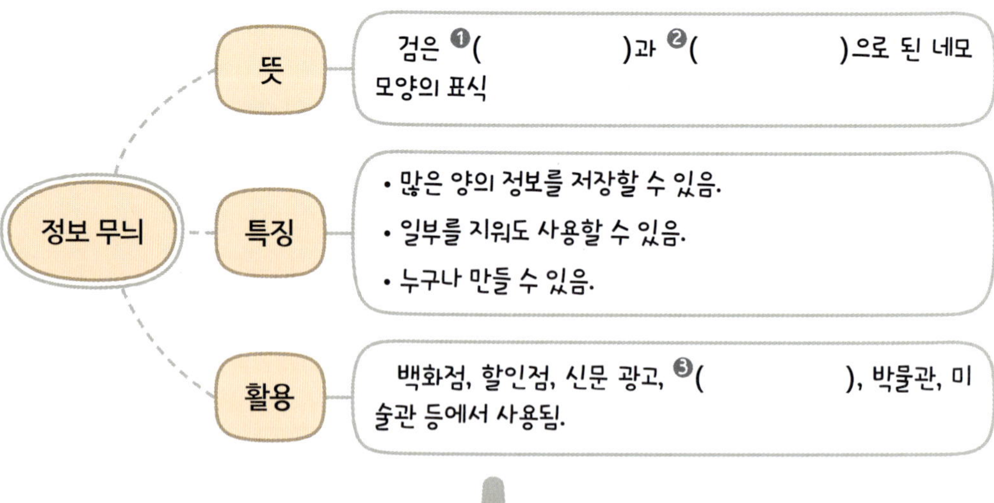

정보 무늬는 여러 가지 ❹(   )를 확인할 수 있는 표식으로,
누구나 만들 수 있어서 여러 분야에서 널리 사용되고 있다.

탄탄 어휘 마무리

1 다음 뜻을 지닌 낱말을 보기에서 찾아 쓰세요.

> **보기**
>
> 문양, 응답, 명함, 표식

(1) 부름이나 물음에 답함. （　　　　　）

(2) 무엇을 나타내 보이는 일정한 방식. （　　　　　）

(3) 물건의 표면에 그리거나 새겨 넣은 무늬. （　　　　　）

(4) 남에게 알리기 위해 자신의 이름, 직업, 주소, 연락처 등을 적은 작은 종이.
（　　　　　）

2 다음 문장의 빈칸에 들어갈 알맞은 낱말을 찾아 선으로 이으세요.

(1) 예쁜 (　　　)이/가 그려진 옷을 입었다. •　　• ㉮ 할인

(2) 이 가게에서는 물건값을 (　　　)하여 저렴하게 판매한다. •　　• ㉯ 무늬

(3) 이 책은 어찌나 여러 번 읽었는지 책의 네 (　　　)이/가 다 닳았다. •　　• ㉰ 귀퉁이

확장

3 다음 밑줄 친 낱말과 뜻이 통하는 낱말을 보기에서 찾아 쓰세요.

> **보기**
>
> 이동하다, 배열하다, 전달하다, 제공하다

(1) 점원이 상품을 보기 좋게 <u>늘어놓았다</u>. （　　　　　）

(2) 선생님께서 몇 가지 공지 사항을 <u>전해</u> 주셨다. （　　　　　）

(3) 우리는 얼른 짐을 챙겨서 자리를 <u>옮기기로</u> 했다. （　　　　　）

(4) 기사를 쓸 때 독자들에게 잘못된 정보를 <u>주어서는</u> 안 된다. （　　　　　）

오늘 나의 실력은?   　　부모님의 응원 한마디

□ 설명문
□ 논설문
□ 실용문
□ 시
☑ 동화
□ 극본

1 우당탕, 와장창! 도대체 무슨 일이 일어난 걸까요?

살금살금 일 층으로 내려가 본 우리는 깜짝 놀랐어요. 엄마는 야구 방망이를 들고 있고, 아빠는 거실 바닥에 쓰러져 있었으니까요. / "엄마, 무슨 일이에요?"

"이 일을 어쩌지? 쥐를 잡으려다가 네 아빠를 잡았나 보다."

바로 그 순간, 아빠가 살짝 눈을 뜨셨어요. / "사실은 소파 뒤에 숨어 있던 쥐와 눈이 마주친 순간 나도 모르게 ✛기절했단다."

그때 할아버지께서 잠이 덜 깬 눈으로 방문을 열고 나오셨어요.

"집 안에 무슨 일이 있냐?" / "할아버지, 쥐가 나왔대요."

"에구머니나!" / 할아버지께서는 깜짝 놀라며 얼른 소파 위로 올라가셨어요.

2 이튿날 아침, 할아버지께서는 가족회의를 열었어요.

"이제부터 쥐와 전쟁을 시작한다! 내가 ✛사령관을 맡으마. 나머지 식구들은 모두 행동 ✛대원이다." / 할아버지의 ✛비장한 말씀에 나는 왠지 가슴이 두근거렸어요. 쥐를 잡는 작전 이름은 '독 안에 든 빵 작전'이에요. 할아버지께서는 쥐라는 이름을 직접 부르면 쥐들이 알아듣고 모두 도망간대요. 하지만 빵이라고 부르면 쥐들이 맛있는 빵이 있는 줄 알고 모여든다나요? (중략)

"집을 들어 올려서라도 쥐 ✛소굴을 찾아내고야 말겠다. 옛날부터 쥐란 녀석들은 마루 밑을 좋아했지. 내가 오늘 쥐 소굴을 꼭 찾고야 말겠다."

엄마는 두 주먹을 불끈 쥐셨어요.

3 그때 갑자기 아빠가 후닥닥 뛰어들어 오셨어요.

"여보, 어떡하지? 쥐를 만졌어, 쥐를 만졌다고!"

엄마는 아빠를 따라 마당으로 나가셨어요. 그리고 형사처럼 ✛예리한 ✛눈초리로 마당을 이곳저곳 살피더니 아빠에게 물으셨어요.

"여보, 쥐를 만진 게 분명해요?" / "음…… 그게…… 그러니까……."

엄마는 ✛홈통 근처에 떨어진 털솔을 집어 들며 말씀하셨어요.

"봐요, 혹시 이 털솔을 잘못 알고……."

"아니, 그건 절대 아냐. 아닐 거야. 아니어야 하는데……."

그럼 그렇지. 아빠가 만진 것은 홈통을 청소하는 털솔이었어요.

낱말 풀이

✛ **기절했단다:** 심하게 놀라거나 충격을 받아 일시적으로 정신을 잃고 쓰러졌단다.

✛ **사령관:** 군대나 함대를 지휘하고 감독·통솔하는 우두머리.

✛ **대원:** 부대나 집단에 속한 사람.

✛ **비장한:** 슬프면서도 씩씩하고 엄숙한.

✛ **소굴:** 나쁜 짓을 하는 무리가 모여 있는 본거지.

✛ **예리한:** 눈매나 시선 등이 쏘아보는 듯 날카로운.

✛ **눈초리:** 어딘가를 향해 보는 눈빛.

✛ **홈통:** 물이 흐르거나 타고 내리도록 만든 물건.

쏙쏙! 내용 정리

[ ]에 들어갈 알맞은 낱말을 글에서 찾아 쓰세요.

1 집 안에 ㅈ 가 나타나 가족들이 모두 깜짝 놀랐다.

✏️ _______________

2 가족들은 쥐를 잡기 위해 가족회의를 열었고, 'ㄷ 안에 든 ㅃ 작전'을 펼치기로 했다.

✏️ _______________

3 아빠가 마당에서 만진 것의 정체는 쥐가 아니라 ㅌ ㅅ 이었다.

✏️ _______________

1

1 에서 가족들을 놀라게 한 사건은 무엇인가요?

(   )

① 엄마가 쥐를 잡은 일
② 아빠와 엄마가 다툰 일
③ 집 안에 쥐가 나타난 일
④ 아빠가 갑자기 쓰러지신 일
⑤ 엄마가 쥐 소굴을 찾아내신 일

2

할아버지께서 쥐를 잡는 작전의 이름을 '독 안에 든 빵 작전'으로 붙인 까닭을 두 가지 고르세요. (,   )

① 쥐 소굴이 독 안에 있어서
② 쥐가 독 안에 숨는 것을 좋아해서
③ 마루 밑에 쥐가 좋아하는 빵이 있어서
④ 쥐들이 빵이라고 하면 모여들 것이어서
⑤ 쥐라는 이름을 부르면 쥐들이 도망갈 것이어서

3

이 글에서 일이 일어난 순서대로 기호를 쓰세요.

> ㉮ 엄마가 털솔을 집어 들었다.
> ㉯ 아빠가 거실 바닥에 쓰러졌다.
> ㉰ 할아버지가 가족회의를 열었다.
> ㉱ 쥐를 잡는 작전의 이름을 정했다.
> ㉲ 엄마가 쥐 소굴을 찾아내고야 말겠다고 다짐했다.

(   )→(   )→(   )→(   )→(   )

4

다음 중 낱말의 관계가 다른 하나는 무엇인가요? (   )

① 직접 - 간접
② 뜨다 - 감다
③ 올리다 - 내리다
④ 예리하다 - 매섭다
⑤ 모여들다 - 흩어지다

이 글에 나오는 인물들의 성격을 파악하여 정리한 내용이 알맞지 <u>않은</u> 것을 찾아 기호를 쓰세요.

인물	성격이 드러나는 말이나 행동	인물의 성격
엄마	"쥐를 잡으려다가 네 아빠를 잡았나 보다."	㉮ 신중하고 차분하다.
	"집을 들어 올려서라도 쥐 소굴을 찾아내고야 말겠다."	㉯ 적극적이다.
아빠	"사실은 소파 뒤에 숨어 있던 쥐와 눈이 마주친 순간 나도 모르게 기절했단다."	㉰ 소심하고 겁이 많다.
할아버지	"이제부터 쥐와 전쟁을 시작한다! 내가 사령관을 맡으마."	㉱ 자신감 있고 활동적이다.

(   )

이 글을 읽고 감상을 알맞게 말한 친구의 이름을 모두 쓰세요.

> 지안: 아빠가 마당에서 만진 것이 진짜 쥐가 맞았는지 나타나 있지 않아서 답답해.
> 예솔: 엄마의 성격은 조금 급한 면도 있지만 쥐를 잡는 일을 해결하는 데 도움이 될 것 같아.
> 준이: 이야기에 나오는 엄마, 아빠의 모습이 우리 부모님과 비슷한 면도 있고 다른 면도 있어서 재미있게 읽었어.

(   )

빈칸에 알맞은 말을 써서, 이 글의 짜임을 정리해 보세요.

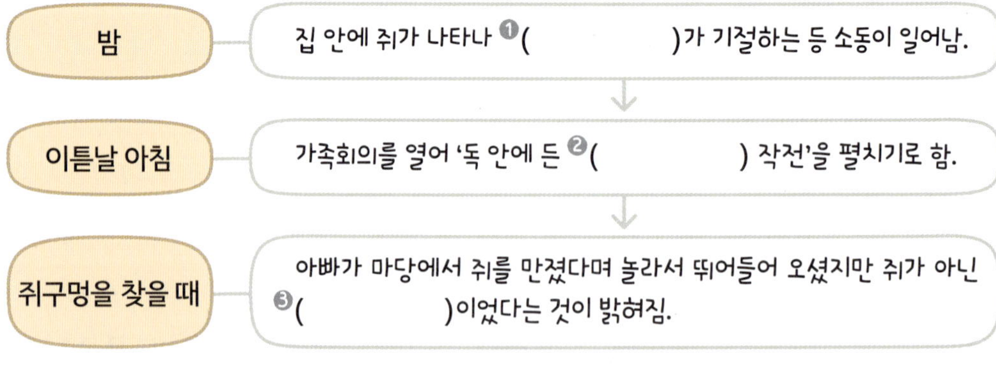

'나'의 집에 쥐가 나타나 온 가족이 한바탕 소동을 벌였다.

1 다음 낱말의 뜻으로 알맞은 것을 찾아 선으로 이으세요.

(1) 사령관 •

(2) 소굴 •

(3) 눈초리 •

• ㉮ 어딘가를 향해 보는 눈빛.

• ㉯ 나쁜 짓을 하는 무리가 모여 있는 본거지.

• ㉰ 군대나 함대를 지휘하고 감독·통솔하는 우두머리.

2 다음 문장의 빈칸에 들어갈 알맞은 낱말을 보기 에서 찾아 쓰세요.

보기
기절하다, 예리하다, 비장하다

(1) 전쟁터로 떠나는 주인공의 표정이 (   ).
(2) 사건 현장을 살피는 형사들의 눈길이 (   ).
(3) 날아오는 공에 맞은 충격으로 잠깐 동안 (   ).

확장

3 다음 밑줄 친 낱말의 알맞은 뜻을 보기 에서 찾아 번호를 쓰세요.

보기
맡다
① 책임을 지고 어떤 일을 하다.
② 연극이나 영화 등에서 특정한 배역을 하다.
③ 어떤 물건을 받아 보관하다.

(1) 신인 배우가 이번 영화의 여주인공을 <u>맡았다</u>.　　　(　　)
(2) 내가 방 청소를 <u>맡는</u> 대신 형이 거실을 청소했다.　　　(　　)
(3) 우리는 장기간 짐을 <u>맡아</u> 주는 곳을 알아보기로 했다.　　　(　　)

오늘
나의 실력은?   

부모님의
응원 한마디

☐ 설명문
☐ 논설문
☑ 실용문
☐ 시
☐ 동화
☐ 극본

이 ✦광고를 다 읽더라도 당신은 변하지 않을 것입니다

1 이 광고를 다 읽더라도

당신은 2시간 후 비닐봉지를 사용할 것이며

이 광고를 다 읽더라도

당신은 내일 아침 샴푸를 마음껏 쓸 것이며…

2 그래서 당신이

"이 ✦쓸모없는 광고를 왜 하는 거야?

다 이거 내 ✦세금으로 하는 거 아냐?!!!"라고

생각할 줄 알면서도

그래도 당신에게 / 이 광고를 보여 주는 것은

당신이 아닌 단 한 사람이

수도꼭지를 잠근다면

당신이 아닌 단 한 사람이

전기 스위치를 끈다면

당신이 아닌 단 한 사람이

당신의 아들이라면

당신의 ✦이종사촌에 8✦촌과

아무 상관 없더라도

3 몇 십 몇 백만 원 하는 이 광고가

아깝지 않은 이유는

당신이 살아야 하는

당신의 아이가 살아야 하는 / 이 지구가

당신이 아닌 단 한 사람으로 인해

✦지구 온난화를 조금 멈췄기 때문입니다.

4 ㉠ 당신의 지구에

다른 사람의 실천을 / 바칩니다.

낱말 풀이

✦ **광고**: 어떠한 정보를 사람들에게 널리 알리는 활동.

✦ **쓸모없는**: 쓸 만한 가치가 없는.

✦ **세금**: 국가 또는 지방 공공 단체가 필요한 경비로 사용하기 위하여 국민이나 주민으로부터 강제로 거두어들이는 돈.

✦ **이종사촌**: 이모의 아들이나 딸과의 친족 관계. 또는 그런 관계에 있는 사람.

✦ **촌**: 친척 사이의 멀고 가까움을 나타내는 단위.

✦ **지구 온난화**: 지구의 기온이 높아지는 현상.

정답 확인
33쪽

□에 들어갈 알맞은 낱말을 글에서 찾아 쓰세요.

1 이 ㄱㄱ를 다 읽더라도 당신은 비닐봉지를 사용하고, 샴푸를 마음껏 쓸 것이다.

2 당신이 이 광고를 ㅆㅁ없는 광고라고 생각할 줄 알지만 당신이 아닌 단 한 사람을 위해 광고한다.

3 이 광고를 본 다른 한 사람의 실천으로 지구 ㅇㄴㅎ가 조금 멈추었기 때문에 비싼 이 광고가 아깝지 않다.

4 당신의 ㅈㄱ에 다른 사람의 실천을 바친다.

---

1 중심 내용

이 광고를 만든 까닭은 무엇인가요? (   )

① 몸을 바르게 씻는 방법을 알리기 위해서

② 정부가 세금으로 무슨 일을 하는지 알리기 위해서

③ 지구 온난화를 멈추기 위한 행동을 실천해 달라고 말하기 위해서

④ 가족과 친척들 간에 화목하게 지내야 한다는 것을 말하기 위해서

⑤ 지구의 환경 오염이 우리의 건강에 미치는 영향을 알리기 위해서

2 내용 이해

이 광고에서 '당신'이 하는 행동은 무엇인지 빈칸에 알맞은 말을 쓰세요.

> 환경을 오염시키는 (   )과/와 (   )을/를 마음껏 사용하는 행동

3 내용 이해

이 광고에 등장하는 '당신'의 생각으로 알맞은 것을 모두 찾아 ○표 하세요.

(1) 이 쓸모없는 광고는 왜 하는 거야?　　　　　(　　　)

(2) 이 광고는 내가 낸 세금으로 하는 거겠지?　　(　　　)

(3) 내 아이를 위해 지구의 환경을 보호해야겠어.　(　　　)

4 어법

밑줄 친 낱말이 바르게 쓰이지 <u>않은</u> 것은 무엇인가요?

(   )

① 불을 <u>끄다</u>.　　　　② 눈에 <u>보이다</u>.

③ 울음을 <u>멈추다</u>.　　④ 가스를 <u>잠구다</u>.

⑤ 선물을 <u>바치다</u>.

5 추론

㉠의 뜻으로 가장 알맞은 것을 찾아 기호를 쓰세요.

> ㉮ 당신이 살고 있지만 당신만의 지구가 아닌 우리 모두의 지구입니다.
>
> ㉯ 당신이 살고 있는 지구를 보호하기 위해서는 당신도 실천해야 합니다.
>
> ㉰ 당신이 실천하지 않아도 결국 다른 사람들이 모두 나서서 도와줄 것입니다.

(   )

6 적용

이 광고의 내용을 바르게 이해하여 말한 친구의 이름을 쓰세요.

> 우현: 지구 온난화를 멈추기 위한 행동을 실천하는 사람들의 노력을 너무 하찮게
> 평가하고 있어.
>
> 지수: 읽는 이에게 바라는 바를 반대로 표현해 환경 보호를 실천해야 한다는 것을
> 강조하고 있어.
>
> 재아: 지구 온난화를 멈추어야 하는 까닭을 구체적으로 설명하였지만, 지구 온난화
> 를 멈출 수 있는 방법을 알려 주지 않았어.

(   )

7 글의 구조

빈칸에 알맞은 말을 써서, 이 글의 짜임을 정리해 보세요.

이 광고를 본 '당신'
- 환경을 오염시키는 행동을 함.
- 환경 보호 ❶(   )를 보고 쓸모없다고 생각함.

이 광고를 하는 까닭
- 단 한 사람이라도 지구의 ❷(   )을 보호하기 위해 실천하게 하려고
- 지구 ❸(   )를 조금 멈추게 하려고

지구 온난화를 멈추기 위한 행동을 ❹(   )하자.

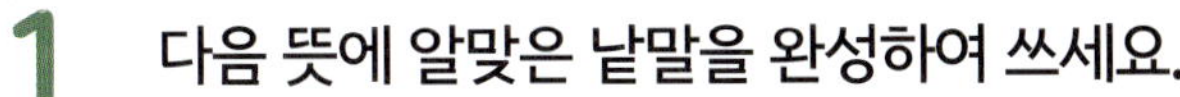

1 다음 뜻에 알맞은 낱말을 완성하여 쓰세요.

(1) 이모의 아들이나 딸과의 친족 관계. → ㅇ ㅈ ㅅ ㅊ

(2) 어떠한 정보를 사람들에게 널리 알리는 활동. → ㄱ ㄱ

(3) 국가 또는 지방 공공 단체가 필요한 경비로 사용하기 위하여 국민이나 주민으로부

터 강제로 거두어들이는 돈. → ㅅ ㄱ

2 다음 낱말이 들어갈 문장을 찾아 선으로 이으세요.

(1) 마음껏 •

(2) 온난화 •

(3) 쓸모없는 •

• ㉮ (   ) 물건이지만 버리기 아깝다.

• ㉯ 오랜만에 요리 솜씨를 (   ) 선보였다.

• ㉰ 지구 (   ) 때문에 북극의 얼음이 점점 녹고 있다.

확장

3 다음 낱말의 뜻을 보고, 문장에 어울리는 뜻을 찾아 번호를 쓰세요.

촌
① 도시에서 떨어져 있는 지역.
② 친척 사이의 멀고 가까움을 나타내는 단위.

(1) 주말이 되면 가족과 함께 공기가 맑은 <u>촌</u>으로 놀러 간다. (   )

(2) 형은 나와 십 <u>촌</u>은 넘는 친척이지만 그 누구보다 가까웠다. (   )

오늘
나의 실력은?   

부모님의
응원 한마디

☑ 설명문
☐ 논설문
☐ 실용문
☐ 시
☐ 동화
☐ 극본

1 고누는 옛날에 어린이부터 어른까지 즐기던 놀이의 하나입니다. 고누는 두 편으로 나누어 하는데, 고누를 할 때에는 말을 두는 판인 말밭이 필요합니다. 고누는 땅이나 종이 위에 말밭을 그려 놓고 그 위에서 말을 움직여 말을 많이 따거나 말 길을 막으면서 ✦승부를 ✦겨루는 놀이입니다.

2 고누를 언제부터 시작하였는지는 정확하게 알 수 없습니다. 하지만 고누는 아주 오래전부터 전해 내려오는 놀이입니다. '고누'라는 이름은 '겨루다'를 뜻하는 옛말 '고노다'에서 유래된 것으로, 두 사람이 말밭을 두고 서로 겨루는 데에서 비롯되었습니다. ✦지방에 따라 고누를 '고니', '꼬니', '곤질이', '고노'라고 부르기도 했습니다.

3 고누는 말밭의 모양에 따라 '우물고누', '호박고누', '줄고누' 등으로 달리 부릅니다. 종류에 따라 가지고 노는 말의 개수나 놀이

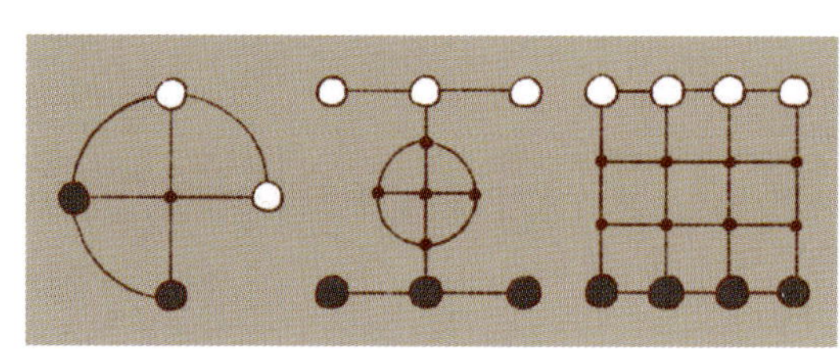

의 방법이 다르며, 말밭의 모양이 같아도 지방마다 놀이 방법이 조금씩 다릅니다.

4 하지만 고누에서 이기는 방법은 지방 구분 없이 같습니다. 말밭 위에서 상대편의 말을 움직이지 못하게 가두거나, 상대편의 집을 먼저 차지하거나, 상대편의 말을 다 따내면 이깁니다.

5 고누는 배우기 쉽고 특별한 도구 없이도 즐길 수 있으며, 말밭의 모양도 다양하여 누구나 재미있게 할 수 있는 놀이입니다. 특히 어린이들에게 쉽고 재미있게 ✦장기와 ✦바둑의 기초를 ㉠익히게도 합니다. 여러 가지 말밭으로 놀이를 즐기기도 하고, 스스로 새로운 말밭을 ✦고안해 보는 것도 흥미로울 것입니다.

낱말 풀이

✦ **승부**: 이김과 짐.

✦ **겨루는**: 누가 더 힘이 센지, 누가 더 뛰어난지 드러나도록 싸우는.

✦ **지방**: 행정 구획이나 어떤 특징 등에 의해 나누어지는 지역.

✦ **장기**: 붉은색과 푸른색 글자가 쓰인 두 종류의 말을 판 위에 놓고, 서로 번갈아 가며 공격과 수비를 하여 승부를 가리는 놀이.

✦ **바둑**: 가로와 세로로 줄이 그어진 네모난 판에 두 사람이 각각 흰 돌과 검은 돌을 번갈아 놓으며 승부를 겨루는 놀이.

✦ **고안해**: 연구를 하여 새로운 물건이나 방법, 계획 등을 생각해 내.

□에 들어갈 알맞은 낱말을 글에서 찾아 쓰세요.

1 고누는 두 편으로 나누어 말밭 위에서 말을 움직여 승부를 겨루는 ㄴㅇ이다.

 ___________

2 고누는 ㅈㅂ에 따라 '고니', '꼬니', '곤질이', '고노'라고 부르기도 했다.

✎ ___________

3 고누는 ㅁㅂ의 모양에 따라 '우물고누', '호박고누', '줄고누' 등으로 달리 부른다.

✎ ___________

4 고누에서 ㅇㄱㄴ 방법은 지방 구분 없이 같다.

 ___________

5 고누는 누구나 재미있게 할 수 있고, ㅈㄱ와 바둑의 기초를 익히게 하는 놀이이다.

 ___________

---

1 〔핵심어〕 이 글의 중심 낱말은 무엇인가요? (   )

① 말밭   ② 승부   ③ 지방
④ 고누   ⑤ 바둑

2 〔내용 이해〕 말밭의 모양에 따라 고누를 달리 부르는 말로 알맞은 것을 모두 고르세요. (,   ,   )

① 꼬니   ② 줄고누   ③ 우물고누
④ 호박고누   ⑤ 수박고누

3 〔내용 이해〕 고누에 대한 설명으로 알맞지 <u>않은</u> 것은 무엇인가요?

(   )

① 새로운 말밭을 많이 만들면 쉽고 빠르게 이길 수 있다.
② 말밭의 모양이 같아도 지방마다 놀이 방법이 조금씩 다르다.
③ 말밭 위에서 상대편의 말을 움직이지 못하게 가두면 이긴다.
④ 상대편의 집을 먼저 차지하거나, 상대편의 말을 다 따내면 이긴다.
⑤ 두 편으로 나누어, 말밭을 그리고 말을 움직여서 승부를 겨룬다.

4 〔어휘〕 ㉠과 바꾸어 쓰기에 알맞은 낱말을 두 가지 고르세요.

(,   )

① 얻게도   ② 배우게도   ③ 구별하게도
④ 공부하게도   ⑤ 바로잡게도

5 이 글을 읽고 알 수 있는 내용으로 알맞지 <u>않은</u> 것은 무엇인가요? (   )

추론

① 고누의 장점
② 고누를 하는 방법
③ 고누에서 이기는 방법
④ 지방마다 다른 고누의 이름
⑤ 고누를 처음으로 시작한 사람

6 **1** ~ **5** 중 다음 자료를 추가하기에 알맞은 문단의 번호를 쓰세요.

적용

> 우물고누는 말밭에 우물을 정하고 각각 말 두 개씩을 가지고 둔다. 양편의 말은 우물을 건너지 못한다. 처음 시작할 때에는 ㄴ, ㄷ의 말부터 움직인다. 번갈아 두다가 먼저 말 길을 막아 상대편을 움직이지 못하게 하면 이긴다.

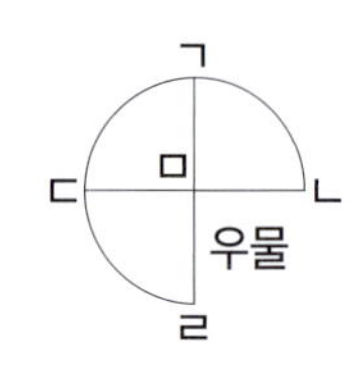

(   )

7 빈칸에 알맞은 말을 써서, 이 글의 짜임을 정리해 보세요.

글의
구조

고누 ─ 뜻 ─ **❶**(   ) 위에서 말을 움직여 말을 많이 따거나 말 길을 막으면서 승부를 겨루는 놀이

이름 ─ **❷**(   )에 따라 다르게 부름.
・ 말밭의 **❸**(   )에 따라 다르게 부름.

놀이 방법 ─ 지방에 따라 조금씩 다르지만 이기는 방법은 같음.

⬇

고누는 누구나 재미있게 할 수 있는 놀이이다.

탄탄 어휘 마무리

1 다음 낱말의 뜻을 보기에서 찾아 기호를 쓰세요.

보기
- ㉮ 사물이나 공간, 지위 등을 자기 몫으로 가지다.
- ㉯ 누가 더 힘이 센지, 누가 더 뛰어난지 드러나도록 싸우다.
- ㉰ 내기, 경기 등에서 이겨 돈이나 점수, 상품 등을 얻어 내다.
- ㉱ 연구를 하여 새로운 물건이나 방법, 계획 등을 생각해 내다.

(1) 따내다: (　　　　　　)　　(2) 겨루다: (　　　　　　)

(3) 차지하다: (　　　　　　)　　(4) 고안하다: (　　　　　　)

2 다음 초성과 뜻을 참고하여 빈칸에 알맞은 낱말을 쓰세요.

(1) ㅅㅂ: 이김과 짐.

예 어제의 결승 경기를 통해 (　　　　　　)이/가 결정되었다.

(2) ㄱㅂ: 어떤 기준에 따라 전체를 몇 개의 부분으로 나눔.

예 수학 문제가 난이도에 따라 (　　　　　　)이/가 되어 있다.

(3) ㅈㅂ: 행정 구획이나 어떤 특징 등에 의해 나누어지는 지역.

예 김치를 만드는 재료와 방법은 (　　　　　　)에 따라 다르다.

확장

3 다음 낱말의 뜻을 보고, 문장에 어울리는 낱말을 찾아 ○표 하세요.

같다	서로 다르지 않다.
갖다	발휘할 수 있는 능력을 지니다.

(1) 나는 남동생과 키가 (같다, 갖다).

(2) 작년에 이어 올해도 승민이와 (같은, 갖는) 반이 되었다.

(3) 영지는 노래, 그림, 운동 등에서 다양한 재능을 (같고, 갖고) 있는 팔방미인이다.

오늘 나의 실력은?

부모님의 응원 한마디

□ 설명문
□ 논설문
□ 실용문
□ 시
☑ 동화
□ 극본

1 옛날 어느 마을에 무서운 병이 돌았대. 무슨 병인데 그렇게 무섭냐고? 응, 그런 병이 있어. 눈알은 빨갛게 달아오르는데 가슴은 얼음덩이처럼 꽁꽁 얼어붙는 병. 그래서 서로 쳐다보기도 싫어하고 이야기도 안 나누고 누가 곁에 오기만 해도 싫어서 ✛몸서리가 나는 병인데, 이 ✛돌림병이 온 마을을 ✛덮친 거야.

　이렇게 되자 마을에서 가장 나이가 많아서 마을 어르신 ✛노릇을 하고 있는 할아버지는 걱정이 ✛태산 같아. 별수 없이 할아버지는 길을 떠나시기로 했어. 사람들 마음을 녹일 수 있는 약을 찾아 나서신 거지.

2 새벽에 일어나 문밖을 나서는데, ✛노새 한 마리와 반딧불이 하나가 따라 나서. 노새는 수레로 돌을 나르다 크게 다쳐 다리를 몹시 ✛절름거리는 늙은 노새야. 반딧불이는 ✛꽁무니에 매단 불이 희미하다고 동무들에게 놀림감이 되어 외톨이가 된 애이고.

3 할아버지 ✛일행은 시냇물을 따라 위로 위로 올라갔어. 점점 더 깊은 산속으로 들어간 거지. (중략) 갑자기 앞이 환해졌어. 숲 사이로 숲에 둘러싸인 ✛빈터가 보이고, 시냇가에서 ✛댓잎으로 배를 만들어 물에 ㉠띄우고 있는 애가 있어.

4 그런데 어, 할아버지가 노새에서 내리자마자 그 애가 두 팔을 벌리고 달려오더니 늙은 노새의 절름거리는 다리를 꼭 붙들어 안고 "앙." 하고 울음을 터뜨리는 거야. 그러면서 조그맣게 부르짖어.

　"불쌍해, 불쌍해."

　그랬더니 놀라운 일이 일어났어. 노새는 그 자리에 주저앉고 싶을 만큼 기운이 빠져 있었는데, 그 애 눈물이 다리를 적시자마자 다시 기운이 솟아나는 거야. 그리고 절름거리던 다리도 멀쩡해졌어.

　다음에는 반딧불이를 손바닥에 놓고 또 울음을 터뜨려.

　"불쌍해, 불쌍해. 얼마나 외로웠니? 지금도 동무들이 보고 싶지?"

　눈물이 반딧불이 몸에 떨어지자　　　㉡

낱말 풀이

✛ **몸서리**: 몹시 싫거나 무서워서 온몸이 떨리는 일.

✛ **돌림병**: 다른 사람에게 전염되어 여러 사람이 돌아가며 걸리는 병.

✛ **덮친**: 갑자기 닥쳐온.

✛ **노릇**: 맡은 바 구실.

✛ **태산**: 높고 큰 산. 크고 많음을 비유적으로 이르는 말.

✛ **노새**: 암말과 수나귀 사이에서 난 잡종으로, 말보다 약간 작고 나귀와 비슷하게 생긴 동물.

✛ **절름거리는**: 한쪽 다리가 짧거나 다치거나 하여 걸을 때 몸이 한쪽으로 자꾸 기우뚱하는.

✛ **꽁무니**: 동물의 척추를 이루는 뼈의 끝이 되는 부분이나 곤충의 배 끝부분.

✛ **일행**: 함께 길을 가는 무리.

✛ **빈터**: 집이나 밭 따위가 없는 비어 있는 땅.

✛ **댓잎**: 대나무의 잎.

쏙쏙! 내용 정리

[ ]에 들어갈 알맞은 낱말을 글에서 찾아 쓰세요.

1 마을에 무서운 [ㄷ][ㄹ][ㅂ]이 돌아서 할아버지는 사람들의 마음을 녹이는 약을 찾으러 길을 떠났다.

____

2 노새와 [ㅂ][ㄷ][ㅂ][ㅇ]도 할아버지와 함께 길을 나섰다.

____

3 할아버지 일행은 시냇물을 따라 위로 올라가다가 댓잎 배를 띄우고 있는 [ㅇ][ㅇ]를 만나게 된다.

____

4 할아버지 일행이 만난 아이의 [ㄴ][ㅁ]이 노새의 다리를 적시자 노새의 기운이 솟아나고 절름거리던 다리가 멀쩡해졌다.

____

1 갈래

할아버지가 길을 떠날 때 할아버지를 따라나선 것 두 가지를 찾아 쓰세요.

(   )

2 내용 이해

할아버지가 길을 떠난 이유는 무엇인가요? (   )

① 반딧불이에게 세상 구경을 시켜 주기 위해서
② 노새의 다리를 낫게 하는 약초를 찾기 위해서
③ 마을에 추위가 너무 심해 땔감을 구하기 위해서
④ 사람들의 꽁꽁 언 몸을 녹이는 약을 찾기 위해서
⑤ 사람들의 마음을 녹일 수 있는 약을 찾기 위해서

3 내용 이해

아이가 흘린 눈물로 일어난 변화는 무엇인가요? (   )

① 어두웠던 숲속이 갑자기 환해졌다.
② 댓잎으로 만든 배가 진짜 배로 변했다.
③ 노새의 절름거리던 다리가 멀쩡해졌다.
④ 더러워진 시냇물이 깨끗하게 바뀌었다.
⑤ 하늘에서 꽃잎 사이로 반딧불이가 내려왔다.

4 어휘

밑줄 친 말이 ㉠의 '띄우다'와 같은 뜻으로 쓰인 것은 무엇인가요? (   )

① 전학 간 친구에게 편지를 띄웠다.
② 푸른 강물 위에 조각배를 띄웠다.
③ 꽃을 심을 때는 간격을 띄워서 심어야 한다.
④ 나는 책상과 의자 사이를 더 넓게 띄워 놓았다.
⑤ 운동을 할 때는 적당한 시간 간격을 띄워야 한다.

5 적용
이 글에 나오는 아이와 성격이 가장 비슷한 사람은 누구인가요? (　　　　　)

① 어려운 환경에서도 열심히 일해서 성공한 사업가

② 매일 꾸준하고 부지런하게 훈련을 하는 운동선수

③ 학생들이 모르는 것을 친절하게 설명해 주는 선생님

④ 아픈 것을 참고 견디며 공부해서 시험에 합격한 삼촌

⑤ 아프고 가엾은 사람들을 안타깝게 생각하고 챙겨 주는 할머니

6 추론
ⓛ에 들어갈 이어질 내용을 가장 알맞게 말한 친구를 찾아 ○표 하세요.

(1) (　　　　)　　　　(2) (　　　　)　　　　(3) (　　　　)

7 글의 구조
빈칸에 알맞은 말을 써서, 이 글의 짜임을 정리해 보세요.

마을에 돌림병이 돌아 할아버지가 사람의 ❶(　　　　　　)을 녹이는 약을 구하러 떠남.

↓

다리를 절름거리는 노새와 꽁무니 ❷(　　　　　　)이 희미한 반딧불이가 할아버지를 따라나섬.

↓

할아버지 일행이 시냇가에서 한 아이(울보 바보)를 만남.

↓

울보 바보가 노새가 불쌍하다며 눈물을 흘리자 노새의 ❸(　　　　　　)가 낫게 됨.

모든 것을 불쌍히 여기는 울보 바보의 ❹(　　　　　)이
노새의 다리를 낫게 해 주었다.

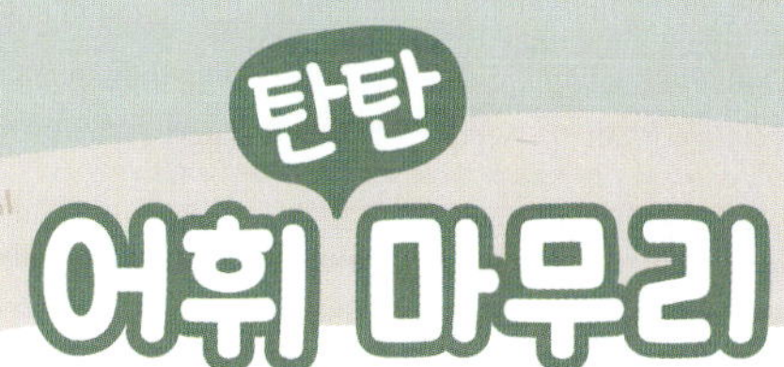

1 다음 뜻을 가진 낱말을 찾아 선으로 이으세요.

(1) 몹시 싫거나 무서워서 온몸이 떨리는 일. • • ㉮ 몸서리

(2) 주위에 친구나 가족이 없이 혼자인 사람. • • ㉯ 돌림병

(3) 다른 사람에게 전염되어 여러 사람이 돌아가며 걸리는 병. • • ㉰ 외톨이

(4) 동물의 척추를 이루는 뼈의 끝이 되는 부분이나 곤충의 배 끝부분. • • ㉱ 꽁무니

2 다음 문장의 빈칸에 들어갈 알맞은 낱말을 보기에서 찾아 쓰세요.

> **보기**
> 노릇, 일행, 빈터

(1) 산을 함께 오르던 ( )은/는 산장에서 하룻밤을 묵기로 했다.

(2) 은아는 네 살 언니 ( )을/를 톡톡히 하며 어린 동생을 돌보았다.

(3) 그곳은 한때 놀이터가 있던 곳이지만 지금은 아무것도 없는 ( ) 이다.

확장

3 다음 밑줄 친 낱말과 비슷한 뜻을 가진 낱말을 찾아 ○표 하세요.

> 이렇게 되자 마을에서 가장 나이가 많아서 마을 어르신 노릇을 하고 있는 할아버지는 걱정이 <u>태산</u> 같아. 별수 없이 할아버지는 길을 떠나시기로 했어.

(산더미, 티끌, 먼지)

오늘 나의 실력은?    부모님의 응원 한마디

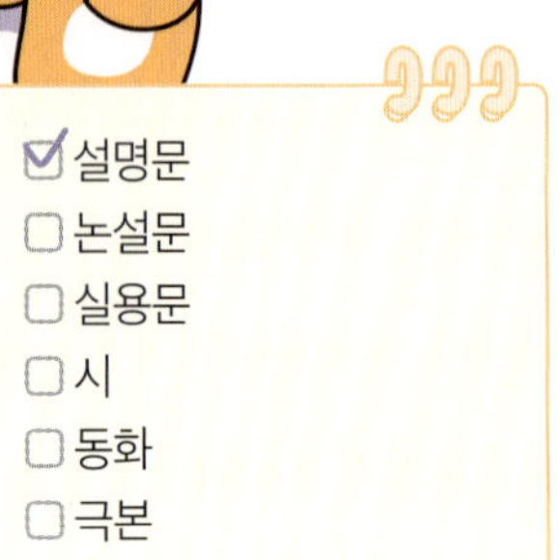

낱말 풀이

✦ **철새**: 계절을 따라 이리저리 옮겨 다니며 사는 새.

✦ **차례**: 일이 일어나는 횟수를 세는 단위.

✦ **산줄기**: 큰 산에서 갈라져 길게 뻗은 산의 줄기.

✦ **해마다**: 그해 그해.

✦ **치기**: 동물이 새끼를 낳거나 까기.

✦ **나침반**: 동, 서, 남, 북 방향을 알려 주는 기구.

✦ **자기력**: 자석이나 전류끼리, 또는 자석과 전류가 서로 끌어당기거나 밀어 냄으로써 서로에게 미치는 힘.

✦ **길잡이**: 나아갈 방향을 가리켜 주거나 목적을 이룰 수 있도록 이끌어 주는 것.

✦ **연구해**: 어떤 사물이나 일에 관련된 사실을 밝히기 위해 그에 대해 자세히 조사하고 분석해.

✦ **현상**: 인간이 알아서 깨달을 수 있는, 사물의 모양이나 상태.

1 　우리는 주위에서 많은 새를 봅니다. 새 중에는 참새나 까치와 같이 늘 한 고장에 머물러 사는 텃새가 있고, 제비나 기러기와 같이 계절에 따라 사는 곳을 옮기는 ✦철새가 있습니다.

　철새 중에는 여름새와 겨울새가 있습니다. 제비와 같이 여름을 우리나라에서 나는 새를 여름새라고 하고, 기러기와 같이 겨울을 우리나라에서 나는 새를 겨울새라고 합니다.

2 　철새는 한 해에 두 ✦차례씩 사는 곳을 옮깁니다. 철새는 산을 넘고 바다를 건너 아주 먼 여행을 합니다. 어떤 새는 북극에서 오스트레일리아 앞바다까지 2만여 킬로미터나 여행을 합니다.

　철새는 이동할 때 보통 ✦산줄기나 바닷가를 따라 날아갑니다. 그러나 철새 중에는 제비처럼 넓은 바다를 밤낮없이 날아서 건너는 새도 있습니다.

3 　철새가 이렇게 머나먼 여행을 ✦해마다 두 번씩 하는 까닭은 무엇일까요? 그것은 더위나 추위를 피하여 먹이를 구하고 새끼도 ✦치기 위해서입니다. 예를 들면, 기러기와 같이 북쪽에 사는 철새는 그곳의 겨울 추위가 너무 심하여 견디기가 어렵고 먹이도 구하기 어려우므로 덜 추운 곳을 찾아 이동합니다.

4 　그런데 철새가 이동하여 찾아가는 곳은 해마다 거의 같다고 합니다. 또, 이동할 때의 길도 해마다 같다고 합니다. 지도나 ✦나침반도 없이 해마다 같은 길로 같은 곳을 찾아갈 수 있다니 놀라운 일입니다. 더구나 어른 새뿐만 아니라 어린 새도 마찬가지라고 하니 참 신기합니다.

5 　철새가 어떻게 이런 여행을 할 수 있는지에 대해서는 여러 가지 주장이 있습니다. 어떤 사람들은 철새가 지구의 ✦자기력을 따라 이동한다고 합니다. 또, 어떤 사람들은 태양의 위치가 철새의 ✦길잡이가 된다고 말합니다. 그러나 이런 이야기가 모두 확실한 것은 아닙니다.

6 　지금까지 우리는 철새의 특징을 몇 가지 알아보았습니다. 철새를 더 ✦연구해 보면 신기한 사실을 더 많이 알아낼 수 있을 것입니다. 철새뿐만 아니라 자연의 여러 ✦현상을 자세히 살펴보면 우리는 놀라운 사실을 많이 발견할 수 있습니다.

□에 들어갈 알맞은 낱말을 글에서 찾아 쓰세요.

1 새 중에는 텃새와 ㅊㅅ가 있는데, 철새 중에는 여름새와 겨울새가 있다.

2 철새는 한 해에 두 차례씩 사는 곳을 옮기고, 보통 산줄기나 ㅂㄷㄱ를 따라 날아간다.

3 철새는 더위나 ㅊㅇ를 피하여 먹이를 구하고 새끼도 치기 위해 해마다 두 번씩 여행을 한다.

4 철새가 이동하여 찾아가는 곳은 해마다 거의 같고, 이동할 때의 길도 해마다 ㄱㄷ.

5 철새의 ㅇㄷ에 관한 여러 가지 주장이 있다.

6 철새뿐만 아니라 ㅈㅇ의 여러 현상을 자세히 살펴보면 놀라운 사실을 많이 발견할 수 있다.

---

1 글쓴이가 이 글을 쓴 목적은 무엇인가요? (   )

중심 내용

① 철새의 서식지 환경을 연구하려고
② 철새가 이동하는 현상에 대해 설명하려고
③ 철새를 보호해야 하는 이유를 홍보하려고
④ 철새와 텃새의 생김새를 비교하여 소개하려고
⑤ 텃새가 한 고장에 머물러 사는 까닭을 밝히려고

2 철새가 이동하는 까닭은 무엇인지 빈칸에 알맞은 내용을 이어 쓰세요.

내용 이해

> 더위나 추위를 피하여 먹이를 구하고 ＿＿＿＿＿＿＿
> ＿＿＿＿＿＿＿＿이다.

3 이 글의 내용으로 알맞지 <u>않은</u> 것은 무엇인가요? (   )

내용 이해

① 철새는 해마다 두 번씩 이동을 한다.
② 철새 중에는 여름새와 겨울새가 있다.
③ 철새가 이동할 때의 길은 해마다 같다.
④ 철새의 여행에 대한 여러 가지 주장이 있다.
⑤ 철새가 이동하여 찾아가는 곳은 매년 달라진다.

4 다음 중 '언제나 늘.'이라는 뜻을 가진 낱말은 무엇인가요?

어휘

(   )

① 간혹　　　　　② 해마다
③ 이따금　　　　④ 마찬가지
⑤ 밤낮없이

5 적용

민재와 같은 방법으로 글을 읽은 친구를 보기 에서 모두 찾아 이름을 쓰세요.

나는 이 글에 철새의 특징이 설명되어 있다는 것을 알았어. 그래서 중요한 부분에 밑줄을 그어 가며 꼼꼼히 글을 읽었어.

민재

보기

준서: 시험 공부를 하기 위해서 교과서를 자세히 읽었어.

영지: 음식점의 광고지에 먹을 만한 음식이 있는지 훑어봤어.

연아: 휴대 전화 사용 설명서의 내용 중 필요한 부분만 읽었어.

소희: 발표할 내용을 만들려고 필요한 자료를 찾아 자세히 살펴 읽었어.

(   )

6 추론

다음 문장을 추가하기에 알맞은 문단의 번호를 쓰세요.

바람의 방향을 이용하여 철새가 이동한다고 말하는 사람들도 있습니다.

(   )

7 글의 구조

빈칸에 알맞은 말을 써서, 이 글의 짜임을 정리해 보세요.

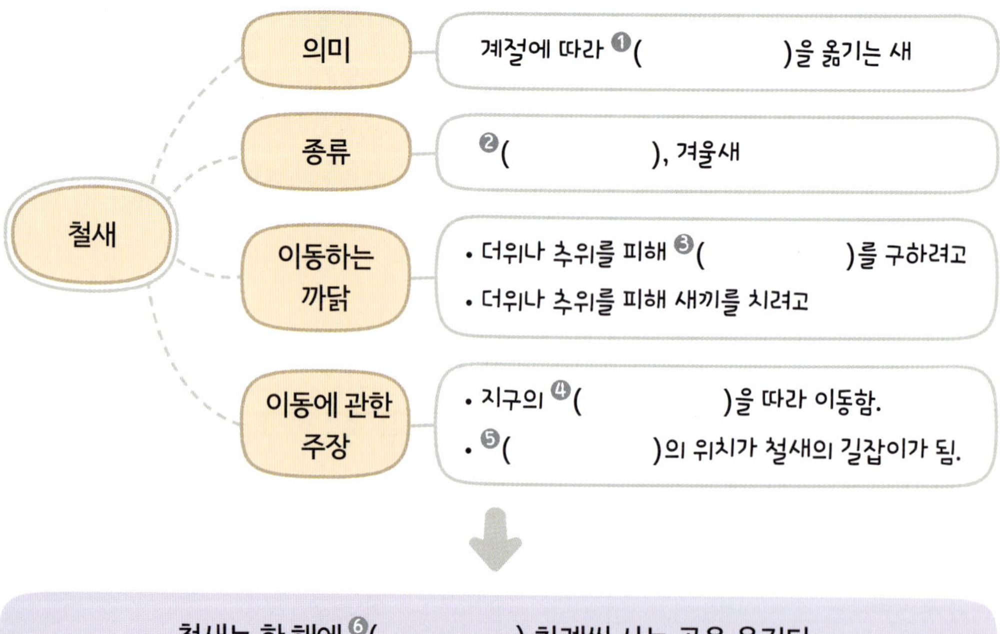

1 다음 뜻을 지닌 낱말을 보기 에서 찾아 빈칸에 쓰세요.

> 보기
>
> 차례, 산줄기, 해마다, 길잡이

(1) 그해 그해. ( )

(2) 일이 일어나는 횟수를 세는 단위. ( )

(3) 큰 산에서 갈라져 길게 뻗은 산의 줄기. ( )

(4) 나아갈 방향을 가리켜 주거나 목적을 이룰 수 있도록 이끌어 주는 것.

( )

2 다음 문장의 빈칸에 들어갈 알맞은 낱말을 찾아 선으로 이으세요.

(1) 많은 인구가 도시로 ( ). · · ㉮ 이동하다

(2) 경찰에 제출한 증거는 ( ). · · ㉯ 연구하다

(3) 우리나라의 전통문화를 ( ). · · ㉰ 확실하다

확장

3 다음 밑줄 친 낱말과 뜻이 통하는 낱말을 보기 에서 찾아 쓰세요.

> 보기
>
> 치다, 견디다, 심하다, 찾아가다

(1) 우리 집 돼지가 새끼를 열 마리나 낳았다. ( )

(2) 승규는 한 달 동안 밀가루를 먹지 않고 버텼다. ( )

(3) 할머니가 보고 싶어 무작정 할머니 댁에 방문했다. ( )

(4) 동생은 열이 잡히지 않는 대단한 감기로 앓아누웠다. ( )

오늘
나의 실력은?   

부모님의
응원 한마디

- ☐ 설명문
- ☐ 논설문
- ☐ 실용문
- ☐ 시
- ☐ 동화
- ☑ 극본

낱말 풀이

✦ **몸져눕자**: 병이나 고통이 심하여 몸을 가누지 못하고 누워 있자.

✦ **병환**: '병'의 높임말.

✦ **끼니**: 매일 일정한 시간에 먹는 밥. 또는 그렇게 먹는 일.

✦ **목탁**: 절에서 쓰는, 나무를 둥글게 깎고 속을 파서 작은 막대로 두드리면 소리가 나도록 만든 물건.

✦ **도술**: 도를 닦아 얻게 된 능력으로 부리는 기이한 기술.

✦ **가리지**: 여럿 가운데서 구별하여 고르지.

✦ **원님**: 고을을 맡아 다스리던 지방의 관리.

✦ **신세**: 불행한 일과 관련된 한 사람의 사정이나 형편.

✦ **첩**: 약봉지에 싼 약의 뭉치를 세는 단위.

✦ **싸지**: 저지른 일 따위에 비추어 받는 벌이 마땅하거나 오히려 적지.

✦ **처자식**: 아내와 자식.

✦ **시주**: 불교에서, 남을 돕는 마음으로 조건 없이 절이나 스님에게 돈이나 밥 등을 주는 일.

1 옹고집의 늙은 어머니가 ✦몸져눕자 옹고집은 불도 때지 않은 차디찬 방에 어머니를 홀로 내버려 두었다.

옹고집의 아내: (㉠) 어머님이 편찮으신데 약이라도 지어 드려요.

옹고집: (㉡) 약 지을 돈이 어디 있소? 해마다 이맘때면 치르는 몸살이니 저절로 낫겠지.

아내: 어머님의 이번 ✦병환은 아무래도 몸살이 아닌 것 같아요. 닭이라도 한 마리 삶아 드리는 게…….

옹고집: 쓸데없는 소릴……. 닭 한 마리에 나을 병이라면 그냥 낫지 않겠어!

어머니: (㉢) 어찌 이럴 수 있단 말인가? 약은 못 지어 주더라도 ✦끼니는 제대로 줘야지. 겨우 두 끼에 그나마도 한 끼는 죽으로 때우라니 너무 심하구나.

2 이때 바깥에서 "딱 딱 따그르르." 하고 ✦목탁 소리가 들려왔다.

㉮

[중간 이야기] 절로 돌아온 스님은 옹고집을 벌주기 위해 ✦도술로 옹고집과 똑같이 생긴 가짜 옹고집을 만들었다. 똑같이 생긴 옹고집이 두 명이 되자 집안 사람들은 누가 진짜 옹고집인지 ✦가리지 못했다. 그래서 둘은 ✦원님을 찾아가 진짜 옹고집을 가리기로 하였다. 그런데 가짜 옹고집이 집안 사정을 술술 더 잘 말하는 바람에 진짜 옹고집은 집에서 쫓겨나 거지✦신세가 되고 말았다.

3 옹고집: (㉣) 내가 너무했어. 병들어 누워 계신 어머니께 약 한✦첩은커녕 닭 한 마리 삶아 드리지 않았으니 벌을 받아도✦싸지.

흰 수염을 가진 노인: 뉘우쳐도 이미 늦었네.

옹고집: 하늘이 내리신 벌이구나. (㉤) 다만 늙으신 어머니, 불쌍한 ✦처자식, 한 번만 보게 해 주십시오.

흰 수염을 가진 노인: 눈을 씻고 나를 똑똑히 보아라.

옹고집: (화들짝 놀라며) 앗! 그때 그 ✦시주 받으러 왔던 스님이시군요.

흰 수염을 가진 노인: 죄를 뉘우쳐 착하게 살렷다! (종이 한 장을 내밀며) 이걸 가지고 집으로 돌아가시오.

스님은 종이 한 장을 옹고집에게 넘겨주고 감쪽같이 눈앞에서 사라졌다.

☐에 들어갈 알맞은 낱말을 글에서 찾아 쓰세요.

1 욕심 많고 심술궂은 ⌐ㅇㄱ⌐ ⌐ㅈ⌐은 병든 어머니에게 약도 끼니도 제대로 드리지 않았다.

✎ ______________________

2 ⌐ㅅㄴ⌐은 옹고집을 혼내 주기 위해 도술로 가짜 옹고집을 만들었고, 진짜 옹고집은 집에서 쫓겨나게 된다.

✎ ______________________

3 그동안의 잘못을 뉘우친 옹고집은 흰 수염을 가진 노인을 만나 ⌐ㅈㅇ⌐ 한 장을 받는다.

✎ ______________________

정답 확인 37쪽

1 갈래

이 글에 대한 다음 설명을 보고, 빈칸에 들어갈 알맞은 낱말을 쓰세요.

> 이 글은 ( )을/를 공연하기 위해 쓴 글로, ( )과/와 대사, 지문으로 이야기를 나타낸다.

2 내용 이해

이 글의 내용으로 알맞지 <u>않은</u> 것은 무엇인가요? ( )

① 옹고집은 병든 어머니를 제대로 돌보지 않았다.
② 스님은 옹고집을 벌주려고 가짜 옹고집을 만들었다.
③ 가짜 옹고집은 진짜 옹고집과 구별하기가 어려웠다.
④ 원님은 진짜 옹고집을 찾아 집으로 돌려보내 주었다.
⑤ 옹고집은 집에서 쫓겨난 뒤 잘못을 뉘우치게 되었다.

3 내용 이해

㉠~㉤에 들어갈 내용으로 알맞지 <u>않은</u> 것은 무엇인가요?

( )

① ㉠: 걱정스러운 얼굴로
② ㉡: 눈물을 글썽이며
③ ㉢: 눈물을 지으며
④ ㉣: 목 놓아 울며
⑤ ㉤: 애원하는 목소리로

4 어휘

보기의 밑줄 친 부분처럼 물건을 세는 단위가 알맞지 <u>않은</u> 것은 무엇인가요? ( )

> **보기**
> 약 한 <u>첩</u>

① 배 두 <u>척</u>　　② 밤 열 <u>톨</u>　　③ 포도 한 <u>송이</u>
④ 도끼 세 <u>자루</u>　　⑤ 이불 세 <u>켤레</u>

5

1의 내용으로 미루어 볼 때, 옹고집의 성격으로 알맞은 것은 무엇인가요?

(　　　　)

① 효심이 깊다.　　　　② 밝고 쾌활하다.
③ 인내심이 강하다.　　　④ 정직하고 부지런하다.
⑤ 욕심이 많고 이기적이다.

6

㉠에서 일어난 일로 가장 알맞은 것은 무엇인가요? (　　　　)

① 스님이 옹고집에게 도술을 가르쳐 주었다.
② 스님은 옹고집에게 쌀 한 가마니를 시주로 받았다.
③ 스님이 옹고집의 어머니가 앓던 병을 말끔히 낫게 해 주었다.
④ 스님은 옹고집의 집에서 시주를 받기는커녕 쫓겨나고 말았다.
⑤ 스님은 옹고집의 집에서 극진한 대접을 받으며 지내게 되었다.

7 

빈칸에 알맞은 말을 써서, 이 글의 짜임을 정리해 보세요.

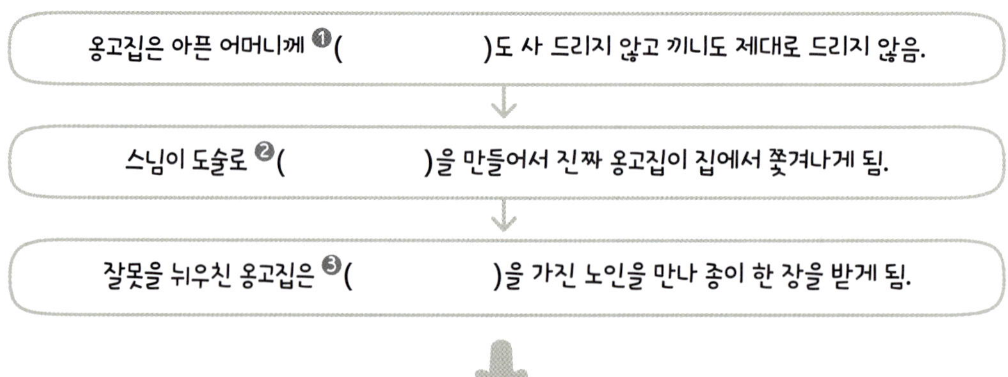

1 다음 낱말의 뜻으로 알맞은 것을 찾아 선으로 이으세요.

(1) 몸져눕다 •

(2) 신세 •

(3) 가리다 •

• ㉮ 여럿 가운데서 구별하여 고르다.

• ㉯ 불행한 일과 관련된 한 사람의 사정이나 형편.

• ㉰ 병이나 고통이 심하여 몸을 가누지 못하고 누워 있다.

2 다음 문장의 빈칸에 들어갈 알맞은 낱말을 보기에서 찾아 쓰세요.

보기
끼니, 시주, 목탁, 도술

(1) 흥부네는 (   )조차 잇지 못할 만큼 가난했다.
(2) 스님이 두드리는 청아한 (   ) 소리에 마음이 편안해졌다.
(3) 절에 쌀이 떨어져서 스님은 마을로 (   )을/를 받으러 가셨다.
(4) 홍길동은 (   )을/를 부려 여러 모습으로 변신을 할 수 있었다.

확장

3 다음 밑줄 친 낱말의 알맞은 뜻을 보기에서 찾아 번호를 쓰세요.

보기

싸다
① 물건을 안에 넣고 보이지 않게 씌워 가리거나 둘러 말다.
② 저지른 일 따위에 비추어서 받는 벌이 마땅하거나 오히려 적다.

(1) 큰 잘못을 했으니 혼이 나도 <u>싸다</u>. (   )
(2) 친구에게 줄 생일 선물을 예쁘게 <u>쌌다</u>. (   )

오늘 나의 실력은?   　　부모님의 응원 한마디 

□ 설명문
☑ 논설문
□ 실용문
□ 시
□ 동화
□ 극본

1 하루 세끼 가운데에서 가장 중요한 것이 아침밥입니다. 부모님께서는 건강을 위해 아침밥을 먹어야 한다고 말씀하십니다. 비록 한 끼일지라도 아침밥을 거르거나 대충 때우면 온종일 ✛열량이 부족하여 에너지를 내기 어렵습니다. 또, 아침밥을 먹지 않으면 필요한 ✛영양소가 채워지지 않아 건강을 잃게 될 수 있습니다. 그렇다면 아침밥을 먹어야 하는 까닭은 무엇일까요?

2 ㉠먼저, 아침밥을 먹으면 마음에 여유가 생깁니다. 밤새 자고 일어나 위가 비어 있을 때는 우리 몸의 ✛혈당치가 낮아져 있는데, 몸을 움직이기 시작하면 뇌와 근육이 ✛당을 ✛소모하기 때문에 이 혈당치는 더 낮아집니다. 그런데 아침을 먹지 않으면 혈당 부족으로 쉽게 피곤을 느낄 뿐만 아니라 마치 성난 사자처럼 성질이 급해지고 화도 잘 내게 됩니다. 이와 반대로 아침을 잘 챙겨 먹으면 적당한 혈당치를 ✛유지하여 하루를 활기차게 시작할 수 있고, 여유로운 마음을 가지게 됩니다. 그래서 아침밥을 먹은 사람은 그렇지 않은 사람보다 성질이 더 느긋한 편이라고 합니다.

3 ㉡다음으로, 아침밥은 ✛장수의 ✛필수 조건입니다. 날마다 아침밥을 ㉮거르면 밤새 만들어진 ✛위산 때문에 위가 불편해집니다. 이런 습관이 오래 지속되면 위에 염증이 생길 수 있습니다. 또, 밤새 써 버린 ✛수분이 제대로 보충되지 않고 몸에 저장해 두었던 영양소가 소모되어 피부가 건조해지고 ✛빈혈까지 생기는 등 건강이 나빠집니다.

4 ㉢마지막으로, 아침 식사를 하면 가족과 대화를 나눌 수 있는 시간이 늘어서 좋습니다. 온 가족이 한자리에 모여 아침밥을 먹으면서 나누는 대화로 가족 간의 정이 더욱 돈독해지고, 화목한 가정을 만들 수 있습니다. 행복한 가정은 아침 식사 자리에서 시작됩니다. 우리 모두 아침밥을 먹읍시다.

낱말 풀이

✛ **열량**: 온도를 높이거나 힘을 얻는 데 필요한 열의 양.

✛ **영양소**: 단백질, 탄수화물, 지방, 비타민 등 생물에게 영양이 되는 물질.

✛ **혈당치**: 혈액 1㎗ 속에 있는 포도당(단맛이 있는 과일에 든 것.)의 정도.

✛ **당**: 단맛이 있는 탄수화물.

✛ **소모하기**: 써서 없애기.

✛ **유지하여**: 어떤 상태나 상황을 그대로 보존하거나 변함없이 계속하여.

✛ **장수**: 오래도록 삶.

✛ **필수**: 꼭 있어야 하거나 하여야 함.

✛ **위산**: 위액 속에 들어 있는 산.

✛ **수분**: 물건이나 물질에 들어 있는 물.

✛ **빈혈**: 핏속에 산소를 운반하는 성분이 정상보다 줄어든 상태.

정답 확인 38쪽

□에 들어갈 알맞은 낱말을 글에서 찾아 쓰세요.

1 하루 세끼 가운데 가장 중요한 ㅇㅊㅂ을 먹어야 한다.

✏️ _______________

2 아침밥을 먹으면 ㅁㅇ에 여유가 생긴다.

✏️ _______________

3 아침밥은 ㅈㅅ의 필수 조건이다.

✏️ _______________

4 아침 식사를 하면 가족과 ㄷㅎ를 나눌 수 있는 시간이 늘어서 좋다.

✏️ _______________

---

1 핵심어

이 글의 내용이 잘 드러나는 제목은 무엇인가요? (   )

① 건강의 소중함   ② 가족 간의 대화

③ 올바른 식사 방법   ④ 아침밥의 중요성

⑤ 나라별 식사 예절

2 내용 이해

글쓴이의 주장은 무엇인가요? (   )

① 화를 내지 말자.

② 매일 아침 운동을 하자.

③ 매사에 여유롭게 행동하자.

④ 가족 간에 대화를 많이 나누자.

⑤ 아침밥을 거르지 말고 꼭 먹자.

3 내용 이해

이 글의 내용으로 알맞지 <u>않은</u> 것은 무엇인가요? (   )

① 밤새 자고 일어나면 위가 비어 있다.

② 아침밥을 먹지 않으면 피로를 느끼기 쉽다.

③ 아침밥을 많이 먹으면 위에 염증이 생길 수 있다.

④ 아침밥을 먹으면 가족 간의 대화 시간이 늘어난다.

⑤ 아침밥을 거르면 필요한 영양소가 채워지지 않는다.

4 어휘

㉮ '거르면'의 뜻으로 알맞은 것은 무엇인가요? (   )

① 무엇을 입에 넣어서 목구멍으로 넘기면.

② 어떤 곳에 담겨 있는 것을 퍼내거나 덜어 내면.

③ 어떤 대상이 맡던 구실을 다른 대상이 새로 맡으면.

④ 건더기가 있는 액체를 거름종이에 밭쳐 액체만 받아 내면.

⑤ 차례대로 나아가다가 중간에 어느 순서나 자리를 빼고 넘기면.

5

㉠~㉢의 내용을 보고 근거의 적절성을 바르게 판단한 친구를 찾아 ○표 하세요.

(1) (　　　)　　(2) (　　　)　　(3) (　　　)

6

다음은 이 글을 읽고 글의 짜임별로 보충할 내용을 쓴 것입니다. 알맞은 내용을 모두 찾아 기호를 쓰세요.

서론	㉮ "여러분은 아침밥을 먹습니까?"라고 질문하여 읽는 사람의 흥미를 끈다.
본론	㉯ 아침밥을 먹으면 건강에 좋다는 연구 결과를 인용한다.
결론	㉰ 아침밥을 먹었을 때의 부작용을 조사하여 추가한다.

(　　　　　　　)

7

빈칸에 알맞은 말을 써서, 이 글의 짜임을 정리해 보세요.

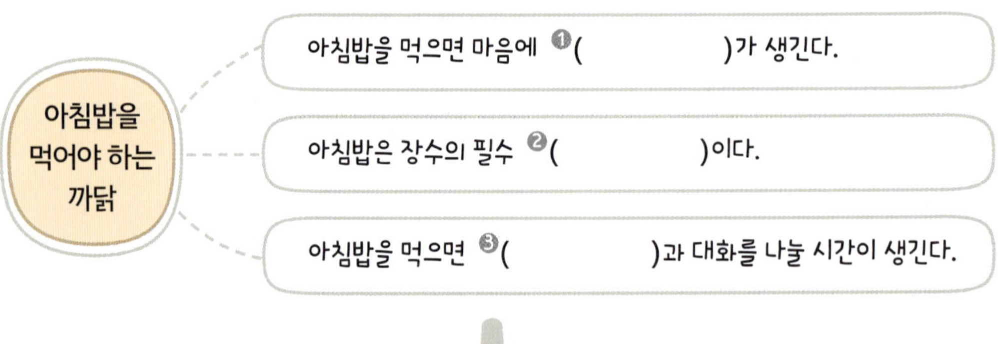

1 다음 낱말의 뜻에 알맞은 낱말을 완성하여 쓰세요.

(1) 단맛이 있는 탄수화물. → ㄷ

(2) 써서 없애다. → ㅅ ㅁ ㅎ ㄷ

(3) 꼭 있어야 하거나 하여야 함. → ㅍ ㅅ

(4) 온도를 높이거나 힘을 얻는 데 필요한 열의 양. → ㅇ ㄹ

2 다음 낱말이 들어갈 문장을 찾아 선으로 이으세요.

(1) 수분 •

• ㉮ 추운 곳에서는 체온을 (　　　)하기 어렵다.

(2) 유지 •

• ㉯ 이 식품에는 (　　　)이/가 골고루 들어 있다.

(3) 영양소 •

• ㉰ 운동을 하면 땀을 많이 흘리기 때문에 (　　　)을/를 충분히 섭취해야 한다.

확장

3 다음 낱말이 아래의 문장에서 어떤 뜻으로 사용되었는지 찾아 번호를 쓰세요.

장수

① 장사하는 사람.

② 오래도록 삶.

(1) 이웃 할머니께 <u>장수</u>의 비결을 여쭈어보았다. (　　　)

(2) 겨울마다 호떡 <u>장수</u>는 신바람 나게 호떡을 팔았다. (　　　)

오늘 나의 실력은?   　　부모님의 응원 한마디

- ☐ 설명문
- ☐ 논설문
- ☑ 전기문
- ☐ 시
- ☐ 동화
- ☐ 극본

낱말 풀이

✦ **지리학자**: 지구의 자연과 인간의 생활을 지역적 관점에서 연구하는 사람.

✦ **고지도**: 제작한 지 오래된 지도.

✦ **무렵**: 어떤 시기와 대략 일치하는 때.

✦ **열정**: 어떤 일에 뜨거운 애정을 가지고 열심히 하는 마음.

✦ **삼았다**: 무엇을 자신의 행동이나 태도의 근거로 여겼다.

✦ **보완하고**: 모자라거나 부족한 것을 보충하여 완전하게 하고.

✦ **일일이**: 하나씩 하나씩.

✦ **대량**: 아주 많은 양.

✦ **생산하기**: 사람이 생활하는 데 필요한 물건을 만들기.

✦ **이르는**: 어떤 수치가 되는.

✦ **일대**: 어느 지역의 전부.

✦ **지형**: 땅의 생긴 모양.

✦ **폭도**: 폭동을 일으키거나 같은 편이 되어 폭동을 도운 무리.

✦ **진압하는**: 강제로 억눌러 진정시키는.

---

1 우리 조상들은 자신들이 사는 땅의 모양을 궁금해했다. 그 궁금증을 해결하기 위해 노력한 사람이 바로 김정호이다. 김정호는 우리나라를 대표하는, 조선의 ✦지리학자이다. 그가 만든 「대동여지도」는 우리나라의 ✦고지도 중에서 최고의 작품으로 평가받고 있다. 김정호의 출생과 사망 시기는 분명하지 않다. 다만, 1804년 ✦무렵에 태어난 것으로 알려져 있다.

2 김정호는 어려서부터 자기 고장의 지도를 만들고 싶어 했다. 어른이 되어서도 김정호의 ✦열정은 변함이 없어 그는 지도 그리는 일을 삶의 전부로 ✦삼았다. 김정호는 이전에 있었던 지도의 문제점을 ✦보완하고 새로이 고쳐서 1834년에 「청구도」를 완성했다. 그의 나이 서른 살 무렵이다.

3 1856년에는 「동여도」라는 지도를 완성했다. 「청구도」처럼 이 지도 역시 종이에 그려서 만든 것이라 여러 곳에서 사용하려면 ✦일일이 붓으로 베껴야만 했다. 이러한 작업은 매우 힘들었기 때문에 많은 사람이 지도를 보기가 어려웠다. 그래서 김정호는 정확한 지도를 ✦대량으로 ✦생산하기 위해 목판에 지도를 새기기로 결심했다.

4 1861년, ⬚（㉠⬚） 그는 오랜 고생 끝에 「대동여지도」를 완성했다. 「대동여지도」는 우리나라의 모습을 22개의 첩으로 나누어 만든 것으로 이 첩을 접으면 하나의 책이 되고, 전부 펼쳐 놓으면 약 가로 3.8미터, 세로 6.7미터 크기에 ✦이르는 거대한 지도가 된다. 22첩을 서로 맞붙여 놓으면 도로와 산과 들과 강이 연결되고 각 지역의 위치가 잘 드러난다. 이 지도는 동해안의 포항 ✦일대 ✦지형과 제주도에서 육지까지의 거리 등 몇몇 군데를 제외하면 오늘날의 지도와 거의 일치할 만큼 정확하다고 한다.

5 「대동여지도」의 '대동'은 우리나라를 일컫는 말로, '동방의 큰 나라'라는 뜻이다. 김정호는 나라가 어지러울 때는 적을 쳐부수고 ✦폭도들을 ✦진압하는 데 도움이 되며, 평상시에는 나라의 모든 일을 다스리는 데 이용하기를 바라는 마음에서 「대동여지도」를 만들고 그 이름을 붙였다. 누구보다도 나라를 사랑하고, 백성을 사랑한 김정호의 정신은 그가 만든 지도와 함께 우리 가슴에 오래도록 남아 있을 것이다.

□에 들어갈 알맞은 낱말을 글에서 찾아 쓰세요.

1  조선 시대의 지리학자 ㄱ ㅈ ㅎ 가 만든 「대동여지도」는 우리나라의 고지도 중에서 최고의 작품으로 평가받는다.

____

2 김정호는 지도 그리는 일을 삶의 전부로 삼았으며, 1834년에 「ㅊ ㄱ ㄷ」를 완성했다.

____

3  김정호는 1856년에 「동여도」를 완성했지만, 지도를 대량으로 생산하기 위해 ㅁ ㅍ 에 지도를 새기기로 결심했다.

____

4  김정호는 1861년에 「ㄷ ㄷ ㅇ ㅈ ㄷ」를 완성했는데, 이 지도는 몇몇 군데를 제외하면 거의 정확하다.

____

5 「대동여지도」에는 누구보다도 나라와 백성을 사랑한 김정호의 ㅈ ㅅ 이 담겨 있다.

____

---

1 중심 내용

김정호가 자신의 삶의 전부로 삼은 일은 무엇인가요?

(   )

① 지도를 그리는 일
② 나라를 잘 다스리는 일
③ 여러 나라의 지도를 모으는 일
④ 우리나라를 대표하는 학자가 되는 일
⑤ 나라가 어지러울 때 적을 쳐부수는 일

2 내용 이해

「청구도」에 대한 설명으로 알맞은 것은 무엇인가요?

(   )

① 여러 명의 지리학자가 함께 만든 지도이다.
② 우리나라 최고의 고지도로 평가받는 지도이다.
③ 목판에 새겨 여러 사람이 함께 보게 만든 지도이다.
④ 이전에 있었던 지도의 문제점을 보완하여 만든 지도이다.
⑤ 전국 각지에 사는 사람들의 말을 듣고 지역의 위치를 상상하여 만든 지도이다.

3 내용 이해

「대동여지도」에 대한 설명으로 알맞지 <u>않은</u> 것은 무엇인가요? (   )

① '대동'은 '동방의 큰 나라'를 뜻하는 말이다.
② 목판에 새겨 만든 우리나라 두 번째 지도이다.
③ 우리나라의 모습을 22개의 첩으로 나누어 만든 것이다.
④ 첩을 서로 맞붙여 놓으면 도로와 산과 들과 강이 연결된다.
⑤ 전부 펼쳐 놓으면 약 가로 3.8미터, 세로 6.7미터 크기의 지도가 된다.

4 어휘

㉠에 들어갈 말로 알맞은 것을 찾아 ○표 하세요.

| 그러나 | 마침내 | 오히려 |

5 다음은 이 글을 읽고 김정호에 대해 발표하기 위해 나눈 이야기입니다. 발표할 내용을 알맞게 말한 것을 모두 찾아 기호를 쓰세요.

> ㉮ 김정호의 업적이나 일화를 더 조사해 보고 함께 발표하자.
>
> ㉯ 김정호의 일대기를 이야기하면 김정호를 이해하는 데 도움이 될 거야.
>
> ㉰ 김정호는 실제 인물이 아니기 때문에 성격이나 생김새는 발표할 내용으로 적절하지 않아.

(   )

6 이 글을 통해 답을 찾을 수 있는 질문이 <u>아닌</u> 것은 무엇인가요? (   )

① 「대동여지도」가 갖는 의의는 무엇인가요?

② 김정호의 「청구도」는 어디에 그린 지도인가요?

③ 종이에 그려서 만든 지도의 장점은 무엇인가요?

④ 김정호가 「대동여지도」를 완성한 때는 언제인가요?

⑤ 지도를 대량으로 생산하기 위한 방법은 무엇이었나요?

7 빈칸에 알맞은 말을 써서, 이 글의 짜임을 정리해 보세요.

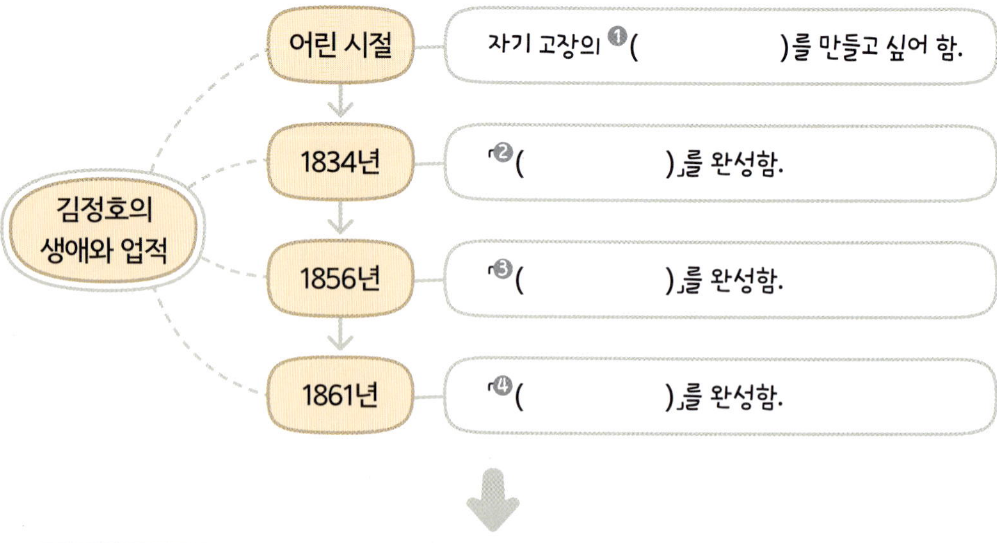

1 다음 낱말의 뜻을 보기 에서 찾아 기호를 쓰세요.

> **보기**
> ㉮ 하나씩 하나씩.
> ㉯ 제작한 지 오래된 지도.
> ㉰ 강제로 억눌러 진정시키다.
> ㉱ 모자라거나 부족한 것을 보충하여 완전하게 하다.

(1) 일일이: (　　　　　　　) 　　(2) 고지도: (　　　　　　　)

(3) 보완하다: (　　　　　　　) 　　(4) 진압하다: (　　　　　　　)

2 다음 초성과 뜻을 참고하여 빈칸에 알맞은 낱말을 쓰세요.

(1) ㄷㄹ: 아주 많은 양.

　　㉔ 공장에서는 기계화를 통해 제품을 (　　　　　　　)(으)로 생산한다.

(2) ㅇㄷ: 어느 지역의 전부.

　　㉔ 이번 태풍으로 동해안 (　　　　　　　)에 엄청난 피해가 발생하였다.

(3) ㅁㄹ: 어떤 시기와 대략 일치하는 때.

　　㉔ 우리는 해가 질 (　　　　　　　)이/가 다 되어서야 목적지에 도착했다.

확장

3 다음 낱말의 뜻을 보고, 문장에 어울리는 낱말을 찾아 ○표 하세요.

삼다	무엇을 자신의 행동이나 태도의 근거로 여기다.
삶다	날씨가 매우 덥고 습해서 뜨거운 기운으로 가득하게 하다.

(1) 그는 부모님을 인생의 본보기로 (삼았다, 삶았다).

(2) 진아는 친구의 말을 위안으로 (삼고, 삶고) 용기를 냈다.

(3) 날씨가 푹푹 (삼아서, 삶아서) 조금만 걸어도 금방 지친다.

오늘
나의 실력은?   

부모님의
응원 한마디

- ☐ 설명문
- ☐ 논설문
- ☐ 실용문
- ☑ 시
- ☐ 동화
- ☐ 극본

웃는 기와

이봉직

1 옛 신라 사람들은
　웃는 ✦기와로 집을 짓고
　웃는 집에서 살았나 봅니다.

2 기와 하나가
　✦처마 밑으로 떨어져
　얼굴 한쪽이
　✦금 가고 깨졌지만
　웃음은 깨지지 않고

3 나뭇잎 뒤에 숨은
　✦초승달처럼 웃고 있습니다.

4 나도 누군가에게
　한 번 웃어 주면
　천 년을 가는
　그런 웃음을 ㉠남기고 싶어
　웃는 기와 ✦흉내를 내 봅니다.

낱말 풀이

✦ **기와**: 흙이나 시멘트 등으로 만들어 지붕을 덮는 데 쓰는 건축 재료.

✦ **처마**: 지붕의 바깥쪽으로 나와 있는 부분.

✦ **금**: 갈라진 틈에 생긴 가느다란 흔적.

✦ **초승달**: 음력으로 매달 첫째 날부터 며칠 동안 뜨는 달.

✦ **흉내**: 다른 사람 또는 동물의 말, 소리, 행동 등을 그대로 옮기는 짓.

□에 들어갈 알맞은 낱말을 글에서 찾아 쓰세요.

1 옛 신라 사람들은 ㅇㄴㄱㅇ로 집을 짓고 살았다.
 ____________________

2 기와 하나가 ㅊㅁ 밑으로 떨어져 얼굴 한쪽이 금이 가고 깨졌지만, ㅇㅇ은 깨지지 않았다.
____

3 기와의 모습이 나뭇잎 뒤에 숨은 ㅊㅅㄷ처럼 웃고 있는 것 같다.
____

4 나도 천 년을 가는 웃음을 남기고 싶어 웃는 기와 ㅎㄴ를 내 보았다.
____

---

1 〔갈래〕 이 글의 특징으로 알맞은 것은 무엇인가요? (   )

① 상상 속의 인물과 대화를 나누고 있다.
② 자신의 주장을 논리적으로 펼치고 있다.
③ 여행을 다니며 경험한 일과 풍경을 묘사하고 있다.
④ 옛날부터 전해 오는 교훈이나 이야기를 담고 있다.
⑤ 대상에 대한 말하는 이의 생각과 느낌을 표현하고 있다.

2 〔내용 이해〕 이 시의 말하는 이가 노래하고 있는 대상은 무엇인가요?
(   )

① 처마　　　② 나뭇잎　　　③ 초승달
④ 웃는 기와　　　⑤ 옛 신라 사람들

3 〔내용 이해〕 이 시에서 말하는 이가 한 행동은 무엇인가요? (   )

① 나뭇잎 뒤에 숨었다.
② 초승달을 관찰하였다.
③ 웃는 기와 흉내를 내었다.
④ 기와를 처마 밑으로 떨어뜨렸다.
⑤ 옛 신라 사람들처럼 집을 지었다.

4 〔어휘〕 다음 낱말의 뜻을 참고할 때, 밑줄 친 말이 ㉠과 다른 뜻으로 사용된 문장은 무엇인가요? (   )

> 남기다: 잊히지 않게 하거나 나중에까지 전해지게 하다.

① 베토벤은 수많은 명곡을 남겼다.
② 작가는 마지막 소설에서 큰 교훈을 남겼다.
③ 배가 불러서 밥을 다 먹지 못하고 조금 남겼다.
④ 과학자는 수년간의 노력 끝에 중요한 발견을 남겼다.
⑤ 그 영웅은 용기 있는 행동으로 역사에 이름을 남겼다.

이 시를 읽고 말한 내용이 알맞지 <u>않은</u> 것은 무엇인가요? (   )

적용

① 희영: 웃는 기와는 신라 시대 때부터 있던 물건일 거야.

② 민지: 옛 신라 사람들은 웃는 기와로 집을 짓고 살았나 봐.

③ 효주: 이 시에서 '천 년'은 아주 오랜 시간을 말하는 것 같아.

④ 윤성: 웃는 기와는 처마 밑으로 떨어져서 원래의 모습을 알아볼 수 없게 깨져 버렸나 봐.

⑤ 하진: 웃는 기와가 '나뭇잎 뒤에 숨은 초승달처럼' 웃고 있다고 한 것은, 얼굴 한쪽이 깨진 모습을 비유하여 표현한 것 같아.

6

이 시의 말하는 이가 바라는 것으로 가장 알맞은 것은 무엇인가요? (   )

추론

① 초승달처럼 항상 밝게 웃고 싶다.

② 나뭇잎처럼 자연과 어우러져 살고 싶다.

③ 옛 신라 사람들처럼 웃음 가득한 삶을 살고 싶다.

④ 웃는 기와처럼 오랫동안 기억될 웃음을 남기고 싶다.

⑤ 떨어진 기와처럼 어려운 상황이 있어도 항상 웃고 싶다.

7

빈칸에 알맞은 말을 써서, 이 글의 짜임을 정리해 보세요.

글의 구조

1연	옛 신라 사람들은 웃는 ❶( )로 집을 지어 살았음.
2연	기와의 한쪽이 깨졌지만 ❷( ) 얼굴은 그대로임.
3연	기와가 나뭇잎 뒤에 숨은 ❸( )처럼 웃고 있음.
4연	나도 웃는 기와 흉내를 내 봄.

⬇

웃는 기와처럼 한 번 웃어 주면 천 년을 가는 웃음을 남기고 싶다.

1 다음 뜻을 가진 낱말을 찾아 선으로 이으세요.

(1) 갈라진 틈에 생긴 가느다란 흔적. · · ㉮ 금

(2) 지붕의 바깥쪽으로 나와 있는 부분. · · ㉯ 기와

(3) 다른 사람 또는 동물의 말, 소리, 행동 등을 그대로 옮기는 짓. · · ㉰ 처마

(4) 흙이나 시멘트 등으로 만들어 지붕을 덮는 데 쓰는 건축 재료. · · ㉱ 흉내

2 다음 문장의 빈칸에 들어갈 알맞은 낱말을 보기 에서 찾아 쓰세요.

보기
금, 웃음, 흉내

(1) 항아리에 (　　　　　　　　　)이/가 가서 물이 줄줄 샜다.
(2) 준석이는 소의 울음소리 (　　　　　　　　　)을/를 잘 낸다.
(3) 내 (　　　　　　　　　) 소리가 너무 컸는지 사람들이 모두 나를 쳐다보았다.

확장
3 다음 밑줄 친 낱말과 비슷한 뜻을 가진 낱말을 찾아 ○표 하세요.

　오늘 학교에서 일어난 일 때문에 마음이 무겁다. 친구와 쉬는 시간에 운동장에서 축구공을 가지고 놀고 있었다. 우리는 신나게 공을 차며 서로 주고받았다. 그런데 내가 공을 너무 세게 찬 나머지 공이 갑자기 방향을 틀어 교실의 유리창을 향해 날아갔다. 순식간에 '쨍그랑' 하는 소리와 함께 유리창이 깨졌다. 선생님께서 달려오셔서 상황을 확인하셨고, 나는 곧바로 내가 한 일을 솔직히 말씀드렸다.

(흔들렸다, 부서졌다, 사라졌다)

오늘
나의 실력은?   　　부모님의
응원 한마디

 이 책의 **출처**

○ 제재 출처

쪽수	제재명	지은이	출처
12쪽	비 오는 날	김자연	『두고두고 읽고 싶은 한국 대표 창작 동화 3』, ㈜계림북스, 2006.
24쪽	넌 바보다	신형건	『바퀴 달린 모자』, 끝없는이야기, 1993.
44쪽	검정 풍선	박인식	『어린이를 위한 TV 동화 행복한 세상 3』, ㈜샘터사, 2003.
48쪽	여성들이 찾은 참정권	이해진	『청소년을 위한 양성평등 이야기』, 파라주니어, 2010.
72쪽	삐삐는 언제나 마음대로야	아스트리드린드그렌 글, 김라합 옮김	『삐삐는 언제나 마음대로야』, 우리교육, 2006.
84쪽	혼자 있어 봐	이화주	『이화주 동시선집』, 지식을만드는지식, 2015.
92쪽	알라딘과 신기한 램프	바버라 G.워커 글, 박혜란 옮김	『흑설 공주 이야기』, 뜨인돌출판㈜, 2014.
104쪽	은 세 근에 담긴 이야기	임영진	『어린이를 위한 청백리 이야기』, 어린른이, 2007.
112쪽	엄마는 파업 중	김희숙	『엄마는 파업 중』, ㈜푸른책들, 2001.
124쪽	행복한 비밀 하나	박성배	『행복한 비밀 하나』, ㈜푸른책들, 2012.
132쪽	독 안에 든 빵 작전	조은수	『숨은 쥐를 잡아라』, 웅진출판, 1996.
136쪽	당신은 변하지 않을 것입니다		한국방송광고진흥공사, 2011.
144쪽	울보 바보 이야기	윤구병	『울보 바보 이야기』, 휴먼어린이, 2012.
148쪽	철새		『글짓기는 가나다: 설명문』, 자유지성사, 1999.
164쪽	웃는 기와	이봉직	『웃는 기와』, 청개구리, 2012.

○ 그림 출처

쪽수	작품명	출처
122쪽	일월오봉도병풍	국립고궁박물관

하루의 학습이 끝날 때마다
붙임딱지를 골라 붙여 사탕 꽃다발을 꾸며 보세요.

 초코

교과서 달달 쓰기 · 교과서 달달 풀기
1~2학년 국어 · 수학 교과 학습력을 향상시키고
초등 코어를 탄탄하게 세우는 기본 학습서
[4책] 국어 1~2학년 학기별
[4책] 수학 1~2학년 학기별

미래엔 교과서 길잡이, 초코
초등 공부의 핵심[CORE]를 탄탄하게 해 주는
슬림 & 심플한 교과 필수 학습서
[8책] 국어 3~6학년 학기별, [8책] 수학 3~6학년 학기별
[8책] 사회 3~6학년 학기별, [8책] 과학 3~6학년 학기별

전과목 단원평가
빠르게 단원 핵심을 정리하고, 수준별 문제로 실전력을 키우는
교과 평가 대비 학습서
[8책] 3~6학년 학기별

문제 해결의 길잡이

원리 8가지 문제 해결 전략으로 문장제와 서술형 문제 정복
[12책] 1~6학년 학기별

심화 문장제 유형 정복으로 초등 수학 최고 수준에 도전
[6책] 1~6학년 학년별

 퍼즐런

초등 필수 어휘를 퍼즐로 재미있게 익히는 학습서
[3책] 사자성어, 속담, 맞춤법

하루한장 예비 초등

한글완성
초등학교 입학 전 한글 읽기·쓰기 동시에 끝내기
[3책] 기본 자모음, 받침, 복잡한 자모음

예비초등
기본 학습 능력을 향상하며 초등학교 입학을 준비하기
[2책] 국어, 수학

하루한장 독해

독해 시작편
초등학교 입학 전 기본 문해력 익히기 30일 완성
[2책] 문장으로 시작하기, 짧은 글 독해하기

어휘
문해력의 기초를 다지는 초등 필수 어휘 학습서
[6책] 1~6학년 단계별

독해
국어 교과서와 연계하여 문해력의 기초를 다지는 독해 기본서
[6책] 1~6학년 단계별

독해＋플러스
본격적인 독해 훈련으로 문해력을 향상시키는 독해 실전서
[6책] 1~6학년 단계별

비문학 독해 (사회편·과학편)
비문학 독해로 배경지식을 확장하고 문해력을 완성시키는
독해 심화서
[사회편 6책, 과학편 6책] 1~6학년 단계별

바른답·알찬풀이

초플러스

도형왕

바빠쌤

4 단계 | 초등 3·4학년

4

MiraeN에듀

실전 문해력을 키우기 위한
바른답 알찬풀이의 핵심 포인트!

◆ 지문을 한번 더 읽으며 핵심 내용을 파악하는 훈련을 할 수 있습니다.

◆ 핵심 내용과 주제를 구조화하여 지문의 흐름을 짚어 볼 수 있습니다.

◆ 꼼꼼하고 자세한 해설을 통해 고난도 문제를 완벽히 이해할 수 있습니다.

문해력 상승
읽기 전략

핵심 내용을 따라 읽으며 흐름을 정리해 보세요.

쏙쏙! 내용 정리

1 건축물   2 파리
3 여신상   4 피라미드
5 역사

정답

1 랜드마크   2 ①, ③
3 (1) X   (2) ○
　(3) X   (4) X
4 ①, ④   5 ㉯
6 ⑤
7 ❶ 에펠 탑   ❷ 횃불
　❸ 이집트   ❹ 문화

어휘 탄탄 마무리

1 (1) 고대
　(2) 조각상
　(3) 횃불
　(4) 건축물
2 (1) ――――― ㉮
　(2) ――――― ㉯
　(3) ――――― ㉰
3 (1) 뛰어나다
　(2) 상징하다
　(3) 장식하다
　(4) 수호하다

---

1 세계에는 멋진 랜드마크가 많아요. 랜드마크란 어떤 장소를 대표하는 중
　중심 소재
요한 건축물이나 자연물을 말해요. 지금부터 세계의 몇 가지 유명한 랜드마
　　　　　　　　　　　　　　　　　　랜드마크의 의미
크에 대해 알아볼까요?

핵심 ① 프랑스 파리의 에펠 탑

2 첫 번째 랜드마크는 프랑스 파리의 에펠 탑이에요.
　　　　랜드마크의 예시 ①
에펠 탑은 1889년에 만들어졌고, 높이는 약 330미터예
　　에펠 탑이 만들어진 시기　　　　에펠 탑의 높이
요. 처음에는 많은 사람들이 에펠 탑이 이상하게 생겼
　　　　에펠 탑이 처음 생겼을 때의 반응
다고 생각했지만, 지금은 파리를 상징하는 가장 유명한
건축물이 되었어요. 밤이 되면 에펠 탑에서 나오는 화
려한 빛이 파리의 밤하늘을 아름답게 장식해요.

핵심 ② 미국 뉴욕의 자유의 여신상

3 다음은 미국 뉴욕에 있는 자유의 여신상이에요. 자
　　　　　　　　　　　　랜드마크의 예시 ②
유의 여신상은 1885년에 프랑스가 미국에 선물로 준
　　자유의 여신상이 미국에 전달된 시기
㉠ 거대한 조각상이에요. 예전에는 등대 역할도 했었지
　　　　　　　　　　자유의 여신상이 예전에 했던 역할
만, 지금은 등대로 쓰이지 않고 있어요. 여신상이 들고
있는 횃불은 자유를 상징해요. 자유의 여신상은 세계에
서 자유를 찾아 미국으로 온 사람들에게 희망을 주었어요.

핵심 ③ 이집트의 피라미드와 스핑크스

4 마지막으로 이집트의 피라미드와 스핑
크스가 있어요. 피라미드는 고대 이집트의
　　　　　　랜드마크의 예시 ③
파라오를 위한 거대한 무덤이에요. 피라미
드 옆에 있는 스핑크스는 사자의 몸통에 사
　피라미드를 만든 목적
람의 얼굴을 한 거대한 조각상으로, 피라미드를 수호하는 역할을 했다고 해
요. 이 두 구조물은 이집트의 역사와 옛날 사람들의 뛰어난 건축 기술을 보여
　　　　　　　스핑크스의 모양과 역할
줍니다. 피라미드와 스핑크스는 수천 년 동안 사막의 거센 모래바람과 싸우
　　　피라미드와 스핑크스를 통해 알 수 있는 것들
며 지금까지 남아 있어요.
피라미드와 스핑크스가 만들어진 시기를 짐작할 수 있는 부분

5 이렇게 세계 곳곳에는 다양한 이야기와 역사를 가진 랜드마크가 있어요.
랜드마크에 대해 알아보면 세계 여러 나라의 역사와 문화를 더 깊이 이해할
　　　　　　　　　　　　　랜드마크가 갖는 의미
수 있어요.

핵심 ①	프랑스 파리의 에펠 탑

➡ 에펠 탑은 1889년에 만들어진, 파리를 상징하는 가장 유명한 건축물임.

핵심 ②	미국 뉴욕의 자유의 여신상

➡ 자유의 여신상은 프랑스가 미국에 선물로 준 조각상으로, 자유를 상징함.

핵심 ③	이집트의 피라미드와 스핑크스

➡ 피라미드는 파라오의 무덤이며, 스핑크스는 피라미드를 수호하는 조각상임.

주제	세계 여러 나라의 랜드마크

1 이 글은 세계 여러 나라의 랜드마크에 대해 설명하고 있습니다.

2 ❸에서 자유의 여신상은 1885년에 프랑스가 미국에 선물로 준 거대한 조각상으로, 예전에는 등대 역할을 했지만 지금은 등대로 쓰이지 않고 있다고 하였습니다. 또 여신상이 들고 있는 횃불이 자유를 상징한다고 하였습니다.

3 (1) ❷에서 프랑스 파리의 에펠 탑이 1889년에 만들어졌다고 했습니다. (2) ❹에서 피라미드는 고대 이집트의 파라오를 위한 거대한 무덤이라고 했습니다. (3) ❷에서 처음에는 많은 사람들이 에펠 탑이 이상하게 생겼다고 생각했다고 하였습니다. (4) ❹에서 피라미드 옆에 있는 스핑크스는 사자의 몸통에 사람의 얼굴을 한 거대한 조각상이라고 하였습니다.

4 ㉠의 '거대하다'는 '엄청나게 크다.'라는 뜻을 가진 낱말로, '작다', '왜소하다(몸집이 작다.)'라는 낱말과 뜻이 반대입니다.
| 오답 풀이 | ③ '커다랗다'는 '거대하다'와 뜻이 비슷한 낱말입니다.

5 세계의 랜드마크에 대해 더 알아보기 위해 활용하면 좋을 자료는 '세계 여행 가이드북'입니다.
| 오답 풀이 | 영어 사전은 랜드마크와 관련이 없으며, 한국의 전통문화를 홍보하는 누리집에서는 세계의 랜드마크에 관한 정보를 찾을 수 없습니다.

6 ❺에서 '랜드마크에 대해 알아보면 세계 여러 나라의 역사와 문화를 더 깊이 이해할 수 있어요.'라고 하였습니다. 따라서, 랜드마크는 그 지역의 문화와 역사를 담고 있다는 사실을 짐작할 수 있습니다.

7 이 글은 세계 여러 나라의 랜드마크 가운데 프랑스 파리의 에펠 탑, 미국 뉴욕의 자유의 여신상, 이집트의 피라미드와 스핑크스의 역사와 특징에 대해 설명하고 있습니다. 그리고 랜드마크에 대해 알아보면 세계 여러 나라의 역사와 문화를 더 깊이 이해할 수 있다고 하였습니다.

문해력 상승
읽기 전략
핵심 내용을 따라 읽으며 흐름을 정리해 보세요.

쏙쏙! 내용 정리

1 뒷문   2 비
3 초코파이

정답

1 (1) 영란이, 영란이 아버지, 영란이 어머니
  (2) (영란이의) 집
2 ⑤   3 ④
4 ⑤   5 ①
6 ⑤
7 ❶ 아버지   ❷ 어머니
  ❸ 초코파이   ❹ 사랑 등

어휘 탄탄 마무리

1 (1) ━━ ㉮
  (2) ━━ ㉯
  (3) ━━ ㉰
2 (1) 발길
  (2) 여태
  (3) 여느
  (4) 한참
3 (1) ②   (2) ①

[앞부분 이야기] 아침에 아버지께서 자전거로 영란이를 학교에 데려다주셨다. 아버지께서 으깨진 초코파이를 먹으라고 주셨지만 영란이는 받지 않고 학교로 뛰어갔다. 3교시부터 갑자기 비가 쏟아지고, 하교할 시간이 되자 영란이가 교실에서 나온다.

□: 등장인물

1 멀리서도 비에 젖은 채 서 있는 아버지 모습이 여느 부모들과 비교할 수 없을 만큼 늙어 보였다. 영란이는 현관문 뒤에 매미처럼 착 달라붙어 한동안 꼼짝하지 않았다. 오늘같이 아이들이 많은 곳에서 아버지와 함께 고물 자전거를 타고 집으로 가긴 정말 싫었다. 영란이는 아버지가 서 있는 정문이 아닌 뒷문으로 얼른 발길을 옮겼다. 『가슴이 콩콩거렸다. 뒤꼭지가 뜨끔했다. 그러나 한편으로는 괜히 ㉠부아가 나기도 했다.』

└ 영란이가 있는 장소
핵심 ① 아버지를 피해 혼자 집으로 간 영란이
시간의 흐름   영란이가 뒷문으로 나간 까닭
『 』: 영란이의 마음: 가슴이 콩콩거리고 불편함, 화가 남.

핵심 ② 비를 맞고 집에 돌아온 아버지
2 아버지는 온몸에 비를 몽땅 맞았다. 마치 방금 목욕을 한 것처럼.

"우리 영란이는 집에 잘 왔제."

대문을 들어서자마자 아버지는 영란이가 잘 왔는지 물었다.

"영란이는 아까 왔으니 걱정 마요. 길이 어긋났나 보네. 당신을 못 봤다고 하드만. 그런데 어디서 이렇게 술을 진탕 먹었다요. 무슨 안 좋은 일이라도 있었나 보네."

영란이가 혼자 집으로 돌아왔음을 알 수 있음.

핵심 ③ 아버지의 바지에 있던 초코파이
3 영란이 엄마가 눈을 동그랗게 뜨고 아버지 바지 호주머니 사이로 삐죽 삐져나온 초코파이를 끄집어냈다.

아침에 아버지께서 영란이에게 주려던 초코파이

"이걸 여태 먹지 않고 호주머니에 넣어 가지고 다니다니! 에그, 징한 양반. 모정에서 노인들 간식으로 나누어 준 것이 한참 되었는디. 니 아버지가 초코파이를 얼마나 좋아하냐. 그런데 그걸 널 준다고 먹지 않고 가지고 다녀 쌓더니만." (중략)

영란이에 대한 아버지의 사랑이 드러남.

"설마 아버지가 그때 준 초코파이를 여태 가지고 다녔을라고?"

"야가 지금 무신 소리여. 영란이 니 무신 일이 있어도 대학까지 꼭 보내야 헌다고 너그 아버지가 요즈음 그 좋아하는 초코파이도 잘 안 사 먹고 아끼잖여. 그런데 이게 갑자기 어디서 났겠냐?"

영란이네 가정 형편이 어려운 것을 알 수 있음.

"아버지가! 아버지가 날 위해 초코파이값도 아낀다고?"

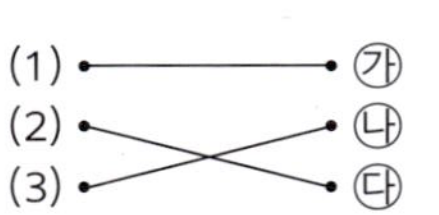

핵심 ① 아버지를 피해 혼자 집으로 간 영란이
➜ 아버지의 모습에 부끄러움을 느낀 영란이는 아버지를 피해 혼자 집으로 옴.

핵심 ② 비를 맞고 집에 돌아온 아버지
➜ 영란이를 기다리던 아버지는 비를 맞은 채 술을 마시고 집으로 돌아옴.

핵심 ③ 아버지의 바지에 있던 초코파이
➜ 영란이의 어머니가 아버지의 바지 호주머니에 있던 초코파이를 발견함.

주제   성장기에 겪는 마음의 갈등과 가족 간의 사랑

---

1 이 글에 등장하는 인물은 영란이와 영란이의 아버지, 어머니입니다. 이 인물들이 학교와 집에서 한 일과 주고받은 말이 나타나 있습니다.

2 영란이 어머니의 말씀으로 보아, 영란이 아버지는 영란이를 대학까지 꼭 보내야 한다고 좋아하는 초코파이도 잘 사 먹지 않고 아끼심을 알 수 있습니다.

3 아버지는 혼자 비를 맞고 집으로 돌아오셨고, 영란이 아버지의 바지에서 초코파이를 끄집어낸 인물은 영란이 어머니입니다.

4 '부아'는 노엽거나 분한 마음을 뜻하는 말로, ㉠ '부아가 나기도 했다'는 '화가 나기도 했다'와 바꾸어 쓸 수 있습니다.

5 **3**에서 영란이는 아버지께서 자신을 사랑하는 마음으로 아끼던 초코파이를 건네주셨다는 사실을 알게 되었습니다. 따라서 아버지께 죄송한 마음이 들어 초코파이를 먹고는 아버지에게 다 먹었다고 말해 달라고 어머니께 말씀드린 것입니다.

6 이 글에서 영란이 아버지는 딸 영란이를 사랑하고 아끼는 인물입니다. 그래서 비가 오는 날 딸이 걱정되어 교문 앞에서 영란이를 하염없이 기다렸습니다. 또, 자신이 좋아하는 초코파이도 먹지 않고 딸에게 주려 하고, 돈을 아껴 딸을 대학에 보내고 싶어 했습니다. 이런 영란이 아버지와 가장 닮은 인물은 사랑하는 소년에게 자신이 가진 모든 것을 아낌없이 준 나무입니다.

7 일이 일어난 차례대로 정리해 보면 영란이는 비를 맞으며 자신을 기다리는 아버지의 모습에 부끄러움을 느껴, 아버지를 피해 뒷문으로 몰래 나와 집으로 돌아왔습니다. 그날 저녁, 영란이 아버지께서는 비를 많이 맞은 채, 술을 마시고 집으로 돌아오셨습니다. 그리고 영란이 어머니께서 아버지의 바지 호주머니에서 초코파이를 발견하셨습니다.

쏙쏙! 내용 정리

1 탄소 배출량

2 저탄소

3 식재료, 식단

4 무료

정답

1 ④　　2 ③

3 ⑤　　4 ②

5 ③　　6 ㉮, ㉯

7 ❶ 실습　❷ 참가 대상
　❸ 환경

어휘 탄탄 마무리

1 (1) 식재료
　(2) 제철
　(3) 섭취하다
　(4) 배출량

2 (1) •————• ㉮
　(2) •　　　• ㉯
　(3) •　　　• ㉰

3 (1) ②　　(2) ①

저탄소 식단으로 먹어요

┌ 캠페인을 진행하는 단체

1 여름 방학을 맞이하여 녹색교육센터와 환경관리공단이 <저탄소 식단으로 먹어요> 캠페인을 진행합니다. **핵심 ① 저탄소 식단의 뜻** 저탄소 식단이란, 환경에 미치는 영향을 최소화하기 위해 탄소 배출량이 적은 식품을 선택하여 섭취하는 식습관을 뜻합니다.

2 이 캠페인에서는 우리가 매일 먹는 음식이 환경에 미치는 영향을 알아볼 수 있습니다. 또, 실생활에서 쉽게 실천할 수 있는 저탄소 식단을 체험하고 계획해 볼 수 있습니다. 저탄소 식단으로 지구를 지키는 작은 실천에 여러분도 참여해 보세요!

『 ♪: 캠페인 내용에 대한 간략한 안내
저탄소 식단으로 지구를 지키는 작은
캠페인 참여를 유도하는 말

핵심 ② 캠페인 프로그램 안내
3 프로그램 안내

(1) 저탄소 식재료 알아보기: 식품을 ㉠수송하는 과정에서 발생하는 탄소 배출량을 줄일 수 있는, 지역에서 생산되는 제철 식재료를 알아봅니다.
　캠페인 프로그램 ①

(2) 저탄소 요리 실습: 제철 식재료를 사용하여 탄소 배출을 줄인 요리를 직접 만들어 보면서 맛있고 환경에 미치는 영향도 적은 요리법을 함께 배워 봅니다.
　캠페인 프로그램 ②

(3) 저탄소 식단 계획하기: 저탄소 식재료를 이용해서 일주일 동안의 식단을 구성해 봅니다. 환경을 생각하는 식생활 습관을 계획하고, 실생활에서 실천할 수 있습니다.
　캠페인 프로그램 ③

핵심 ③ 캠페인 참가 관련 정보 안내
4 참가 안내

• 기간: 20○○년 8월 1일~20○○년 8월 3일

• 참가 대상: 초등학생 30명(4~6학년)

• 참가비: 무료

• 참가 신청: 20○○년 6월 30일 낮 12시까지 누리집 접수

• 참가자 발표: 20○○년 7월 10일 누리집 공지와 개별 통보

• 기타: 캠페인을 수료한 학생에게 탄소 지킴이 수료증을 수여함.

| 핵심 ① | 저탄소 식단의 뜻 | 핵심 ② | 캠페인 프로그램 안내 | 핵심 ③ | 캠페인 참가 관련 정보 안내 |

➜ 저탄소 식단은 탄소 배출량이 적은 식품을 선택하여 섭취하는 식습관임.

➜ 캠페인에서 진행되는 저탄소 식단 관련 프로그램 안내

➜ 진행 기간 및 참가 대상, 참가 신청 방법 등 캠페인 참가에 필요한 정보 안내

주제　<저탄소 식단으로 먹어요> 캠페인 안내

1 이 글은 <저탄소 식단으로 먹어요> 캠페인을 안내하고, 캠페인에 참가할 초등학생을 모집하기 위해 쓴 글입니다.

2 1 에서 저탄소 식단은 '환경에 미치는 영향을 최소화하기 위해 탄소 배출량이 적은 식품을 선택하여 섭취하는 식습관'이라고 하였습니다.

3 캠페인의 참가 대상은 초등학생 4~6학년입니다.

|오답 풀이| ① 4 에서 6월 30일까지 누리집에서 참가 신청을 접수한다고 하였습니다.
② 3 에서 '저탄소 식재료 알아보기', '저탄소 요리 실습', '저탄소 식단 계획하기'의 총 세 가지 프로그램을 안내하였습니다.
③ 4 에서 캠페인을 수료한 학생에게 탄소 지킴이 수료증을 수여한다고 하였습니다.
④ 1 에서 녹색교육센터와 환경관리공단이 캠페인을 진행한다고 하였습니다.

4 ㉠ '수송하는'은 '기차, 자동차, 배, 비행기 등으로 사람이나 물건을 실어 옮기는.'을 뜻합니다. 따라서, '물건 등을 옮겨 나르는.'을 뜻하는 '운반하는'과 바꾸어 쓸 수 있습니다.

5 4 에서 캠페인 참가비와 참가 대상, 참가 신청 방법에 대한 정보를 얻을 수 있습니다. 또, 3 에서 캠페인에서 진행되는 프로그램에 관한 정보를 얻을 수 있습니다. 캠페인 참가 취소 방법에 대한 내용은 글에서 찾을 수 없습니다.

6 3 에서 '저탄소 식단 계획하기' 프로그램은 저탄소 식재료를 이용해서 일주일 동안의 식단을 계획하는 프로그램이라고 하였습니다. 따라서 저탄소 식단을 실천하기 위해 탄소 배출량이 많은 식재료를 구입한다는 말은 알맞지 않습니다.

7 이 글은 <저탄소 식단으로 먹어요> 캠페인에 대한 안내문입니다. 캠페인의 목적, 내용, 참가 대상, 기간, 참가 신청 방법 등을 소개하고 있으며, 세부 프로그램으로는 저탄소 식재료 알아보기, 저탄소 요리 실습, 저탄소 식단 계획하기가 있습니다.

문해력 상승
읽기 전략

핵심 내용을 따라 읽으며 흐름을 정리해 보세요.

1 『여러분은 '입이 무겁다'라는 말의 뜻을 알고 있나요? 이 말은 알고 있는 사실을 쉽게 말하지 않는다는 뜻이에요.』우리말에는 이렇게 우리 몸과 관련된 관용 표현이 많이 있어요. 관용 표현이란, 원래의 뜻과는 다른 새로운 뜻으로 ⊙굳어져 쓰는 표현을 말해요. 우리가 자주 쓰는 몸과 관련된 관용 표현에는 어떤 말들이 있을까요?

『 』: 관용 표현의 예를 들어 독자의 호기심을 유발함.

핵심 ① 관용 표현의 뜻
중심 내용

핵심 ② 우리 몸과 관련된 관용 표현의 예

2 첫 번째로 '머리를 굴리다'라는 말이 있어요. 이 말은 진짜로 머리를 돌려서 굴리는 게 아니라, 문제를 해결하기 위해 열심히 생각한다는 뜻이에요. 예를 들어, "숙제를 어떻게 해결할지 머리를 굴리고 있다."처럼 쓸 수 있어요.

'머리를 굴리다'의 뜻
'머리를 굴리다'가 사용되는 상황의 예

3 두 번째는 '가슴을 펴다'예요. 이 말은 굽힐 것 없이 자신감 있고 당당하다는 뜻이에요. 발표를 앞두고 걱정하는 친구에게 용기를 북돋아 줄 때, "긴장하지 말고 가슴을 펴고 당당하게 말해."라고 말해 줄 수 있지요.

'가슴을 펴다'의 뜻
'가슴을 펴다'가 사용되는 상황의 예

4 세 번째, '손에 땀을 쥐다'라는 말은 어떤 상황이나 일이 너무 긴장되어서 손에 땀이 나게 만든다는 뜻이에요. 예를 들어, 양 팀의 실력이 막상막하인 축구 경기를 볼 때 손에 땀을 쥔다고 말할 수 있지요.

'손에 땀을 쥐다'의 뜻
'손에 땀을 쥐다'가 사용되는 상황의 예

5 네 번째, '입을 모으다'라는 말은 여러 사람이 같은 의견을 가지고 말한다는 뜻이에요. 친구들과 어떤 게임을 할지 결정할 때, 모두가 같은 게임을 하자고 입을 모으면 그 게임을 하게 되겠지요.

'입을 모으다'의 뜻
'입을 모으다'가 사용되는 상황의 예

6 마지막으로, '발이 넓다'라는 말이 있어요. 이 말은 많은 사람을 알고 활동 범위가 넓다는 의미예요. 그래서 많은 친구들과 잘 지내는 친구를 발이 넓다고 표현하지요.

'발이 넓다'의 뜻
'발이 넓다'가 사용되는 상황의 예

7 이렇게 우리 몸과 관련된 관용 표현들은 일상생활 속에서 자주 사용되고, 이해하기도 쉬워요. 관용 표현을 적절한 상황에서 잘 사용하면 말하고 싶은 내용을 더욱 효과적으로 전달할 수 있어요. 앞으로 이런 관용 표현들을 듣거나 사용할 때, 그 의미를 잘 생각하면서 올바르게 사용하도록 해요.

핵심 ③ 관용 표현의 장점

핵심 ① 관용 표현의 뜻	핵심 ② 우리 몸과 관련된 관용 표현의 예	핵심 ③ 관용 표현의 장점
➡ 관용 표현이란 원래의 뜻과는 다른 새로운 뜻으로 굳어져 쓰는 표현을 말함.	➡ 우리 몸과 관련된 여러 관용 표현들은 일상생활에서 자주 사용됨.	➡ 관용 표현을 잘 사용하면 말하고 싶은 내용을 효과적으로 전달할 수 있음.

주제 우리 몸과 관련된 관용 표현

1 이 글에서는 신체와 관련된 관용 표현들의 뜻과 각각의 표현이 어떤 상황에서 사용되는지를 구체적인 예를 들어 설명하고 있습니다.

2 7에서 이 글에서 소개한 우리 몸과 관련된 관용 표현들은 일상생활 속에서 자주 사용되고, 이해하기도 쉽다고 하였습니다.

3 '머리를 굴리다'는 진짜로 머리를 돌려서 굴리는 게 아니라, '문제를 해결하기 위해 열심히 생각한다'는 뜻이고, '손에 땀을 쥐다'는 '어떤 상황이나 일이 너무 긴장되어서 손에 땀이 나게 만든다'는 뜻이라고 하였습니다.

4 ⊙의 '굳어져'는 원래의 뜻과 달리 다른 새로운 뜻으로 고정되어 남는다는 뜻으로 쓰였습니다. 따라서, ⊙의 뜻으로는 '반복되어 나타나는 일이나 현상, 말이나 행동 등이 고정되어 남아.'가 알맞습니다.

5 '입을 모으다'는 여러 사람이 같은 의견을 가지고 말한다는 뜻으로, 학급 회의에서 모두 다른 의견을 낸 상황에서 사용하는 것은 알맞지 않습니다.

6 '발이 넓다'는 많은 사람을 알고 활동 범위가 넓다는 뜻입니다. 발이 넓은 사람은 친구가 많고 활동 범위가 넓다는 특징이 있습니다. 따라서, 새로운 사람을 만나는 것을 두려워하지 않는 특징이 있을 것으로 짐작할 수 있습니다.

7 이 글에서는 우리 몸과 관련된 다양한 관용 표현들을 각각이 사용되는 상황의 예와 함께 설명하고 있습니다. 또, 일상생활에서 자주 사용되고 이해하기도 쉬운 우리 몸과 관련된 관용 표현을 올바르게 이해하고 사용하는 것의 중요성을 강조하며 글을 마무리하고 있습니다.

어휘 탄탄 마무리

3 '결심을 굳혔다', '마음을 단단히 굳혔다', '뜻을 굽히지 않았다'와 같이 표현하는 것이 알맞습니다.

쏙쏙! 내용 정리

1 관용 2 굴리다
3 펴다 4 땀
5 모으다 6 넓다
7 의미

정답

1 ⑤ 2 ③
3 ㉮ 4 (3) ○
5 강준 6 ⑤
7 ❶ 관용 표현
❷ 머리 ❸ 땀
❹ 입

어휘 탄탄 마무리

1 (1) ㉣ (2) ㉡
(3) ㉢ (4) ㉮
2 (1) 범위
(2) 의견
(3) 상황
3 (1) 굳혔다
(2) 굳혔다
(3) 굽히지

4

쏙쏙! 내용 정리

1 쓰레기통
2 인사, 전근
3 민들레, 허풍
4 그림자

정답

1 바보　　2 ②
3 ④　　4 ③
5 행실이 바른 민우,
　인정이 많은 유리
6 ④
7 ❶ 껌　　❷ 선생님
　❸ 바보

어휘 탄탄 마무리

1 (1)───㉮
　(2)───㉯
　(3)───㉰
　(4)───㉱
2 (1) 뱉다
　(2) 찔끔거리다
　(3) 쪼그리다
3 ㉡

넌 바보다

신형건

핵심 ① ‘나’가 바라본 ‘너’의 모습
『씹던 껌을 아무 데나 퉤 뱉지 못하고

종이에 싸서 쓰레기통으로 달려가는

너는 참 바보다.
반복되는 표현 – 글쓴이의 생각
개구멍으로 쏙 빠져나가면 금방일 것을

비잉 돌아 교문으로 다니는

너는 참 바보다.『　』: ‘너’의 정직함을 알 수 있는 부분

『얼굴에 검댕 칠을 한 연탄장수 아저씨한테

만날 때마다 꾸벅, 인사하는

너는 참 바보다.

호랑이 선생님이 전근 가신다고

아무도 흘리지 않는 눈물을 혼자 찔끔거리는

너는 참 바보다.』『　』: ‘너’의 인정 많음을 알 수 있는 부분

『그까짓 게 뭐 그리 대단하다고

민들레 앞에 쪼그리고 앉아 한참 바라보는

너는 참 바보다.

내가 아무리 거짓으로 허풍을 떨어도

눈을 동그랗게 뜨고 머리를 끄덕여 주는

너는 참 바보다.

바보라고 불러도 화내지 않고

씨익 웃어 버리고 마는 너는

정말 정말 바보다,』『　』: ‘너’의 다정함을
　　　　　　　　알 수 있는 부분
『그럼 난 뭐냐?
핵심 ② ‘너’에 대한 ‘나’의 마음
그런 네가 좋아서 그림자처럼
말하는 이의 마음: 친구를 좋아함.
네 뒤를 졸졸 따라다니는

나는?』
『　』: ‘너’를 좋아하는 ‘나’의 마음이 드러나는 부분

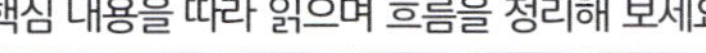

핵심 ① ‘나’가 바라본 ‘너’의 모습

→ ‘너’는 불편을 감수하면서도 바르게 생활하고, 주변 사람이나 사물을 순수한 마음으로 대함.

핵심 ② ‘너’에 대한 ‘나’의 마음

→ ‘나’는 올바르고 순수한 마음을 가지고 있는 바보 같은 ‘너’를 좋아함.

주제 **올바르고 순수한 마음을 지닌 친구에 대한 애정**

1 이 글은 올바르고 순수한 마음을 가진 친구를 본 말하는 이의 생각을 노래한 시입니다. 시 전체에서 ‘너는 참 바보다.’라는 표현을 반복하여 사용했습니다.

2 ‘너’는 내가 거짓으로 허풍을 떨어도 눈을 동그랗게 뜨고 머리를 끄덕여 주는 친구입니다.
오답 풀이 ① 10~11행에서 알 수 있습니다.
③ 7~8행에서 알 수 있습니다.
④ 1~2행에서 알 수 있습니다.
⑤ 4~5행에서 알 수 있습니다.

3 이 시의 ‘너’는 씹던 껌을 종이에 싸서 쓰레기통에 버리고, 개구멍을 두고 교문으로 다니는, 규칙을 잘 지키는 아이입니다. 이 시의 ‘나’는 이러한 ‘너’의 행동을 보고 ‘너는 참 바보다.’라고 하였습니다.

4 ‘너’는 호랑이 선생님이 전근 가신다고 혼자 눈물을 찔끔거리고, 민들레 앞에 쪼그리고 앉아 한참 바라보는 등 다정다감한 모습을 보여 줍니다.

5 이 시에서 말하는 이가 바라본 ‘너’는 항상 행실이 바르고, 인정이 많습니다.

6 이 시에서 ‘너는 참 바보다.’라고 반복하여 표현한 것은 ‘너’의 행동을 좋아하고 본받고 싶은 ‘나’의 마음을 반대로 표현한 것입니다.

7 말하는 이가 시를 통해 무엇을 말하고 싶어 하는지를 생각하며 글의 내용을 정리합니다. 이 시에서 말하는 이가 바라본 ‘너’에게서 올바르고 순수한 마음을 배울 수 있습니다.

어휘 탄탄 마무리

3 문장에서 할머니가 아흔이 넘으셨다는 단서가 드러나 있으므로, ‘장수’가 ‘오래 삶.’이라는 뜻으로 사용되었음을 알 수 있습니다.

문해력 상승 읽기 전략

핵심 내용을 따라 읽으며 흐름을 정리해 보세요.

쏙쏙! 내용 정리

1 다른 점　2 곳, 방식
3 다리　4 먹이
5 사는 곳

정답

1 동물, 생김새

2 ⑤　　3 ⑤

4 (1) 매, 독수리, 딱따구리
(2) 가자미, 고등어

5 (1) ― ㉮
(2) ― ㉯
(3) ― ㉰

6 ㉰

7 ❶ 먹이　❷ 사는 곳
❸ 생김새　❹ 차이

어휘 탄탄 마무리

1 (1) 생존　(2) 저마다
(3) 부리　(4) 무리

2 (1) ― ㉮
(2) ― ㉯
(3) ― ㉰

3 (1) 치열하다
(2) 납작하다
(3) 뭉툭하다
(4) 뾰족하다

---

1 우리 주변의 동물들을 자세히 살펴보면 서로 다른 점을 많이 발견할 수 있다. 개나 고양이는 발굽이 없는데 말이나 노루는 발굽이 있다. 참새의 부리는 짧고 뭉툭한데 딱따구리의 부리는 길고 뾰족하다. 똑같은 물고기라도 가자미는 납작하고 고등어는 통통하다. 그러면 이런 차이점이 왜 생겼을까?
　<u>글의 중심 내용</u>
　<u>동물들의 생김새가 다른 까닭에 내한 내용이 이어질 것이라 짐작할 수 있음.</u>

2 동물이 지구에서 살기 시작한 것은 아주 오래전 일이다. 동물은 맨 처음 지구에 나타났을 때부터 지금까지, 저마다 살아남기 위한 생존 경쟁을 치열하게 벌였다. 먹이를 잡으려고 무리를 짓기도 하고, 때로는 더 나은 곳을 찾아서 옮겨 살기도 했다. 사는 곳이나 사는 방식에 따라서 동물들은 그 생김새까지 바뀌게 되었다.
　<u>동물들이 살아남기 위한 한 일</u>

핵심 ①　동물들의 생김새가 바뀐 까닭 ①

3 먹이를 얻고 위험을 피하려면 빨리 달려야 한다. 그래서 어떤 동물의 다리는 더 빨리, 더 멀리 달릴 수 있도록 발달했다. 말이나 노루는 발뒤꿈치가 사라지고 발굽만 남게 되었다. 빨리 달리려고 발끝만 쓰다 보니 가운뎃발가락의 발톱이 단단해져서 발굽이 된 것이다.
　<u>동물들의 생김새가 바뀐 데 영향을 미친 것 ①</u>
　<u>말이나 노루의 발뒤꿈치가 사라지고 발굽만 남은 까닭</u>

핵심 ②　동물들의 생김새가 바뀐 까닭 ②

4 먹이에 따라서도 생김새가 많이 달라졌다. 『같은 새라도 참새처럼 곡식을 쪼아 먹는 새는 부리가 짧고 뭉툭하다. 딱따구리처럼 나무를 파서 벌레를 잡아먹는 새는 부리가 매우 뾰족하게 발달하였고, 매나 독수리처럼 고기를 먹고 사는 새는 부리가 고기를 찢기에 알맞게 발달하였다.』
　<u>동물들의 생김새가 바뀐 데 영향을 미친 것 ②</u>　　『 』: 먹이에 따라 다른 새의 부리

핵심 ③　동물들의 생김새가 바뀐 까닭 ③

5 사는 곳에 따라서도 생김새가 많이 달라졌다. 『같은 곤충이라도 물속에 사는 물방개는 뒷다리가 헤엄을 치기 좋게 생겼고, 땅속에 사는 땅강아지는 앞다리가 땅을 파기에 좋게 생겼다. 같은 물고기라도 물속 바닥에 사는 가자미와 멀리 헤엄쳐 다니는 고등어는 생김새가 많이 다르다. 저마다 자기가 사는 곳에 맞게 모습을 바꾸었기 때문이다.』
　<u>동물들의 생김새가 바뀐 데 영향을 미친 것 ③</u>　　『 』: 사는 곳에 따라 다른 동물의 모습

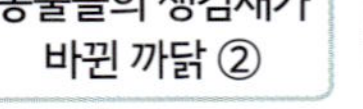 **핵심 ①　동물들의 생김새가 바뀐 까닭 ①**
➜ 먹이를 얻고 위험을 피하기 위해 생김새가 달라짐.

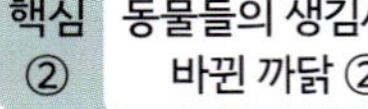 **핵심 ②　동물들의 생김새가 바뀐 까닭 ②**
➜ 먹이의 종류에 따라 생김새가 달라짐.

 **핵심 ③　동물들의 생김새가 바뀐 까닭 ③**
➜ 사는 곳에 따라 생김새가 달라짐.

주제　동물들의 생김새 차이

1 이 글은 동물들의 생김새 차이가 생긴 원인에 대해 예를 들어 자세히 설명하여 쓴 글입니다.

2 ❸에서 말이나 노루는 먹이를 얻고 위험을 피하기 위해 빨리 달리려고 발끝만 쓰다 보니 가운뎃발가락의 발톱이 단단해져서 발굽이 되었다고 했습니다.

3 ① 가자미는 물속 바닥에 살고, 고등어는 멀리 헤엄쳐 다닙니다. ② 참새는 곡식을 쪼아 먹어 부리가 짧고 뭉툭합니다. ③ 개나 고양이는 발굽이 없습니다. ④ 땅강아지는 땅속에 살아서 앞다리가 땅을 파기에 좋게 생겼습니다.

4 매, 독수리, 딱따구리는 '새'에, 가자미와 고등어는 '물고기'에 포함됩니다. 이 글의 ❹와 ❺에서도 알 수 있습니다.

5 ㉮는 딱따구리, ㉯는 독수리, ㉰는 참새의 부리입니다. 참새처럼 곡식을 쪼아 먹는 새는 부리가 짧고 뭉툭합니다. 딱따구리처럼 나무를 파서 벌레를 잡아먹는 새는 부리가 매우 뾰족하게 발달하였고, 매나 독수리처럼 고기를 먹고 사는 새는 부리가 고기를 찢기에 알맞게 발달하였습니다.

6 이 글은 동물들이 생존 경쟁을 벌이면서 사는 곳과 방식에 맞게 생김새를 바꿔 왔다는 내용을 담고 있습니다.

7 동물들은 살아남기 위한 생존 경쟁 때문에 사는 방식과 먹이, 사는 곳에 알맞게 적응해 왔습니다. 그 결과 동물들의 생김새가 서로 차이가 난다고 했습니다.

어휘 탄탄 마무리

3 '격렬하다'는 '말이나 행동 등이 매우 거칠고 세차다.', '넓적하다'는 '편편하고 얇으면서 제법 넓다.', '무디다'는 '칼이나 송곳 따위의 끝이나 날이 날카롭지 못하다.', '날카롭다'는 '끝이 가늘어져 뾰족하거나 날이 서 있다.'라는 뜻의 낱말입니다.

문해력 상승 읽기 전략

핵심 내용을 따라 읽으며 흐름을 정리해 보세요.

쏙쏙! 내용 정리

1 유언, 감은사
2 동해 3 피리
4 만파식적

정답

1 ④   2 ④
3 ③
4 (1) ㉠ / (2) ㉡ (교차)
5 대나무   6 영주, 민재
7 ❶ 신문왕 ❷ 용
❸ 만파식적
❹ 보물

어휘 탄탄 마무리

1 (1) ㉠ / (2) ㉡ / (3) ㉢ (교차)
2 (1) 가뭄   (2) 침범
(3) 평온   (4) 왜적
3 (1) ①   (2) ②

---

1 신라 시대, 삼국을 통일한 위대한 문무왕은 죽음을 앞두고 아들 신문왕을 불러 마지막 부탁을 전했다.
(이야기의 시간적 배경 / 중심인물 ① / 중심인물 ②)

핵심 ① 문무왕의 유언
"내가 세상을 떠나면, 동해 한가운데 바위섬에 나를 묻어라. 나는 죽어서도 용이 되어 왜적이 신라를 침범하지 못하게 지키겠다."

신문왕은 유언에 따라 문무왕을 '대왕암'에 모시고, 아버지의 뜻을 기려 동해 바닷가에 '감은사'라는 절을 세웠다.
(문무왕을 모신 장소 / 문무왕을 기리는 절)

2 그러던 어느 날, 동해의 바다 일을 보던 관리가 ㉠급히 신문왕을 찾아왔다.
(시간의 흐름)
"대왕암 저편에서 보지 못했던 섬이 나타나 감은사를 향해 다가오고 있습니다."
(이야기의 신비한 요소 ①)

3 신문왕은 즉시 동해안으로 향했다.
감은사에 도착해 바다를 바라보니 거북 모양의 섬이 보였다. 그 위에는 대나무가 서 있었는데, 낮에는 두 그루였던 대나무가 밤에는 하나로 합쳐졌다.
(공간적 배경 ① / 공간적 배경 ②)
7일 동안 몰아치던 폭풍이 지나간 후, 신문왕은 배를 타고 섬으로 갔다.
(시간의 흐름 / 이야기의 신비한 요소 ②)
잠시 후에 용이 나타나서 **핵심 ② 섬에 나타난 용이 남긴 말** "이 대나무는 문무왕과 김유신 장군이 내리신 나라를 지키는 보물입니다. ㉮이것으로 피리를 만들면 천하가 평화로워질 것입니다. 대나무를 베어 가져가십시오."라고 말하고 ㉡홀연히 사라졌다.
(공간적 배경 ③ / 이야기의 신비한 요소 ③ / 대나무가 나타난 까닭)

4 신문왕은 궁궐로 돌아와 신기한 대나무로 피리를 만들었다. 그리고 이 피리를 '만파식적'이라 이름 붙였다. 만파식적은 신비한 힘이 있었다. 이 피리를 불면 적군이 물러가고, 병이 나으며, 가뭄에는 비가 오고, 장마에는 날씨가 개었다. 폭풍이 올 때 불면 바람이 잦아지고 물결이 평온해졌다. 이후 만파식적은 신라의 보물이 되었고, 신라의 왕과 백성들은 오랫동안 평화를 누렸다고 한다.
(공간적 배경 ④ / 핵심 ③ 만파식적이 가진 신비한 힘 / 신기한 대나무로 만든 피리 / 이야기의 신비한 요소 ④)

핵심 ① 문무왕의 유언	핵심 ② 섬에 나타난 용이 남긴 말	핵심 ③ 만파식적이 가진 신비한 힘
➜ 문무왕은 신문왕에게 자신을 동해 한가운데 바위섬에 묻어 달라고 유언함.	➜ 용이 나타나 문무왕과 김유신 장군이 내린 대나무로 피리를 만들라고 말함.	➜ 신기한 대나무로 만든 만파식적의 힘으로 신라는 오랫동안 평화를 누림.

주제 만파식적에 얽힌 이야기

1 이 글은 '만파식적'에 관한 이야기로, 신라 시대의 신문왕과 대왕암 등 실제로 있었던 인물과 장소에 관해 전해지는 설화입니다.
|오답 풀이| ② 이 글은 만파식적에 관한 비현실적인 이야기를 담고 있기 때문에 역사적 사실을 있는 그대로 쓴 글이라고 할 수는 없습니다.

2 문무왕은 "내가 세상을 떠나면, 동해 한가운데 바위섬에 나를 묻어라."라는 마지막 부탁을 남겼습니다.

3 동해의 바다 일을 보던 관리가 신문왕을 찾아가 "대왕암 저편에서 보지 못했던 섬이 나타나 감은사를 향해 다가오고 있습니다."라고 알렸습니다.

4 (1) 바다 일을 보던 관리가 못 보던 섬이 나타나서 서둘러 찾아왔으므로, ㉠'급히'의 뜻은 '사정이나 형편이 빨리 처리해야 할 상태로.'입니다. (2) 용이 말을 남기고 갑자기 사라졌다는 내용으로, ㉡'홀연히'의 뜻은 '뜻하지 않게 갑자기.'입니다.

5 ㉮'이것'의 앞뒤에 있는 문장을 살펴보면 단서를 찾을 수 있습니다. 앞에서 "이 대나무는 문무왕과 김유신 장군이 내리신 나라를 지키는 보물입니다."라고 하였으므로 '이것'이 '대나무'를 의미한다는 것을 알 수 있습니다.

6 신문왕이 용을 만나고 신기한 대나무로 피리를 만들었다는 만파식적에 얽힌 이야기는 설화로, 신비한 요소를 많이 담고 있습니다. 만파식적에 관한 신비한 이야기들은 실제로 일어난 일은 아니지만, 신라의 사람들이 나라가 평화롭기를 원해서 만파식적에 대한 이야기를 만들고 전해 온 것이라고 할 수 있습니다.

7 이 글은 신라 시대의 신문왕이 만들었다고 전해지는 신비한 피리 '만파식적'에 관한 설화입니다. 문무왕의 유언에 따라 신문왕이 감은사를 세우고, 동해에 신비한 섬과 대나무가 나타납니다. 이 대나무로 만든 피리 '만파식적'은 신비한 힘을 가진 신라의 보물이 됩니다.

문해력 상승 읽기 전략

핵심 내용을 따라 읽으며 흐름을 정리해 보세요.

쏙쏙! 내용 정리

1 고운 말 2 존중
3 원활 4 우리말
5 언어 습관

정답

1 ① 2 ㉮
3 ①, ②, ③
4 (1) 어린이 (2) 후손
5 ②
6 (1) ○ (2) ○ (3) X
7 ① 존중하는
② 대화 ③ 지키는
④ 비속어

어휘 탄탄 마무리

1 (1) 비속어
(2) 일상적
(3) 후손
(4) 혼

2 (1) ――― ㉮
(2) ――― ㉯
(3) ――― ㉰

3 때때로

---

1 요즘 많은 어린이가 이야기할 때 은어나 비속어를 사용한다. 국립국어원 조사에 따르면 조사 대상 초등학생의 93퍼센트가 비속어를 사용한 적이 있다고 한다. 만약 학생 열 명이 있다면 적어도 아홉 명은 비속어를 사용한 적이 있는 것이다. 비속어가 아닌 고운 말을 사용해야 하는 까닭은 무엇일까?
문제 상황

핵심① 고운 말을 사용해야 하는 까닭 ①

2 고운 말을 사용하면 서로 존중하는 마음을 전할 수 있다. 흔히 말이 눈에 보이지 않는 마음임을 표현할 때 "말은 마음의 거울"이라는 격언을 사용한다. 이 말처럼 대화 상대를 존중하는 마음은 자연스럽게 고운 말로 표현되기 마련이다. 존중하는 마음이 없다면 고운 말도 나오지 않는다.

핵심② 고운 말을 사용해야 하는 까닭 ②

3 고운 말을 사용하면 다른 사람과 원활하게 대화할 수 있다. 은어나 비속어는 원활한 대화를 어렵게 하고 오해를 불러일으킨다. 단순히 재미있으려고 은어나 비속어를 사용했다가 『친구들끼리 싸움으로 이어지는 경우도 있고, 어른과 어린이의 일상적인 대화가 어려워지는 경우도 종종 있다.』
『 』: 은어나 비속어를 사용할 때의 문제점

핵심③ 고운 말을 사용해야 하는 까닭 ③

4 고운 말을 사용하는 것은 우리말을 지키는 것과 같다. 말은 우리 민족의 혼이 담긴 소중한 문화유산이다. 은어나 비속어를 사용한다면 그것이 우리 후손에게 그대로 전해질 것이다. 고운 말을 사용해 아름다운 우리말을 지켜야 한다.

5 고운 말은 다른 사람을 존중하는 마음을 전할 수 있게 한다. 그리고 다른 사람과 대화를 원활하게 할 수 있게 한다. 또 고운 말을 사용하는 것은 우리말을 아름답게 가꾸고 지키는 일이다. 이제라도 고운 말을 사용하는 바른 언어 습관을 기르려고 노력하자.
글쓴이의 주장

핵심 ①	고운 말을 사용해야 하는 까닭 ①	핵심 ②	고운 말을 사용해야 하는 까닭 ②	핵심 ③	고운 말을 사용해야 하는 까닭 ③
→ 고운 말을 사용하면 서로 존중하는 마음을 전할 수 있음.		→ 고운 말을 사용하면 다른 사람과 원활하게 대화할 수 있음.		→ 고운 말을 사용하는 것은 우리말을 지키는 일과 같음.	

주제   고운 말을 사용하자.

1 이 글에는 은어나 비속어를 많이 사용하는 문제 상황과 함께 고운 말을 사용하자는 글쓴이의 주장이 드러나 있습니다.

2 1에서 요즘 많은 어린이가 이야기를 할 때 은어나 비속어를 사용한다는 문제 상황을 밝혔습니다.

3 2~4에서 고운 말을 사용해야 하는 까닭 세 가지를 직접 드러냈습니다.

4 '어린이'는 '4, 5세부터 초등학생까지의 어린아이.'를 뜻하는 낱말이고, '후손'은 '자신의 세대에서 여러 세대가 지난 뒤의 자녀.'를 뜻하는 낱말입니다.

5 글쓴이의 주장이 무엇인지를 파악한 다음 그에 어울리는 생각을 말해야 합니다. 이 글에서는 고운 말을 사용해야 하는 까닭 세 가지를 들어 고운 말을 사용하자고 주장하였으므로, 진주가 바르게 이해하여 말한 친구입니다.

6 주장의 적절성을 파악하려면 글쓴이의 주장이 주제와 밀접하게 관련되어 있는지, 문제를 해결할 수 있는지를 살펴보아야 합니다. 또한 주장과 주장을 뒷받침하는 내용이 서로 관련 있는 내용인지도 따져 봅니다.

7 고운 말을 사용해야 하는 까닭 세 가지를 찾아 정리하고, 글쓴이의 주장을 완성하여 씁니다.

어휘 탄탄 마무리

3 '종종'은 '가끔. 때때로.'를 뜻하는 낱말입니다. '제각기'는 '저마다 모두 따로따로.'를 뜻하고, '좀처럼'은 '이만저만하거나 어지간해서는.'을 뜻하므로 '종종'과 뜻이 비슷한 낱말이 아닙니다.

문해력 상승 읽기 전략

핵심 내용을 따라 읽으며 흐름을 정리해 보세요

쏙쏙! 내용 정리

1 음악극　2 표현 방식
3 음악　4 공연 방식
5 연출

정답

1 오페라, 뮤지컬
2 ①
3 (1) ㉯, ㉫
　(2) ㉮, ㉰, ㉭
4 ③　　5 ②
6 다솜
7 ❶ 대사
　❷ 오케스트라
　❸ 현대적

어휘 탄탄 마무리

1 (1) ㉰　(2) ㉭
　(3) ㉯　(4) ㉮
2 (1) 번역
　(2) 혼합
　(3) 녹음
3 (1) ①　(2) ②

핵심 ① 오페라와 뮤지컬의 공통점

1 오페라와 뮤지컬은 음악과 연극을 결합한 음악극이라는 점이 같다. 오페라와 뮤지컬은 모두 노래와 연기를 통해 관객들에게 이야기를 전달한다. 또한, 무대 장치, 배우들의 의상을 통해 이야기를 시각적으로 보여 주기도 한다.

핵심 ② 오페라와 뮤지컬의 차이점

2 그러나 오페라와 뮤지컬은 이야기나 감정의 표현 방식이 다르다. 우선 오페라는 대사의 대부분이 노래로 되어 있다. 즉, 오페라의 가수들은 등장인물의 이야기를 주로 노래로 표현한다. 반면 뮤지컬에서는 대사와 노래가 혼합되어 있다. 그래서 등장인물들은 말로 대화를 하다가도 중요한 순간에 노래로 감정을 표현한다.

3 음악도 서로 다르다. 오페라는 일반적으로 클래식 음악으로 구성되어 있다. 그리고 관객과 무대 사이에 음악을 연주하는 오케스트라가 있어 이 오케스트라와 함께 공연을 한다. ㉠ 뮤지컬은 현대적인 음악인 팝이나 록 등 다양한 음악을 사용하고, 오케스트라나 밴드의 연주를 활용하기도 하지만 때로는 녹음된 반주를 사용하기도 한다.

4 공연 방식에도 차이가 있다. 먼저 오페라에서는 마이크를 사용하지 않는다. 그래서 오페라는 소리가 잘 전달되는 오페라 극장에서 공연을 하며 무대에 서는 오페라 가수는 풍부한 성량으로 극장 안에 있는 모든 관객이 들을 수 있도록 노래를 부른다. 그에 반해 뮤지컬은 대부분 마이크를 사용하여 배우의 목소리를 크게 해 준다. 또한 오페라는 오페라가 작곡된 원어인 이탈리아어, 프랑스어 등으로 노래를 부르는 경우가 많지만 뮤지컬은 공연되는 나라의 언어로 번역하여 부르는 경우가 많다.

5 연출이나 무대 디자인도 서로 다르다. 오페라는 전통적이고 고전적인 무대 디자인과 의상을 사용하는 경우가 많다. 그러나 뮤지컬은 보다 현대적이고 다양한 무대 디자인과 의상을 활용한다. 오페라는 이야기의 내용이 문학 작품이나 역사적인 사건을 다루는 경우가 많고 그에 비해 뮤지컬은 일상적이면서도 현대적인 내용을 다루는 경우가 많기 때문이다.

핵심 ① 오페라와 뮤지컬의 공통점

➜ 오페라와 뮤지컬은 음악과 연극을 결합한 음악극으로, 노래와 연기를 통해 이야기를 전달함.

핵심 ② 오페라와 뮤지컬의 차이점

➜ 오페라와 뮤지컬은 이야기나 감정의 표현 방식, 음악, 공연 방식, 연출, 무대 디자인에 차이가 있음.

주제 오페라와 뮤지컬의 공통점과 차이점

1 오페라와 뮤지컬은 음악과 연극이 결합된 음악극이라는 공통점이 있습니다.

2 마이크를 사용하는 것은 오페라가 아닌 뮤지컬의 특징입니다.

3 오페라는 대부분 작곡된 원어로 노래를 부르고, 이야기의 내용이 문학 작품이나 역사적인 사건을 다루는 경우가 많습니다. 뮤지컬은 공연을 할 때 녹음된 반주를 사용하기도 하며, 팝이나 록 등 다양한 음악을 사용합니다. 또한 대사와 노래가 혼합되어 있어 등장인물들이 말로 대화를 하다가 중요한 순간에 노래로 감정을 표현합니다.

4 ㉠의 앞에는 오페라에 대한 설명이 나와 있고, ㉠의 뒤에는 뮤지컬에 대한 설명이 나와 있습니다. 따라서 ㉠에는 앞뒤 내용이 바뀔 때 사용하는 '반면에'가 들어가는 것이 가장 알맞습니다.

5 오페라와 뮤지컬의 공통점과 차이점을 소개하는 설명문이므로 오페라와 뮤지컬 공연 영상을 통해 글의 내용을 보충할 수 있습니다.

6 오페라의 특징을 생각하였을 때 마이크나 녹음 반주를 사용하지 않고 원어인 이탈리아어로 노래한 공연을 본 다솜이가 오페라를 본 것으로 추론할 수 있습니다. 가람과 나래가 본 공연은 뮤지컬에 해당합니다.

7 오페라와 뮤지컬은 음악극이라는 공통점이 있지만 표현 방식, 음악, 공연 방식, 언어, 연출 등에 많은 다른 점이 있습니다.

어휘 탄탄 마무리

3 (1) 영희가 음악 시간에 노래를 부른 것이므로, ①의 뜻으로 쓰인 문장입니다.
(2) 저녁을 많이 먹어서 속이 꽉 찬 느낌이 든 것이므로, ②의 뜻으로 쓰인 문장입니다.

문해력 상승
읽기 전략

핵심 내용을 따라 읽으며 흐름을 정리해 보세요.

쏙쏙! 내용 정리

1 빨간 풍선

2 하늘   3 흑인

4 색깔

정답

1 (1) 미국의 작은 마을
(2) 풍선 장수, 흑인 꼬마

2 ④   3 ④

4 ①

5 (1) •————⑦
(2) •————⑭

6 ④

7 ❶ 풍선   ❷ 하늘
❸ 색깔   ❹ 안

어휘 탄탄 마무리

1 (1)   ⑦
(2)   ⑭
(3)   ⑭
(4)   ⑭

2 (1) 사방
(2) 일제히
(3) 단골

3 (1) 땠다
(2) 뗐다
(3) 떼지

---

1 미국의 작은 마을에서 한 풍선 장수가 풍선을 팔고 있었습니다. 풍선 장
<u>일이 일어난 곳</u>   <u>중심인물 ①</u>
수의 단골 고객은 동네 꼬마들이었습니다. 그런데 아이들은 노는 데 정신이
팔려 풍선에는 관심 없는 것처럼 보였습니다. 그래서 장사 수완이 뛰어났던
풍선 장수는 꾀를 내기로 했습니다. <u>핵심 ① 풍선을 팔기 위한 풍선 장수의 꾀</u> 아이들의 관심을 끌기 위하여 빨간 풍선
<u>아이들의 관심을 끌기 위해 풍선을 하늘로 날려 보내는 것</u>
을 하늘로 날려 보낸 것입니다.

"야! 풍선이다." / "잡아, 잡아!"

떠오르는 풍선들을 보고, 사방에 흩어져 있던 아이들이 풍선 장수 주변으
로 우르르 몰려들기 시작했습니다.

2 풍선은 하늘 위로 높이 날아갔고, 아이들은 하늘로 간 알록달록한 풍선
을 아쉬워하며 바라보았습니다. 풍선을 놓친 아이들이 풍선을 사기 위하여
모여들자, 풍선 장수는 흥이 났습니다. 그래서 파란 풍선, 노란 풍선, 하얀 풍
선을 하나씩 날려 보냈습니다. <u>아이들의 관심을 끌기 위한 풍선 장수의 행동</u> 차례차례 날아오른 풍선들은 드넓은 하늘로
높이 올라갔습니다.

3 근처의 아이들이 풍선을 하나씩 사 들고 간 뒤, 아까부터 물끄러미 그 광
경을 보던 흑인 꼬마가 풍선 장수에게 조용히 다가왔습니다.
<u>중심인물 ②</u>
"저, 아저씨. 한 가지 궁금한 게 있는데요."

흑인 꼬마는 알록달록한 풍선 옆에 매달린 검정 풍선을 가리키며 말했습니다.
<u>핵심 ② 흑인 꼬마의 질문</u>
"아저씨, 이 검정 풍선을 하늘로 띄워 보내면, 이 풍선도 다른 것처럼 높이
<u>흑인 꼬마가 궁금해한 것</u>
날 수 있나요?"

4 풍선 장수는 곰곰이 생각한 뒤 고개를 끄덕였습니다. 그리고 꽁꽁 묶어
<u>핵심 ③ 하늘로 날아오른 검정 풍선</u>
두었던 검정 풍선들을 모조리 풀었습니다. 끈이 풀린 검정 풍선들이 일제히
<u>검정 풍선들을 하늘로 높이 날려 주려고</u>
하늘로 날아오르기 시작했습니다. 소년은 검정 풍선이 다른 풍선들과 똑같
이 날아올라 점으로 사라질 때까지 풍선에서 눈을 떼지 못했습니다. 풍선 장
수가 소년의 어깨를 감싸며 말했습니다.

"얘야, 하늘을 날게 만드는 것은 풍선의 색깔이 아니라 그 안에 든 것이란다."
<u>이 글의 주제가 드러남.</u>
"아……." / 그 순간 아이의 표정이 환해졌습니다. 풍선 장수의 지혜가 아이
<u>검정 풍선들을 풀어 다른 색 풍선처럼 하늘로 날아오르는 모습을 보여 줌.</u>
의 두려움까지 모두 날려 보낸 것입니다.

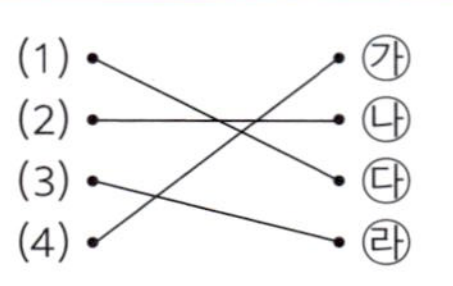

핵심 ①	풍선을 팔기 위한 풍선 장수의 꾀

➡ 풍선 장수는 아이들의 관심을 끌기 위해 빨간 풍선을 하늘로 날려 보냄.

핵심 ②	흑인 꼬마의 질문

➡ 흑인 꼬마가 풍선 장수에게 검정 풍선도 다른 풍선들처럼 높이 날 수 있는지 물음.

핵심 ③	하늘로 날아오른 검정 풍선

➡ 풍선 장수가 묶여 있던 검정 풍선들을 풀자 다른 풍선들처럼 하늘로 날아오름.

주제	중요한 것은 겉모습이 아니라 그 안에 든 것이다.

1 이 글은 미국의 작은 마을에서 한 풍선 장수와 흑인 꼬마 사이에서 일어난 일을 그린 이야기입니다.

2 풍선 장수는 노는 데 정신이 팔린 아이들의 관심을 끌기 위해 빨간 풍선을 하늘로 날려 보냈습니다.

3 흑인 꼬마가 검정 풍선을 가리키며 한 말("아저씨, 이 검정 풍선을 하늘로 띄워 보내면, 이 풍선도 다른 것처럼 높이 날 수 있나요?")을 통해 궁금해한 것이 무엇인지 알 수 있습니다.

4 '어떤 물건을 물 위나 공중에 뜨게 하다.'라는 뜻을 가진 낱말은 '띄우다'입니다.
|오답풀이| '곰곰이', '흩어져', '일제히', '모조리'로 쓰는 것이 알맞습니다.

5 이 글에서 흑인 꼬마는 다른 색깔의 풍선들처럼 검정 풍선도 하늘 높이 오를 수 있기를 바랐으므로, 검정 풍선은 흑인 꼬마 아이의 '검은 피부'를, 하늘은 '희망'을 의미하는 것으로 볼 수 있습니다.

6 풍선 장수가 흑인 꼬마에게 하늘을 날게 만드는 것은 풍선의 색깔이 아니라 그 안에 든 것이라고 말한 것을 통해, 중요한 것은 겉모습이 아니라 그 안에 담긴 것이라는 이 글의 주제를 알 수 있습니다. 따라서 이 이야기를 들려주기에 가장 알맞은 친구는 또래에 비해 작은 키(겉모습) 때문에 자신감이 부족한 수아입니다.

7 이야기를 읽고 내용을 정리할 때에는 인물이 한 일을 차례대로 정리하면 됩니다. 풍선 장수와 흑인 꼬마의 말과 행동을 살펴보고, 빈칸에 알맞은 말을 씁니다.

어휘 탄탄 마무리

3 '불을 때다', '벽보를 떼다', '눈을 떼지 못했다'와 같이 쓰는 것이 알맞습니다.

쏙쏙 내용 정리

1 참정권 2 뉴질랜드
3 남성, 여성
4 권리

정답

1 ① 2 ④
3 ② 4 불평등
5 (3) ○ 6 ③
7 ❶ 국민 ❷ 권리
  ❸ 미국 ❹ 영국

어휘 탄탄 마무리

1 (1) 옹호 (2) 찬사
  (3) 선거 (4) 권리
2 (1) — ㉮
  (2) — ㉯
  (3) — ㉰
3 (1) 인정하다
  (2) 누리다
  (3) 결정하다
  (4) 공평하다

---

1 참정권은 나라의 대표자를 뽑거나 중요한 일을 결정하는 국민의 소중한 권리입니다. 우리나라 국민은 만 18세 이상이면 누구나 공평하게 선거나 투표에 참여하는 참정권을 가집니다. 한 나라의 국민이라면 누구나 누려야 하는 권리 중의 하나가 참정권입니다. 고대 그리스 시대의 남성은 지금으로부터 약 2,500년 전에 참정권을 가졌습니다. 그러나 ㉠여성이 참정권을 가지고 그들의 대표자를 뽑는 일에 참여하기 시작한 것은 백 년이 조금 넘었습니다.
참정권의 뜻
우리나라에서 참정권을 갖는 대상
고대 그리스 시대의 남성이 참정권을 가진 시기
여성은 남성에 비해 참정권을 매우 늦게 가짐.

핵심 ① 여성 참정권의 역사

2 세계에서 가장 먼저 여성의 참정권을 인정한 나라는 뉴질랜드입니다. 뉴질랜드는 1893년부터 세계 최초로 여성도 투표에 참여하였습니다. 그 뒤를 이어 오스트레일리아, 핀란드, 노르웨이 등이 차례로 여성의 참정권을 인정하였습니다. 그리고 미국은 1920년에, 영국은 1928년에야 비로소 여성의 참정권을 인정하였습니다.

핵심 ② 영국의 참정권 확대 과정

3 처음 영국에서는 세금을 낼 수 있는 재산을 가진 남성만이 참정권을 가지고 있었습니다. 그러다가 재산이 적거나 없는 남성에게도 점차 참정권이 주어졌습니다. 하지만, 여성에게는 여전히 참정권이 주어지지 않았습니다. 많은 사람이 여성은 오로지 아내와 어머니의 역할만 충실히 하면 된다고 생각하였습니다. 대부분 이러한 생각을 하던 시대에 여성에게도 법적으로 동등한 권리를 주어야 한다고 주장하는 사람이 있었습니다. 바로 메리 울스턴크래프트입니다.
영국의 참정권 1차 확대
여성에게 참정권을 주지 않은 까닭
여성에게도 법적으로 동등한 권리를 주어야 함을 주장한 인물

핵심 ③ 메리 울스턴크래프트의 주장

4 메리 울스턴크래프트는 1792년 영국에서 출판된 『여성 권리의 옹호』라는 책에서 "여성도 남성과 똑같은 권리를 가져야 한다."라는 주장을 하였습니다. 이처럼 『여성에게도 법적으로 남성과 동등한 권리를 주어야 한다는 메리 울스턴크래프트의 주장은 여성들의 큰 호응과 찬사를 받았고, 『여성 권리의 옹호』는 세계 여러 나라 언어로 번역되었습니다. 이 책의 인기는 그동안 여성들이 남성 중심의 사회와 남녀 불평등에 대하여 얼마나 많은 불만을 가지고 있었는지 말하여 줍니다.
『 』: 메리 울스턴크래프트의 생각에 공감하는 사람이 많았음.

| 핵심 ① | 여성 참정권의 역사 | 핵심 ② | 영국의 참정권 확대 과정 | 핵심 ③ | 메리 울스턴크래프트의 주장 |

➡ 뉴질랜드, 오스트레일리아, 핀란드, 노르웨이, 미국, 영국 순으로 여성의 참정권을 인정함.

➡ 처음 영국에서는 남성만이 참정권을 가지고 있었고, 여성에게는 참정권이 주어지지 않음.

➡ 여성도 남성과 똑같은 권리를 가져야 한다는 메리 울스턴크래프트의 주장이 큰 호응과 찬사를 받음.

주제 여성 참정권의 역사

1 이 글은 여성이 참정권을 가지게 된 역사에 대해 설명한 글입니다.

2 1 에서 '나라의 대표자를 뽑거나 중요한 일을 결정하는 국민의 소중한 권리'라는 참정권의 뜻이 드러나 있습니다.

3 1 에서 고대 그리스 시대의 남성은 지금으로부터 약 2,500년 전에 참정권을 가졌지만 여성은 대표자를 뽑는 일에 참여하기 시작한 지 백 년이 조금 넘었다고 하였습니다. 이는 남성에 비해 여성이 참정권을 매우 늦게 가지게 되었음을 의미합니다.

4 '권리, 의무, 자격 등이 차별 없이 고르고 똑같음.'을 뜻하는 '평등'이라는 낱말에 '불–'을 붙여 '불평등'이라는 낱말이 되었습니다. '불평등'은 '차별이 있어 평등하지 않음.'을 뜻하는 낱말입니다.

5 여성은 오로지 아내와 어머니의 역할만 충실히 하면 된다고 생각하여 여성에게는 참정권이 주어지지 않았던 과거 영국에서 메리 울스턴크래프트는 "여성도 남성과 똑같은 권리를 가져야 한다."라는 주장을 하였습니다. 이 주장이 여성들의 큰 호응과 찬사를 얻었으며 1928년에 비로소 영국에서 여성의 참정권을 인정했다는 내용으로 보아, 오늘날 여성들이 참정권을 가질 수 있게 된 것은 메리 울스턴크래프트와 같은 생각을 가진 사람들이 있었기 때문이라고 짐작할 수 있습니다.

6 글에서 역사적 사실을 제시하고 있더라도, 그 내용을 무조건 믿고 그대로 받아들이는 것은 글을 비판적으로 평가하는 올바른 태도가 아닙니다.

7 이 글에서 설명한 참정권의 뜻을 정리해 봅니다. 그리고 나라별로 여성의 참정권이 인정된 시기와, 그중 영국에서의 여성 참정권의 역사를 정리합니다.

문해력 상승
읽기 전략

핵심 내용을 따라 읽으며 흐름을 정리해 보세요.

쏙쏙! 내용 정리

1 일기장 2 페터
3 전쟁

정답

1 ③   2 ⑤
3 ②   4 ④
5 ⑤
6 (2) ○
7 ❶ 답답한 ❷ 두려운
  ❸ 행복한 ❹ 일기

어휘 탄탄 마무리

1 (1) ㉑
  (2) ㉯
  (3) ㉰

2 (1) 오싹하다
  (2) 당황
  (3) 문병
  (4) 출입구

3 (1) ①   (2) ②

---

1 이 글은 1940년대, 네덜란드에서 살던 열세 살 안네 프랑크라는 소녀가 쓴 일기예요. 안네 프랑크와 그 가족은 유대인이라는 이유로 독일군에게 끌려갈까 봐 은신처에서 몰래 숨어 살았어요. 답답한 생활을 이어 가던 중 안네는 '키티'라는 일기장에 마음을 털어놓기 시작했어요.
— 안네의 가족이 숨어 사는 까닭

2 1943년 3월 25일 목요일
— 안네의 일기장
키티! / 어젯밤 갑자기 페터가 들어와 아빠에게 귓속말을 하였어.
핵심 ① 발각될 위기에 처한 안네의 가족
"창고의 통이 뒤집혀 있고 출입구에는 누군가 있는 것 같아요."

페터의 말을 듣는 순간, 나는 파랗게 질려서 떨기 시작하였어. 아빠와 페터는 아래층으로 내려가셨고. 한참 뒤에 돌아온 두 사람은 두 번이나 방문에서
은신처가 발각될 것에 대한 두려움과 공포 때문에
소리가 나자 당황하여 위층으로 뛰어오셨다고 해.

우리는 양말만 신은 채 판 단 아저씨의 방으로 갔어. ㉠ 감기에 걸린 판 단 아저씨가 기침을 할 때마다 온몸이 오싹했단다.
판 단 아저씨의 기침 소리 때문에 들킬까 봐 두려워하는 마음
만약, 누군가 우리 집 안을 엿보았다면 큰일이야. 라디오가 영국 방송에 맞추어져 있거든. ㉡ 만약, 우리를 경찰에 알리기라도 한다면……
전쟁 소식을 영국 방송에 의지해서 듣고 있는 안네의 가족
그래서 우리는 어젯밤 내내 수도를 쓰지 않기로 하였고 화장실 물도 내리지 못하였어. 무척 불편하였지. 모두 뜬눈으로 밤을 새웠고 ㉓ 아침을 겨우 먹었어.『 』: 안네 가족이 발각되지 않기 위해서 한 일

3 1943년 7월 23일 금요일

키티! / 전쟁이 끝나고 가장 먼저 우리가 하고 싶은 일이 무엇인지 이야기해 줄게.『마르고 언니와 판 단 아저씨는 무엇보다도 더운물이 철철 넘치는 욕조에 푹 잠기고 싶대. 판 단 아주머니는 당장 크림 케이크를 먹고 싶다고 하셨고, 뒤셀 아저씨는 헤어진 로체를 만날 일만 생각하고 계셔. 엄마는 향기로운 커피를 마시고 싶다고 하시고, 아빠는 포스콰일 씨 문병을 가고 싶어 하셔. 페터는 마음껏 거리를 걷다가 영화를 보고 싶대.』
『 』: 안네의 가족과 이웃이 전쟁으로 일상의 행복을 누리지 못하고 있음을 짐작할 수 있음.
핵심 ② 전쟁이 끝나는 날을 상상하는 안네
나는 그런 날이 오면 정말 기뻐서 무얼 해야 할지 모를 것 같아. 내가 가장 원하는 것은 학교에 다니는 거란다. 전쟁이 끝난 뒤에 무엇을 할지 생각에 잠기면 참 행복해.
안네가 전쟁이 끝나면 가장 하고 싶은 일
전쟁이 끝난 뒤에 할 일을 생각하며 행복해하는 안네

핵심 ①	발각될 위기에 처한 안네의 가족	핵심 ②	전쟁이 끝나는 날을 상상하는 안네

➡ 안네의 가족은 은신처가 발각될 위기에 처해 밤새 두려움에 떨었음.

➡ 안네는 전쟁이 끝나는 날을 상상하며 행복해함.

주제 소녀의 눈으로 본 전쟁에 대한 두려움과 공포

---

1 키티는 안네의 일기장으로, 안네는 일기를 쓰면서 답답한 마음을 털어놓았습니다.

2 안네의 가족은 유대인이라는 이유로 독일군에게 끌려갈까 봐 은신처에서 숨어 지냈습니다.

3 안네가 전쟁이 끝나면 학교에 가고 싶다고 하는 것으로 보아, 학교 숙제로 일기를 쓰는 것은 아님을 알 수 있습니다.

4 '아침'은 '날이 새면서 오전 반나절쯤까지의 동안.'이라는 뜻과 '날이 새면서 오전 반나절쯤까지의 동안에 먹는 끼니.'라는 뜻을 가지고 있습니다. ㉓는 '날이 새면서 오전 반나절쯤까지의 동안에 먹는 끼니.'라는 뜻이므로 ④의 '아침'이 이와 같은 뜻입니다.

5 안네의 가족은 독일군을 피해 숨어 있는 상황에서 판 단 아저씨의 기침 소리가 새어 나가 자신들의 은신처가 들킬까 봐 걱정하고 있습니다.

6 독일군을 피해 은신처에 숨어 지내는 안네 가족의 상황과 누군가 집 안을 엿보기라도 하면 큰일이라고 한 것에서 경찰에 발각되는 것에 대한 공포와 두려움을 알 수 있습니다. 그러므로 ㉡의 뒤에 이어질 내용으로는 발각이 되면 큰일을 당하게 될 것이라는 내용이 가장 알맞습니다.

7 안네는 답답한 마음을 털어놓기 위해 일기를 쓰기 시작하였고, 은신처에 숨어 살면서 느낀 두려움과 공포, 전쟁이 끝나면 하고 싶은 일을 상상하며 느낀 행복한 마음 등을 일기장에 털어놓았습니다.

어휘 탄탄 마무리

3 (1) 해가 져서 마을이 어둠에 휩싸인 것이므로, ①의 뜻으로 쓰인 문장입니다.
  (2) 영주가 가족 여행 생각에 빠진 것이므로, ②의 뜻으로 쓰인 문장입니다.

쏙쏙! 내용 정리

1 스티로폼 2 팝콘
3 변형 4 상용화

정답

1 ② 2 ④
3 ⑤ 4 ①
5 ④ 6 선아
7 ❶ 스티로폼
❷ 물 ❸ 먹이
❹ 편리함

어휘 탄탄 마무리

1 (1) 대체
(2) 변형
(3) 유입되다
(4) 단열재

2 (1) ──── ㉮
(2) ──── ㉯
(3) ──── ㉰

3 (1) ② (2) ①

미래일보 2000년 00월 00일

1 최근 온라인 쇼핑 거래의 증가로 스티로폼을 활용한 포장 사용량도 함께 증가하고 있다. 스티로폼은 열을 차단하는 효과가 뛰어나고, 무게도 가벼워서 단열재나 포장재로 널리 사용된다. <스티로폼의 장점> 하지만 사람들이 <핵심 ① 스티로폼의 단점> 한 번 쓰고 버리는 데다 잘 썩지 않고, 가벼워서 물에 쉽게 쓸려 바다까지 유입되어 환경 오염을 일으킨다. 또한 스티로폼은 불이 잘 붙는 성질이 있어 화재 시 매우 위험하다는 점도 큰 문제로 지적되고 있다.

2 그런데 최근 독일의 ○○대학교 연구 팀이 팝콘(옥수수 알갱이를 튀겨서 만든 음식)에서 스티로폼의 대체품으로서의 가능성을 찾았다. <대체 스티로폼의 재료> 이들은 팝콘을 으깬 다음 통에 넣고 뭉쳐 만든 단열재가 스티로폼과 비슷한 역할을 할 것이라고 밝혔다.

3 연구 팀은 팝콘으로 만든 대체 스티로폼은 자연 상태에서 생분해되기 때문에 환경을 오염시키지 않는다고 설명했다. <핵심 ② 팝콘으로 만든 대체 스티로폼의 장점> 그리고 스티로폼보다 불에 잘 타지 않아 건축 재료로 사용하기에 안전한 소재라고 전했다. 이뿐만 아니라 상대적으로 크고 딱딱한 일반 스티로폼에 비해 팝콘 스티로폼은 다양한 모양으로 변형도 가능하다. 또한 팝콘 내에 공기를 ㉠주입해 제품을 안전하게 보호할 수 있으며, 스티로폼 외부에 얇은 바이오 플라스틱을 코팅해 포장재가 물에 녹지 않도록 만들 수 있다. 게다가 으깬 팝콘을 뭉칠 때 생물에 해롭지 않은 접착제를 사용하므로, 대체 스티로폼을 동물의 먹이로 재활용할 수도 있다고 한다.

4 연구 팀은 팝콘 스티로폼을 단열재로 상용화하기 위해 독일의 한 건축 업체와 생산 계약을 체결했다. 앞으로 팝콘 스티로폼이 널리 사용되면 환경 오염을 일으키지 않고 생활에 큰 편리함을 줄 것으로 기대되고 있다. <팝콘 스티로폼의 전망>

핵심 ①	스티로폼의 단점

➔ 기존의 스티로폼은 잘 썩지 않아 환경 오염을 일으키고, 불이 잘 붙는 성질이 있어 화재 시에 매우 위험함.

핵심 ②	팝콘으로 만든 대체 스티로폼의 장점

➔ 팝콘 스티로폼은 환경을 오염시키지 않고 안전하며 동물의 먹이로도 재활용할 수 있는 등 여러 장점이 있음.

주제 팝콘으로 만든 스티로폼 대체재의 개발

1 옥수수 알갱이를 튀겨 만든 팝콘을 으깨어 통에 넣고 뭉치면 스티로폼과 비슷한 역할을 할 수 있다는 것으로 보아 대체 스티로폼의 재료가 팝콘임을 알 수 있습니다.

2 바다까지 유입되어 환경 오염을 일으키는 것은 기존 스티로폼의 단점을 설명한 것입니다.

3 3에서 팝콘을 뭉칠 때 생물에 해롭지 않은 접착제를 사용하기 때문에 팝콘으로 만든 대체 스티로폼을 동물의 먹이로 재활용할 수 있다고 하였습니다.

4 '주입하다'는 '액체나 기체가 흘러 들어가도록 부어 넣다.'라는 뜻을 가진 낱말입니다. 그러므로 팝콘 안에 공기를 주입한다는 글의 내용으로 보아 ㉠을 '넣어'로 바꾸어 쓸 수 있습니다.

5 이 글은 새롭게 개발된 팝콘 스티로폼에 대해 소개하는 글이므로 팝콘 스티로폼을 실제로 활용한 사례를 추가하여 글의 내용을 보충할 수 있습니다.

6 3에서 팝콘 스티로폼은 기존 스티로폼보다 불에 잘 타지 않아 건축 재료로 사용하기에 안전한 소재라고 하였으므로 선아의 의견이 가장 알맞습니다.

7 기존의 스티로폼이 가진 단점을 극복할 수 있는 팝콘으로 만든 대체 스티로폼이 개발되었다는 내용으로 글의 전체적인 내용을 정리할 수 있습니다.

어휘 탄탄 마무리

3 (1) 따뜻한 물에 꿀을 섞어 마신 것이므로, ②의 뜻으로 쓰인 문장입니다. (2) 장작에 불이 붙어 번지는 것이므로, ①의 뜻으로 쓰인 문장입니다.

문해력 상승
읽기 전략

핵심 내용을 따라 읽으며 흐름을 정리해 보세요.

쏙쏙! 내용 정리

1 국립경주박물관
2 금관 3 월지관
4 성덕 대왕 신종
5 신라

정답

1 (3) ○
2 ③, ④, ⑤
3 신라 역사관
4 (1) • — ㉮
  (2) • — ㉯
5 4
6 (1) • — ㉮
  (2) • — ㉯
  (3) • — ㉰
7 ① 역사관 ② 월지
  ③ 경건한

어휘 탄탄 마무리

1 (1) ㉯ (2) ㉰
  (3) ㉭ (4) ㉮
2 (1) 유적
  (2) 권위
  (3) 유물
3 (1) 솟았다
  (2) 쏟는다
  (3) 솟았다

---

1 경주는 신라 천 년의 수도이다. 나는 책에서만 보았던 신라의 문화유산을 직접 보고 싶어 국립경주박물관에 가 보기로 하였다. 서울에서 아침 일찍 출발하니 점심 전에 경주에 도착했고, 곧바로 국립경주박물관을 찾아갔다. 국립경주박물관은 경주에서 출토된 국보와 보물을 비롯한 많은 유물을 보존하고 전시하는 곳이다.

국립경주박물관에 간 까닭
여행지

핵심 ① 신라 역사관에서의 견문과 감상

2 국립경주박물관에서 가장 먼저 가 본 곳은 신라 역사관이다. 신라 역사관은 까마득한 선사 시대의 돌도끼부터 신라의 금관까지 만날 수 있는 전시관이다. 빗살무늬 토기와 돌칼들을 보니 옛사람들이 어떻게 살았을지 짐작할 수 있었다. 또 국보 제188호인 천마총 금관을 보았는데, 눈부시게 아름다웠다. 섬세하게 조각된 장식과 하늘로 솟은 왕관의 모습을 보니 그 옛날 임금님의 권위가 느껴졌다.

신라 역사관에서 본 것 ①
신라 역사관에서 본 것 ②
천마총 금관을 보고 느낀 점 ①
천마총 금관을 보고 느낀 점 ②

핵심 ② 월지관에서의 견문과 감상

3 그다음으로 간 곳은 월지관이다. 월지관은 월지 유적에서 발견된 국가유산을 전시하여 둔 곳이다. 월지는 문무왕 14년(674년)에 삼국 통일을 기념하기 위해 궁궐 안에 만든 연못이다. 월지의 출토품들은 신라 왕실에서 사용하던 생활용품으로, 신라 사람들이 어떤 그릇으로 밥을 먹고, 어떤 장식품을 좋아하고, 어떤 기와로 집을 지었는지 알려 주었다. 월지관에서 본 연꽃무늬 수막새, 망새 등을 통해 신라 왕궁의 화려하고 웅장한 모습을 짐작해 볼 수 있었다.

월지관에서 본 것 ①
월지관에서 본 것 ②
연꽃무늬 수막새, 망새 등을 보고 느낀 점

핵심 ③ 옥외 전시장에서의 견문과 감상

4 마지막으로 옥외 전시장을 구경했다. 옥외 전시장에는 범종, 석탑, 석불 등 규모가 큰 유물들이 있었다. 특히 성덕 대왕 신종은 넋을 잃고 바라본다는 말이 실감 날 정도로 내 마음을 사로잡았다. 생각보다 어마어마하게 큰 종 앞에 서니 저절로 경건한 마음이 생겼다.

옥외 전시장에서 본 것 ①
옥외 전시장에서 본 것 ②
성덕 대왕 신종을 본 느낌 ①
성덕 대왕 신종을 본 느낌 ②

5 국립경주박물관을 둘러보고 나니 사라진 신라가 아니라 살아 숨 쉬는 신라를 느낄 수 있었다. 책에서 본 유물은 지식으로 머릿속에 남지만, 직접 보고 느낀 유물은 마음속에 감동으로 남는 것 같다.

핵심 ① 신라 역사관에서의 견문과 감상

핵심 ② 월지관에서의 견문과 감상

핵심 ③ 옥외 전시장에서의 견문과 감상

주제 국립경주박물관 여행

1 여행의 과정이나 일정을 '여정', 여행에서 보거나 들은 것을 '견문', 여행하며 든 생각이나 느낌을 '감상'이라고 합니다. 이 글은 국립경주박물관을 다녀온 여정을 적고, 여행으로 얻은 견문과 감상을 쓴 기행문입니다.

2 국립경주박물관은 경주에서 출토된 국보와 보물을 비롯한 많은 유물을 보존하고 전시하는 곳으로, 신라의 문화유산을 직접 볼 수 있는 곳입니다. 글쓴이는 국립경주박물관에서 신라 역사관, 월지관, 옥외 전시장을 차례대로 들렀습니다.

3 **2**에서 글쓴이가 신라 역사관에서 빗살무늬 토기, 돌칼, 천마총 금관을 보았다는 것을 알 수 있습니다.

4 '웅장하다'와 '섬세하다'는 사물의 성질이나 상태를 나타내는 말로, 각각 '크기나 분위기 등이 무척 크고 무게가 있다.', '매우 세밀하고 정확하다.'라는 뜻을 가진 낱말입니다.

5 **4**를 보면, 글쓴이는 옥외 전시장에서 성덕 대왕 신종을 보았다고 하였습니다. 따라서 성덕 대왕 신종의 다른 이름과 성덕 대왕 신종을 지금은 치지 않는다는 내용의 글은 **4**에 추가하기에 알맞습니다.

6 기행문의 처음 부분에 여행한 까닭이나 목적을, 가운데 부분에 여정(다닌 곳), 견문(보고 들은 것), 감상(생각하거나 느낀 것)을, 끝부분에 여행의 전체 감상과 더 알고 싶은 점을 씁니다.

7 글쓴이가 국립경주박물관에서 둘러본 곳을 차례대로 정리하고, 그곳에서 보거나 들은 것과 그에 대해 생각하거나 느낀 것을 중심으로 전체 글의 내용을 정리합니다.

어휘 탄탄 마무리

3 '하늘로 솟다', '정성을 쏟다', '김이 솟다'와 같이 표현하는 것이 알맞습니다.

문해력 상승 읽기 전략

핵심 내용을 따라 읽으며 흐름을 정리해 보세요.

쏙쏙! 내용 정리

1 나그네　2 노인
3 남자　4 등

정답

1 ①　2 ②
3 (1) ⓑ, ⓒ　(2) ㉮, ㉣
4 (2) ○
5 ②　6 ④
7 ① 산등성이
② 노인
③ 나그네

어휘 탄탄 마무리

1 (1) ————— ㉮
(2) ————— ㉯
(3) ——×—— ㉢
(4) ————— ㉣

2 (1) 조바심
(2) 중턱
(3) 체온

3 완만하다

---

1 한 나그네가 눈보라 치는 가파른 산길을 걷고 있었다. 험한 산길에 세찬 바람이 몰아쳐, 산길에 익숙한 나그네도 속도를 낼 수 없었다.

산 정상에 이르렀을 때, 나그네는 앞서가는 한 남자를 보았다. 해가 지기 시작해서 땅 위로 어둠이 내리고 있었지만, 서로를 의지한다면 산 아랫마을에 도착할 수 있을 것 같았다. 두 사람은 서로 만나게 된 것을 기뻐하며 나란히 걸었다. 얼마쯤 지났다.
공간적 배경 ①
서로를 의지하며 갈 수 있게 되어서

핵심 ① 산에서 길을 잃은 나그네와 남자
"길을 잃은 것 같아요. 주변을 살펴보면 길을 찾을 수 있을 거예요."

나그네는 길을 잃은 것 같아 걱정스러웠지만, 주변을 둘러보며 위치를 살폈다. 남자는 조바심을 내며 나그네를 보았다. 나그네는 산등성이를 바라보며 고개를 끄덕이더니 앞장서서 걷기 시작했다.

2 산 중턱에 이르렀을 즈음, 나그네는 눈 위로 솟아오른 무언가를 보았다. 놀랍게도 그것은 사람의 발이었다. 나그네와 남자가 쓰러진 사람에게 다가가려는 순간, 그의 발이 움직였다. 그는 살아 있었다.
공간적 배경 ②

"정신 차리세요! 이대로 있다가는 죽어요."

눈 속에 쓰러진 사람은 백발이 성성한 노인이었다.

핵심 ② 쓰러진 노인을 발견한 나그네의 제안
3 "이분을 모시고 내려갑시다. 우리가 모른 체한다면 이분은 분명 죽고 말 것이오." / 그러자 남자는 고개를 저으며 대답하였다.
사람의 생명을 소중하게 생각하는 나그네

"안 돼요. 우리도 죽을지 살지 모르는 판에 누구를 도와준다는 말이오? 자칫하면 우리까지 얼어 죽을 수 있어요!"
나그네의 제안을 거절하는 남자

"이 사람을 죽게 버려두고 가겠다는 말입니까?"

"그건 내 알 바가 아니오." ♪: 남자의 냉정한 모습

남자는 단호하게 대구하고 뒤도 돌아보지 않고 혼자 산 아래로 내려갔다.

핵심 ③ 노인을 업고 산을 내려가는 나그네
4 나그네는 노인을 등에 업었다. 가파르고 미끄러운 길을 쉬지 않고 걷느라 몸이 땀에 흠뻑 젖었다. 다행히 눈보라는 점점 약해졌고, 서로의 온기로 체온이 유지되었다. 어느 순간, 마을이 보이기 시작했다.
힘든 상황에서도 노인을 업고 내려가는 나그네의 인정 많은 모습

나그네는 안도감에 마을을 둘러보다 마을 입구에 쓰러져 있는 한 사람을 발견하였다. 가까이 가 보니 혼자 먼저 산을 내려간 그 남자였다.

핵심 ① 산에서 길을 잃은 나그네와 남자

➡ 눈보라가 치는 산길을 함께 걷던 나그네와 남자가 길을 잃음.

핵심 ② 쓰러진 노인을 발견한 나그네의 제안

➡ 나그네는 쓰러진 노인을 데리고 내려가자고 제안하지만, 남자는 제안을 거절함.

핵심 ③ 노인을 업고 산을 내려가는 나그네

➡ 나그네는 혼자서 노인을 업고 내려와 마을 입구에 쓰러져 있는 남자를 발견함.

주제 힘든 상황에서도 쉽게 포기하지 말자.

1 이야기에서 일이 일어난 때(시간)와 일이 일어난 곳(장소)을 가리켜 이야기의 '배경'이라고 합니다. 이 글은 눈보라 치는 산속에서 한 나그네에게 일어난 일을 담은 이야기입니다.

2 혼자서 눈보라 치는 가파른 산길을 걷다가 서로 가는 방향이 같은 사람을 만나 함께 산길을 헤쳐 나가게 된 것에 안도하는 마음이 든 것입니다.

3 남자는 쓰러진 노인을 구하지 않고 혼자서 산 아래로 내려갔고, 마을 입구에 쓰러져 있었습니다. 반면 나그네는 쓰러진 노인을 등에 업고 산 아래로 내려갔고, 별 탈 없이 마을에 도착하였습니다.

4 나그네의 말("우리가 모른 체한다면 이분은 분명 죽고 말 것이오.")과 쓰러진 노인을 업고 산길을 내려간 행동을 통해 노인을 불쌍히 여기는 나그네의 마음을 알 수 있습니다.

|오답 풀이| '회자정리'는 만나면 반드시 헤어지게 되어 있다는 뜻으로, 나그네와 노인은 이별한 상황이 아니므로 노인에 대한 나그네의 마음을 나타낸 말로 알맞지 않습니다.

5 나그네가 혼자서 노인을 데리고 산 아래로 내려와 마을에 도착했으므로, 만약 남자와 함께했다면 더 빠르고 안전하게 노인과 함께 마을에 도착했을 것이라 짐작할 수 있습니다.

6 이 이야기는 내가 곤란한 지경에 놓여 있더라도 나보다 더 어려운 사람을 모른 체하지 않고 도와준다면 그것이 나에게 복이 될 수 있다는 것을 알려 주고 있습니다.

7 이야기를 읽고 내용을 정리할 때에는 인물이 처한 상황을 먼저 파악하고, 그 상황에서 인물이 한 말과 행동을 통해 인물이 추구하는 삶이 무엇인지 정리할 수 있습니다.

문해력 상승
읽기 전략

핵심 내용을 따라 읽으며 흐름을 정리해 보세요.

쏙쏙! 내용 정리

1 감각　2 망막
3 진동　4 후세포
5 맛봉오리　6 감각점
7 정보

정답

1 ④

2 (1) 후각　(2) 미각
　(3) 청각　(4) 시각
　(5) 촉각

3 (1) ○　(2) X　(3) ○

4 ⑤　5 ③

6 윤성

7 ① 소리　② 냄새
　③ 피부　④ 감각

어휘 탄탄 마무리

1 (1) 인식하다
　(2) 망막
　(3) 분자
　(4) 탐색하다

2 (1) ●　　●㉮
　(2) ●　　●㉯
　(3) ●　　●㉰

3 (1) 변환하다
　(2) 다채롭다
　(3) 감지하다
　(4) 도달하다

---

1 우리 몸에는 여러 가지 감각이 있어요. 이런 감각들 덕분에 우리는 보고, 듣고, 냄새를 맡고, 맛보고, 느낄 수 있답니다. [중심 내용] 감각은 우리가 세상을 인식하는 데 매우 중요한 역할을 하지요. [감각이 하는 일] 그럼 우리 몸으로 느낄 수 있는 여러 가지 감각에 대해 알아볼까요?

[핵심 ① 우리 몸의 감각 ①: 시각]
2 먼저 시각은 눈을 통해 외부의 빛을 받아들여 우리가 사물을 볼 수 있게 해 주는 감각이에요. 눈의 망막에서 빛을 감지하고 이 정보를 뇌로 전달해서, [시각의 원리] 우리가 사물의 모양, 색깔, 크기를 인식할 수 있게 해 준답니다. 우리가 세상의 아름다움을 볼 수 있는 것은 모두 시각 덕분이지요.

[핵심 ② 우리 몸의 감각 ②: 청각]
3 청각은 귀를 통해 소리를 듣게 해 주는 감각이에요. 소리의 진동이 귀에 도달하면, 귀에서 이것을 전기 신호로 ㉠변환해서 뇌로 보내 우리가 소리를 인식하게 돼요. 우리가 사람들의 목소리나 음악을 듣는 것은 모두 청각을 통한 것이지요. [청각의 원리]

[핵심 ③ 우리 몸의 감각 ③: 후각]
4 후각은 코를 통해 냄새를 맡는 감각을 말해요. 냄새 분자가 콧속의 후세포에 닿으면, 냄새에 대한 정보가 뇌로 전달되어 우리가 냄새를 구별할 수 있게 돼요. 후각을 통해서 우리는 맛있는 음식의 냄새나 꽃향기를 맡을 수 있어요. [후각의 원리]

[핵심 ④ 우리 몸의 감각 ④: 미각]
5 미각은 혀를 통해 맛을 느끼는 감각이에요. 혀에 있는 맛봉오리가 음식의 맛을 감지하고 뇌로 정보를 보내 맛을 인식하게 해 줘요. 단맛, 쓴맛, 짠맛, 신맛을 구별하는 것은 미각의 역할이에요. [미각의 원리]

[핵심 ⑤ 우리 몸의 감각 ⑤: 촉각]
6 마지막으로, 촉각은 피부를 통해 물리적인 압력, 온도 등을 느끼는 감각이에요. 우리는 피부에 있는 감각점을 통해 추위나 더위, 부드러움이나 거칢을 느낄 수 있어요. [촉각의 원리] 이 감각 덕분에 우리는 주변 환경을 안전하게 탐색할 수 있답니다.

7 이러한 감각은 우리가 세상을 경험하고 이해하는 데 꼭 필요해요. 각각의 감각은 서로 다른 방식으로 우리에게 정보를 제공하며, 우리의 생활을 더욱 풍부하고 다채롭게 만들어 주지요. [감각의 중요성]

핵심 ① 우리 몸의 감각 ①: 시각
→ 시각은 눈을 통해 사물을 보는 감각임.

핵심 ② 우리 몸의 감각 ②: 청각
→ 청각은 귀를 통해 소리를 듣는 감각임.

핵심 ③ 우리 몸의 감각 ③: 후각
→ 후각은 코를 통해 냄새를 맡는 감각임.

핵심 ④ 우리 몸의 감각 ④: 미각
→ 미각은 혀를 통해 맛을 느끼는 감각임.

핵심 ⑤ 우리 몸의 감각 ⑤: 촉각
→ 촉각은 피부를 통해 압력, 온도 등을 느끼는 감각임.

주제 우리 몸의 여러 가지 감각

1 이 글은 우리 몸의 다섯 감각인 시각, 청각, 후각, 미각, 촉각에 대해 설명하고 있습니다. 따라서 제목으로 가장 알맞은 것은 '우리 몸의 여러 가지 감각'입니다.

2 우리 몸의 감각에는 코를 통해 냄새를 맡는 후각, 혀를 통해 맛을 느끼는 미각, 귀를 통해 소리를 듣는 청각, 눈을 통해 사물을 보는 시각, 피부를 통해 물리적인 압력과 온도 등을 느끼는 촉각이 있습니다.

3 (1) 2 에서 확인할 수 있는 내용입니다. (2) 5 에서 혀에 있는 맛봉오리가 음식의 맛을 감지하고 뇌로 정보를 보내 맛을 인식하게 해 준다고 하였습니다. (3) 6 에서 확인할 수 있는 내용입니다.

4 ㉠의 '변환해서'는 소리의 진동을 전기 신호로 바꾸어서 뇌로 보낸다는 의미로 쓰였습니다. 따라서 ⑤의 '바꾸어서'와 의미가 통합니다.

5 촉각은 '피부를 통해 물리적인 압력, 온도 등을 느끼는 감각'입니다. 따라서 물체의 온도를 느끼는 ③이 촉각을 활용하여 느낀 감각의 예로 알맞습니다.
|오답 풀이| ①은 시각, ②는 후각, ④는 청각, ⑤는 미각의 예입니다.

6 2 에서 눈의 망막에서 빛을 감지하고 이 정보를 뇌로 전달해, 우리가 사물의 모양, 색깔, 크기를 인식할 수 있게 해 준다고 하였습니다. 따라서 망막에서 빛을 감지하지 못하면 그 정보가 뇌로 전달되지 않아 우리가 사물을 인식할 수 없다는 것을 추론할 수 있습니다.

7 이 글은 우리 몸의 다섯 가지 감각인 시각, 청각, 후각, 미각, 촉각이 어떻게 작동하는지를 소개하고, 각각의 역할을 설명하고 있습니다. 또한, 각 감각이 우리가 세상을 인식하고 경험하는 데 중요한 역할을 하고 있음을 알려 줍니다.

문해력 상승
읽기 전략
핵심 내용을 따라 읽으며 흐름을 정리해 보세요.

쏙쏙! 내용 정리

1 아니카　2 말

3 자신

정답

1 (1) —— ㉮
　(2) —— ㉯

2 ⑤　　3 ①

4 안　　5 ③, ⑤

6 ㉰

7 ❶ 별장　❷ 닐손
　❸ 스스로　❹ 삐삐

어휘 탄탄 마무리

1 (1) ╲╱ ㉮
　(2) ╳ ㉯
　(3) ╱╲ ㉰

2 (1) 태연하다
　(2) 골다
　(3) 상냥하다
　(4) 돌보다

3 (1) 주무신다
　(2) 계신다
　(3) 있었다
　(4) 잔다

[앞부분 이야기] 아니카와 토마스의 옆집에 삐삐가 이사를 왔다. 삐삐의 집 이름은 '뒤죽박죽 별장'이다. 누가 이사를 온 것인지 아니카와 토마스가 궁금해하던 찰나에, 사다리 위에서 삐삐가 불쑥 나타난다. 아니카와 토마스는 삐삐를 보고 화들짝 놀라지만, 삐삐는 태연하게 아주 좋은 친구가 될 수 있을 것 같다고 말한다.

1 삐삐: ㉠ 그냥 삐삐라고 부르면 돼.

토마스: 넌 원숭이가 있어서 좋겠다. 그 원숭이는 이름이 뭐니?

삐삐: 닐손 씨.
　삐삐가 데리고 다니는 원숭이의 이름
아니카: 닐손 씨, 참 귀엽다.

삐삐: 귀엽기는 하지만 버릇없이 굴 때도 많아.

2 아니카: 네가 여기로 이사 와서 얼마나 좋은지 몰라.
　┌ 아니카와 토마스가 삐삐를 처음 만났으므로
토마스: 우리가 너희 엄마랑 아빠께 인사드려야 하지 않니?

삐삐: 그건 좀 어려울 거야. **핵심 ① 삐삐의 상황** 우리 엄마는 하늘나라 천사이시고, 아빠는 해적이시거든. 아니, 해적이셨지. 지금은 아빠가 뭘 하시는지 나도 잘 몰라.

토마스: (놀라서) 그럼 여기에 너 혼자 산단 말이니?

삐삐: 혼자 살긴. 말이랑 닐손 씨도 여기에 사는데.

3 아니카: 동물 말고 너를 돌봐 줄 사람이 있어야 하잖아?
핵심 ② 삐삐의 성격
삐삐: 난 누가 돌봐 주지 않아도 스스로 잘 돌봐. 나 참 똑똑하지?

토마스: 응. 그런데 그럼 밤에 그만 자라거나 뭐 그런 얘기는 누가 해 주는데?

삐삐: 내가 스스로 해. 처음에는 아주 상냥하게 『"삐삐야, 이제 그만 가서 자."
　　『 』: 부모님의 말을 흉내 내는 삐삐
이래. 그런데 내가 말을 안 들으면 그다음에는 조금 딱딱하게 "삐삐야, 내 말 안 들려? 그만 가서 자라니까!" 이래. 그런데도 내가 계속 말을 안 들으면 그다음에는 화를 내. "얘가 왜 이렇게 말을 안 들어! 얼른 가서 자!"』이렇게. 그러고 나서야 아기 돼지처럼 잠을 자. ㉡ (코 고는 소리를 두어 번 낸다.)
　　　　　　　　　　　　　　장난기 많은 삐삐의 모습
토마스: 야, 너 정말 웃긴다.

아니카: 하지만, 엄마랑 아빠가 안 계셔서 슬프겠다.

삐삐: 계신다니까. 엄마가 하늘나라에 계신다고 했잖아? 우리 엄마는 하늘에 앉아서 작은 구멍으로 나를 내려다보고 계셔. 그래서 난 엄마한테 손을 흔들면서 이래. "엄마, 내 걱정은 마세요. 잘 지내고 있으니까요."
　삐삐는 돌아가신 엄마가 하늘에서 자신을 지켜보신다고 생각함.

➡ 삐삐는 부모님 없이 말과 원숭이(닐손 씨)와 함께 살고 있음.

➡ 삐삐는 누가 돌봐 주지 않아도 스스로 잘 돌보며 살아가는 씩씩하고 명랑한 아이임.

주제 삐삐와 아니카, 토마스의 첫 만남

1 이 글과 같이 연극을 하기 위해 쓴 극본은 때, 곳, 나오는 사람 등을 설명하는 '해설', 인물의 행동이나 표정을 나타내는 '지문', 인물이 직접 하는 말인 '대사'로 이루어져 있습니다.

2 3에서 삐삐가 부모님의 말을 흉내 내며 자신에게 스스로 밤에 자라고 이야기한다는 것을 알 수 있습니다.

3 삐삐는 엄마가 돌아가셨다는 것을 '하늘나라에 계신다'고 표현하고 있습니다. 삐삐는 엄마가 자신과 멀리 있을 뿐 '안 계신다'고 생각하지 않기 때문에 슬프다고 느끼지 않습니다.

4 상태나 성질, 동작을 나타내는 말 앞에서 '그러하지 않음'의 의미를 나타낼 때에는 '안'을 써야 하므로, '내 말 안 들려?'라고 쓰는 것이 알맞습니다.

5 토마스는 삐삐의 말을 듣고 재미있다고 생각해 웃긴다고 하였을 뿐 삐삐를 비웃은 것은 아닙니다. 돌봐 주는 사람이 없어도 스스로 잘 돌볼 줄 안다고 말한 것은 아니카가 아니라 삐삐입니다. 삐삐가 동물들과 지내는 것은 엄마가 돌아가셨고, 아빠는 어디 계신지 모르기 때문입니다.

6 만약 삐삐가 밝고 적극적인 성격이 아니라면 삐삐는 부모님이 없는 상황을 힘들어하며 잘 지내지 못하였을 것입니다.

7 이 글은 혼자 살아가지만 씩씩하고 명랑한 성격의 삐삐가 토마스와 아니카를 만나 나눈 대화가 드러나 있는 극본입니다. 삐삐가 한 말을 차례대로 살펴보며 글의 내용을 정리합니다.

어휘 탄탄 마무리

3 높임말은 사람이나 사물을 높여서 이르는 말입니다. 문장에서 사람을 높여야 하는지 아닌지를 보고 상황에 알맞은 예사말이나 높임말을 구분하여 씁니다.

문해력 상승
읽기 전략
핵심 내용을 따라 읽으며 흐름을 정리해 보세요.

쏙쏙! 내용 정리

1 웃음　2 건강
3 얼굴　4 마음
5 학교생활　6 긍정

정답

1 ②　2 ③, ⑤
3 ③　4 ㉮
5 ㉮, ㉰
6 (1) 3　(2) 2
7 ❶ 건강
❷ 아름답게
❸ 웃자

어휘 탄탄 마무리

1 (1) 화합　(2) 일상
(3) 평균　(4) 사기
2 (1)　㉮
(2)　㉯
(3)　㉰
3 (1) ③
(2) ①
(3) ②

---

1 『웃음의 하루 권장량은 아주 큰 소리로 1회에 10초 이상, 하루에 10회 이상이다. 웃음 권장량을 채우는 사람은 몇 명이나 될까? 어렸을 때는 하루에 평균 400번을 웃지만, 다 자란 뒤에는 하루에 평균 8번밖에 웃지 않는다고 한다. 웃음이 설 자리를 잃은 것은 답답한 현실과 무거운 일상 때문이다. 그러나 삶이 무거울수록 웃음이 필요하다.
『 』: 웃음과 관련된 수치로 웃음이 필요한 까닭을 강조함.

글쓴이의 주장
2 웃음은 여러 가지 면에서 도움을 준다. 첫째, 웃음은 우리를 건강하게 해 준다.『웃음은 혈압을 낮추고 혈액 순환에도 도움을 주어 면역 체계와 소화 기관을 안정시킨다. 또, 산소 공급을 두 배로 증가시켜 몸이 시원해지는 기분을 느끼게 해 준다.
『 』: 웃음이 건강에 좋은 까닭
핵심 ① 웃음이 우리에게 주는 도움 ①

3 둘째, 웃음은 아름다운 얼굴을 만드는 최고의 화장품이기도 하다. 웃는 얼굴처럼 아름다운 모습은 없다. 아무리 조각 같은 미모를 가지고 있고 멋진 화장술로 치장을 한다고 해도, 웃을 줄 모르는 사람은 마네킹보다 나을 것이 없다.
핵심 ② 웃음이 우리에게 주는 도움 ②

4 셋째, 사람과 사람의 마음을 이어 주는 데에도 웃음이 큰 역할을 한다. 웃음은 처음 만난 사람에게 마음의 문을 열게 하고, 인간관계의 윤활유가 된다. 실제로 사람들은 혼자 있을 때보다 다른 사람들과 함께 있을 때에 더 많이 웃는다.
핵심 ③ 웃음이 우리에게 주는 도움 ③

5 넷째, 웃음은 회사나 학교생활에도 긍정적인 역할을 한다. 연구 결과에 따르면 회사 내에서 웃음은 사기를 높여 주고, 화합을 하게 하고, 창의력을 일어나게 해 생산성을 높인다고 한다. 또, 학습 과정에서 웃음은 흥미를 가지게 하고, 기억력을 높이고, 긴장을 늦추어 주며, 학습 능률을 올린다고 한다.
핵심 ④ 웃음이 우리에게 주는 도움 ④

6 삶이 아무리 힘들어도 여유롭고 긍정적인 마음으로 시원하게 웃어 보자. 배꼽을 움켜쥐고 눈물이 찔끔 날 만큼 크게 웃어 보자. 그러면 기쁨의 에너지가 샘솟아 온갖 고민이 사라질 것이다.
글쓴이가 하고 싶은 말

핵심 ① **웃음이 우리에게 주는 도움 ①**
→ 우리를 건강하게 해 줌.

핵심 ② **웃음이 우리에게 주는 도움 ②**
→ 아름다운 얼굴을 만들어 줌.

핵심 ③ **웃음이 우리에게 주는 도움 ③**
→ 사람과 사람의 마음을 이어 줌.

핵심 ④ **웃음이 우리에게 주는 도움 ④**
→ 회사나 학교생활에도 긍정적인 역할을 함.

주제 **많이 웃자.**

1 이 글은 웃음의 중요성을 일깨우고, 웃음이 우리에게 주는 도움을 알리며 많이 웃어야 한다고 주장하고 있습니다.

2 웃음이 우리를 건강하게 해 주는 까닭은 2 에서 찾을 수 있습니다.
| 오답 풀이 | ③, ⑤ 웃음이 회사나 학교생활에서 긍정적인 역할을 하는 까닭입니다.

3 4 에서 웃음은 사람과 사람의 마음을 이어 주는 데에도 도움을 준다고 하였으므로, 웃음은 사람들과의 관계 형성에 도움이 됩니다.

4 이 글은 웃음은 여러 가지 면에서 도움을 준다는 내용이므로, 빈칸에는 '웃음이 많으면 많을수록 좋다.'라는 뜻이 되도록 '다다익선(多多益善)'이라는 사자성어가 들어가는 것이 알맞습니다.

5 ㉮는 웃음이 학습에 긍정적인 영향을 준 사례입니다. ㉰는 스트레스를 받을 때 웃음을 통해 에너지를 회복하였으므로 웃음의 긍정적인 효과로 볼 수 있습니다.
| 오답 풀이 | ㉯ 친구와 심각한 대화를 하다가 웃음이 터져서 상대방을 불편하게 한 것은 웃음이 긍정적인 역할을 한 사례로 볼 수 없습니다.

6 2 에서 '웃음은 우리를 건강하게 해 준다.'라고 하였으므로 웃음이 건강에 주는 도움에 관한 (2)의 내용을 추가하기에 알맞고, 3 에서 '웃음은 아름다운 얼굴을 만드는 최고의 화장품이기도 하다.'라고 하였으므로 웃음이 우리를 아름답게 해 준다는 (1)의 내용을 추가하기에 알맞습니다.

7 이 글은 웃음의 중요성과 웃음의 긍정적인 효과에 대해 쓴 논설문입니다. 서론에서는 웃음이 줄어든 현실과 우리에게 웃음이 필요한 까닭을 이야기하고, 본론에서는 웃음이 우리에게 주는 여러 가지 도움을 말한 뒤, 결론에서 삶이 아무리 힘들어도 긍정적인 마음으로 웃자는 주장을 강조하고 있습니다.

쏙쏙! 내용 정리

1 행복한　2 장애
3 편견　4 긍정
5 비장애인　6 희망

정답

1 호주, 닉 부이치치
2 ③　3 ⑤
4 (2) ○　5 ④
6 규민
7 ❶ 다리　❷ 포기
　❸ 극복　❹ 긍정적

어휘 탄탄 마무리

1 (1) ㉱　(2) ㉯
　(3) ㉰　(4) ㉮
2 (1) 단지
　(2) 차별
　(3) 부여
3 관심

---

1 닉 부이치치는 1982년에 호주에서 태어났습니다. 그는 두 다리와 두 팔이 없지만 "나는 행복한 사람입니다."라고 자신 있게 말하고 다닙니다.

핵심 ① 닉 부이치치의 상황

2 닉 부이치치는 다른 사람들과 달리 두 팔과 두 다리가 없고, 단지 조그만 왼쪽 발만을 가지고 태어났습니다. 그래서 『닉 부이치치는 어린 시절 주변의 따가운 시선 때문에 절망에 빠지기도 했습니다. 특히, 여덟 살이 되던 때부터는 자신이 그렇게 태어난 것을 원망하며 힘들게 지내기도 했습니다.』
『　』: 장애로 인해 힘들었던 닉 부이치치의 어린 시절

3 이러한 ㉠그의 삶이 달라진 것은 어머니가 보여 준 기사 때문이었습니다. 그는 지체 장애를 받아들인 한 남자에 대한 기사를 보고, 장애에 대한 차별과 편견으로 어려움을 겪는 사람이 자신만이 아니라는 것을 깨달았습니다.
닉 부이치치의 삶이 달라진 계기

핵심 ② 닉 부이치치의 변화

4 닉 부이치치는 끊임없는 부모님의 사랑을 느끼고, 포기하지 않는 법과 긍정적으로 생각하는 법을 배우기 시작하였습니다. '저 몸으로는 아무것도 못 할 거야.'라는 세상 사람들의 생각을 비웃듯 닉은 양치질이나 옷 입기, 넘어져도 스스로 일어나기와 같이 생활에 필요한 모든 행동을 스스로 해 나가는 법을 배우기 시작하였습니다.

5 닉 부이치치는 비장애인이 다니는 중·고등학교를 다녔습니다. 학교에서 학생회장을 지냈고, 호주 로건 그리피스 대학에서는 회계와 경영을 전공하였습니다. 그리고 그는 골프와 수영을 즐기고, 작은 발로 멋지게 드럼을 칠 수 있게 되었습니다.

핵심 ③ 장애를 극복한 닉 부이치치

6 현재 그는 전 세계의 사람들이 찾는 ㉡동기 부여 연설가이자, 목사로 활동하고 있습니다. 그리고 몇 년 전부터 아버지가 되어 행복한 가정도 일구며 살아가고 있습니다. 장애를 극복하고 꿈을 이룬 그의 긍정적인 삶의 태도는
닉 부이치치에게서 배울 점
많은 사람들의 관심을 모았고, 전 세계에 큰 희망의 메시지를 전달하고 있습니다.

핵심 ① 닉 부이치치의 상황	핵심 ② 닉 부이치치의 변화	핵심 ③ 장애를 극복한 닉 부이치치
➡ 닉 부이치치는 두 팔과 두 다리가 없이 태어남.	➡ 어머니가 보여 준 기사를 읽고 긍정적인 삶의 태도를 배워 나감.	➡ 자신이 가진 장애를 극복하고 꿈을 이룸.

주제　두 팔과 두 다리가 없는 장애를 극복한 닉 부이치치

1 이 글은 1982년에 호주에서 두 다리와 두 팔이 없이 태어난 닉 부이치치에 대하여 쓴 전기문입니다.

2 닉 부이치치는 지체 장애를 받아들인 한 남자에 대한 기사를 보고, 장애에 대한 차별과 편견으로 어려움을 겪는 사람이 자신만이 아니라는 것을 깨달았습니다.

3 닉 부이치치가 운동선수가 되고 싶어 했다는 내용은 글에서 찾을 수 없습니다.

4 ㉡과 (2)의 '동기'는 '어떤 일이나 행동을 하게 되는 원인이나 기회.'를 뜻합니다.
| 오답풀이 　(1)의 '동기'는 남매를 뜻하고, (3)의 '동기'는 학교 등을 같은 시기에 함께 들어간 사람을 뜻합니다.

5 어린 시절 닉 부이치치는 자신을 바라보는 시선과 자신이 가진 장애로 인해 괴로워하는 부정적인 성격이었지만, 어머니가 보여 준 지체 장애를 가진 한 남성의 기사를 읽고 삶의 태도를 변화시키며 긍정적인 성격으로 변하였습니다.

6 닉 부이치치는 두 다리와 두 팔이 없이 태어났지만 장애를 극복하고, 자신을 행복한 사람이라고 말하는 인물입니다. 닉 부이치치의 삶을 통해 우리는 긍정적이고 희망적인 삶의 자세를 배울 수 있습니다.

7 닉 부이치치가 처한 어려운 상황과 그가 어려움을 극복한 방법을 생각하며 인물의 삶의 태도를 정리하여 씁니다.

어휘 탄탄 마무리

3 '관심'은 '어떤 것을 향하여 끌리는 감정과 생각.'이라는 뜻의 낱말이므로 '시선'과 뜻이 비슷합니다. '시력'은 '물체를 볼 수 있는 눈의 능력.'을, '효능'은 '좋은 결과를 나타내는 능력.'을 뜻합니다.

쏙쏙! 내용 정리

1 어깨동무 2 친구
3 혼자 4 시계
5 휘파람 6 무게

정답

1 혼자 있어 봐.
2 ①, ② 3 ④
4 ⑤ 5 (3) ○
6 쌍동밤(처럼)
7 ❶ 몰려다니는
  ❷ 별 ❸ 마음
  ❹ 혼자

어휘 탄탄 마무리

1 (1) — ㉮
  (2) — ㉯
  (3) — ㉰
  (4) — ㉱

2 (1) 낭랑하다
  (2) 재다
  (3) 엿듣다

3 (1) 때
  (2) 떼
  (3) 떼

혼자 있어 봐

이화주

1연
1 친구와

쌍동밤처럼
친구와 어깨동무한 모습을 쌍동밤에 비유함.
어깨동무하는 것도 좋지만

2연
2 참새 떼처럼
친구들과 몰려다니는 모습을 참새 떼에 비유함.
짹째글 짹째글

몰려다니는 것도 좋지만

3연
3 『가끔씩은 / 아주 가끔씩은

혼자 있어 봐.』 『 』: 말하는 이가 읽는 이에게 하고 싶은 말

4연 핵심① 혼자 있는 시간의 좋은 점 ①
4 『별들의 이야기

엿들을 수도 있고,

입속말하던 시계들이

낭랑한 목소리로 말을 걸어온단다.』
『 』: 혼자 있으면 작은 소리에도 집중할 수 있기 때문에

5연
5 그래, 운동장 가슴이 쿵쿵 울리도록

뛰놀던 아이들이 가 버린

늦은 저녁 / 그네에 혼자 앉아

바람처럼 휘파람을 불어 봐.
휘파람 부는 것을 바람에 빗대어 표현함.

6연 핵심② 혼자 있는 시간의 좋은 점 ②
6 거인 같은 운동장이
운동장을 거인에 비유함.
이웃집 아저씨처럼
운동장을 이웃집 아저씨에 비유함.
너를 ㉠번쩍 안아 올려

네 마음의 무게를 재어 주실 테니까.

핵심① 혼자 있는 시간의 좋은 점 ①
➡ 혼자 있으면 별들의 이야기와 시계의 낭랑한 목소리를 들을 수 있음.

핵심② 혼자 있는 시간의 좋은 점 ②
➡ 늦은 저녁 그네에 혼자 앉아 있으면 커다란 운동장이 마음의 무게를 재어 줄 것임.

주제 혼자 있는 시간의 소중함

1 이 글은 혼자 보내는 시간의 좋은 점을 노래한 시로, 제목과 본문에 말하는 이가 읽는 이에게 하고 싶은 말이 직접적으로 드러나 있습니다.

2 1연의 '친구와 / 쌍동밤처럼 / 어깨동무하는 것도 좋지만', 2연의 '참새 떼처럼 / 짹째글 짹째글 / 몰려다니는 것도 좋지만'에서 친구들과 함께 있는 모습이 나타나 있습니다.

3 5연과 6연에서 늦은 저녁 운동장 그네에 혼자 앉아 휘파람을 불어 보면 거인 같은 운동장이 마음의 무게를 재어 줄 것이라고 하였습니다.

4 '번쩍'은 여러 가지 뜻을 지닌 낱말입니다. 이 시에서는 '너를 번쩍 안아 올려 / 네 마음의 무게를 재어 주실 테니까.'라고 하였으므로, '무거운 대상을 아주 가볍고 쉽게 들어 올리는 모양.'을 뜻한다는 것을 알 수 있습니다.

5 밑줄 친 표현은 혼자 있으면 주변이 조용해져 평소에 잘 듣지 못하던 시계 소리까지 들을 수 있다는 의미입니다.

6 비유하는 표현은 어떤 현상이나 사물을 비슷한 현상이나 사물에 빗대어 표현하는 것을 말합니다. 1연에서 친구와 어깨동무하는 모습을 '쌍동밤처럼'이라는 표현을 사용해 비유적으로 표현했습니다.

7 이 시에서 친구들과 함께 보내는 시간과 혼자 보내는 시간을 어떻게 표현하였는지 찾아 정리한 뒤, 말하는 이가 읽는 이에게 하려는 말을 정리합니다.

어휘 탄탄 마무리

3 '웃을 때가 제일 예쁘다.', '비둘기 떼를 보다.', '울면서 떼를 쓰다.'와 같이 표현하는 것이 알맞습니다.

읽기 전략

핵심 내용을 따라 읽으며 흐름을 정리해 보세요.

쑥쑥! 내용 정리

1 소대   2 조개
3 침략

정답

1 ⑤
2 (1) ○ (2) X (3) X
3 ⑤   4 어부지리
5 ⑤
6 (1)   ㉮
  (2)   ㉯
  (3)   ㉰
7 ❶ 연나라   ❷ 조나라
  ❸ 황새   ❹ 평화
  ❺ 어부지리

어휘 탄탄 마무리

1 (1) 협력   (2) 파견
  (3) 침략   (4) 흉년
2 (1)   ㉮
  (2)   ㉯
  (3)   ㉰
3 (1) 감당하다
  (2) 중단하다
  (3) 유지하다
  (4) 현명하다

---

1 옛날 중국은 여러 나라로 나뉘어 있었습니다. 그중 연나라는 항상 이웃 (이야기의 배경) 해 있던 조나라와 제나라의 위협을 받으며 살고 있었습니다. 【핵심 ① 전쟁 위기에 처한 연나라】 어느 해, 연나라 (이야기의 시대적 상황) 에 큰 흉년이 들어 사람들은 굶주림에 시달렸습니다. 이때, 조나라는 연나라가 약해진 것을 보고 침략할 계획을 세웠습니다. 그러나 연나라는 이미 제나라와 전쟁 중이었기에 더 이상의 전쟁을 감당할 수 없었습니다. 이 위기에서 (연나라가 조나라에 소대를 파견한 까닭) ㉠연나라는 '소대'라는 현명한 사람을 조나라에 파견하여 조나라 왕을 설득하기로 했습니다. (□: 중심인물)

2 소대는 조나라 왕 앞에서 이야기를 풀어 냈습니다. 【핵심 ② 소대의 이야기】 "이곳에 오는 길에 강을 건넜습니다. 그 강에서 큰 조개가 입을 벌리고 햇볕을 쐬고 있는 것을 보았습니다. 그때 황새 한 마리가 날아와 조개의 살을 쪼았는데, 놀란 조개는 황새의 주둥이를 꽉 물었습니다. 황새는 조개에게 (조나라를 황새에, 연나라를 조개에 비유함.) '비가 안 오면 너는 말라 죽을 거야.'라고 말했고, 조개는 '내가 너를 놓지 않으면 너는 굶어 죽을 거야.'라고 대답했습니다. 둘은 끝까지 서로 양보하려 하지 않았고, 때마침 길을 지나가던 어부가 싱글벙글하며 둘 다 잡아갔습니다. (제나라를 어부에 비유함.) 우리 연나라와 조나라가 만약 서로 싸운다면, 제나라와 같은 강대국에게만 이득이 될 것입니다." (소대가 조개와 황새의 이야기를 통해 말하고자 한 것)

3 이 이야기를 들은 조나라의 왕은 깨달은 바가 있었습니다. 그는 소대의 말처럼 서로 다투기보다는 협력하는 것이 두 나라에 이익이라는 것을 이해하고 침략 계획을 즉시 중단했습니다. 이로써 연나라와 조나라는 큰 전쟁 없이 평화를 유지할 수 있었습니다. 【핵심 ③ '어부지리'의 유래】 이 소대의 이야기에서 유래된 말이 바로 ㉡'조개와 황새가 다투는 사이에 어부가 힘도 들이지 않고 이득을 본다.'라는 뜻의 '어부지리'입니다.

핵심 ①	핵심 ②	핵심 ③
전쟁 위기에 처한 연나라	소대의 이야기	'어부지리'의 유래
➜ 연나라에 큰 흉년이 들어 조나라가 연나라를 침략할 계획을 세움.	➜ 소대는 조나라 왕에게 조개와 황새의 이야기를 들려줌.	➜ 소대의 '조개와 황새' 이야기에서 '어부지리'라는 말이 유래됨.

주제 '어부지리'의 유래

1 소대는 연나라와 조나라, 제나라를 각각 조개와 황새, 어부에 빗대어 각 나라의 상황을 이야기하였습니다.

2 (1) 1에서 연나라는 항상 조나라와 제나라의 위협을 받으며 살고 있었다고 하였습니다. (2) 조나라가 연나라를 침략할 계획을 세웠습니다. (3) 소대의 '조개와 황새' 이야기는 조나라 왕이 침략 계획을 중단하는 데 영향을 주었습니다.

3 연나라는 이미 제나라와 전쟁 중이었기에 조나라와의 전쟁을 피하기 위해 '소대'를 보내 조나라 왕을 설득하기로 했습니다.

4 사냥개와 토끼가 서로 쫓고 쫓기다 지쳐서 쓰러지고, 이 모습을 지켜보기만 했던 농부가 이득을 보는 상황으로, 이 상황을 두고 '어부지리'라고 할 수 있습니다.

5 ㉡은 조개와 황새가 싸우는 동안 아무런 일도 하지 않았던 어부가 이득을 보게 되는 상황입니다. 이 상황은 두 회사가 서로 제품의 가격을 낮추는 무리한 가격 경쟁을 한 결과 소비자가 제품을 매우 싼값에 구매하게 되어 이득을 보는 상황과 가장 비슷하다고 할 수 있습니다.

6 소대의 이야기에서 황새가 가만히 있던 조개를 먼저 쪼아 공격하였으므로, 황새는 연나라를 공격하려 하는 '조나라'이고, '연나라'는 조개에 비유한 것으로 볼 수 있습니다. 어부는 연나라와 조나라의 전쟁에서 이득을 보게 될 대상이므로, '제나라'를 비유한 것으로 알맞습니다.

7 이 글은 연나라의 소대가 '조개와 황새'의 이야기로 조나라 왕을 설득하여 조나라와의 전쟁 위기를 평화적으로 해결한 이야기를 통해 '어부지리'라는 말의 유래를 설명하고 있습니다.

읽기 전략

핵심 내용을 따라 읽으며 흐름을 정리해 보세요.

쏙쏙! 내용 정리

1 알라딘 2 전쟁
3 무기

정답

1 알라딘, 지니
2 ② 3 ④
4 ⑤ 5 ⑤
6 (2) ○
7 ❶ 지니 ❷ 무기
  ❸ 알라딘

어휘 탄탄 마무리

1 (1) — ㉮
  (2) — ㉯
  (3) — ㉰
2 (1) 사치
  (2) 특권
  (3) 발휘
  (4) 쾌락
3 (1) ② (2) ①

---

1 알라딘은 지니가 만든 융단 위에 탔다. 융단이 땅 위에서 떠오르더니 엄청난 속도로 밤하늘을 가르며 날았다. 알라딘의 집 앞에 이르자 융단은 땅 위로 사뿐히 내려앉았다.
□: 중심인물
이야기의 공간적 배경

"주인님, 다 왔습니다. 그럼 이제 진짜 기적을 보여 드릴까요? 오랫동안 제대로 실력 발휘를 하지 못했거든요. 아주 근사한 방이 오십 개 딸린 하얀 대리석 궁전에 시르카시아 지방의 노예 백 명, 경주마가 가득한 마구간, 그리고 온통 다이아몬드로 장식한 드레스는 어떻습니까? 진짜 부유한 귀족이 되고 싶지 않으십니까? 아니면 왕자 비는 어떨까요?"
부유한 귀족이나 왕자 비가 되는 것
핵심 ① 지니의 제안

"난 왕자 비 같은 건 되고 싶지 않아요. 그리고 귀족들도 영 맘에 들지 않는다고요. 그 사람들은 자기밖에 몰라요. 오직 자신들의 쾌락과 사치를 위해 가난한 사람들을 억압하고 착취할 뿐이죠."
귀족에 대한 알라딘의 생각

알라딘은 천천히 고개를 흔들며 말했다.

2 "나 원, 세상 물정을 도통 모르시네. 그런 성인군자 같은 생각으로 뭘 하게요? 전에 모셨던 주인님들은 한결같이 왕궁이나 노예, 아니면 귀족들이 누리는 특권 같은 것을 원했는데."
귀족에 대한 부정적인 생각
지니가 이전에 만난 사람들이 원했던 것

핵심 ② 알라딘의 소원
"난 좀 더 쓸모 있는 것을 원해요. 우선 전쟁을 없애 버리고 싶어요. 이 나라는 물론 주변 국가들에 있는 무기들을 모조리 사라지게 해 주세요. 그렇게 되면 사람들이 더 이상 싸우거나 다른 사람을 위협하고 괴롭히지 못하게 될 거예요."

3 지니는 놀란 눈으로 대답했다.

"난 그런 일에는 익숙하지 않아요. 이전의 주인들은 항상 적을 죽이거나 그들을 충실한 사냥개처럼 만들어 주길 원했죠. 평화는 내 전공이 아니라고요."

"그래요? ㉠ 당신에게 그럴 능력이 없다면……."
지니의 자존심을 건드리는 말

"그런 식으로 말하지 마세요. 꼬마 주인님! 이 몸은 램프의 요정 지니란 말입니다. 난 뭐든지 할 수 있어요."

지니는 두 주먹을 불끈 쥐고 눈을 질끈 감았다 뜨면서 '부드득' 소리가 날 정도로 이를 갈며 입술에 힘을 주었다. / "자, 다 됐습니다. 주인님!"

핵심 ①	지니의 제안

➜ 지니는 알라딘에게 부유한 귀족이나 왕자 비로 만들어 주겠다고 제안함.

핵심 ②	알라딘의 소원

➜ 알라딘은 전쟁을 없애기 위해 무기들을 모조리 사라지게 해 달라고 말함.

주제 정의롭고 평화를 좋아한 알라딘

1 중심인물은 이야기에서 어떤 사건의 중심이 되는 인물을 말합니다. 이 글에서는 '알라딘'과 '지니'가 이야기를 이끌어 나가고 있습니다.

2 지니는 주인이 된 알라딘에게 부유한 귀족이나 왕자 비와 같이 큰 부를 누리며 살 수 있는 사람으로 만들어 주겠다며, 자신은 그 모든 것을 이룰 수 있는 힘과 능력이 있다는 점을 강조하고 있습니다. 또, 알라딘이 자신의 힘을 마음껏 이용하기를 바라고 있습니다.

3 1에서 알라딘은 귀족들이 자기밖에 모르고, 오직 자신들의 쾌락과 사치를 위해 가난한 사람들을 억압하고 착취할 뿐이라고 말했습니다.

4 '부유하다'는 '살림이 아주 넉넉할 만큼 재물이 많다.'라는 뜻을 가진 낱말로, '가난하다'와 뜻이 반대입니다.
| 오답풀이 | ①~④는 뜻이 비슷한 낱말끼리 묶은 것입니다.

5 ㉠에서 알라딘은 지니에게 '당신에게 그럴 능력이 없다면…….'이라며 지니의 능력을 의심하는 듯한 말을 하였습니다. 그러자 발끈한 지니가 "이 몸은 램프의 요정 지니란 말입니다. 난 뭐든지 할 수 있어요."라고 말하며 자신이 할 수 있다는 것을 보여 주게 된 것입니다.

6 이 글의 알라딘은 정의롭고 평화를 좋아하지만, 보기 의 알라딘은 욕심이 많은 성격입니다.
| 오답풀이 | 이 글은 대중에게 읽히기 위해 쓰여진 글로, 일이 일어난 배경은 알라딘의 집 앞입니다.

7 이야기를 읽고 내용을 정리할 때에는 인물이 한 일을 차례대로 정리하면 됩니다. 이 글에서 지니는 알라딘에게 부유한 귀족이나 왕자 비로 만들어 주겠다고 말했지만, 알라딘은 지니의 제안을 거절합니다. 그리고 지니에게 전쟁을 없애 버리기 위해 무기들을 모조리 사라지게 해 달라고 말합니다. 지니는 평화를 위한 일에는 익숙하지 않았지만, 알라딘의 소원을 들어줍니다.

쏙쏙! 내용 정리

1 지구 온난화
2 온실
3 해수면, 멸종
4 국제 협약
5 재활용

정답

1 ⑤

2 (1) X   (2) ○   (3) ○

3 ④, ⑤   4 ①

5 ④

6 ②

7 ❶ 기온   ❷ 화석 연료
  ❸ 해수면
  ❹ 대중교통

어휘 탄탄 마무리

1 (1) 해수면
  (2) 주요
  (3) 상승하다
  (4) 온실가스

2 (1) •——• ㉮
  (2) •——• ㉯
  (3) •——• ㉰

3 (1) ②
  (2) ①
  (3) ③

---

1 우리가 사는 지구가 펄펄 끓고 있다. 『더운 여름은 점점 더 뜨거워지고, 추운 겨울이 사라지는 나라들이 생기고 있다. 아르헨티나와 칠레 같은 나라에서는 한겨울 기온이 30도를 넘기도 했는데, 이는 보통의 겨울 날씨에 비해 20도 이상 높은 이상 기온이다.』 이렇게 지구의 평균 기온이 높아지는 현상을 '지구 온난화'라고 한다.
『 』: 지구가 펄펄 끓고 있다고 한 까닭

핵심 ① 지구 온난화의 원인

2 지구 온난화의 주요 원인은 이산화 탄소나 메탄가스와 같은 온실가스이다. 온실가스는 우리가 사용하는 석유나 석탄과 같은 화석 연료에서 발생한다. 이 가스들이 공기 중에 지나치게 많아지면서, 태양으로부터 온 열이 지구 밖으로 빠져나가지 못해 지구 전체의 기온이 상승하고 있다.
온실가스의 발생 원인

핵심 ② 지구 온난화의 결과

3 지구 온난화의 결과는 아주 심각하다. 북극과 남극의 빙하가 녹아 해수면이 상승하고, 해안가 지역이 물에 잠길 위기에 처해 있다. 또한, 폭염이나 큰 비, 심한 가뭄과 같은 현상이 자주 나타나면서 자연재해로 인한 피해가 커지고 있다. 더워진 날씨 때문에 물 부족이나 식량 문제가 생길 수 있고, 사람들의 건강에 이상이 생길 수도 있다. 생태계에 미치는 영향도 심각하다. 기온 변화로 인해 많은 동식물이 서식지를 잃고 멸종 위기에 처해 있다.

핵심 ③ 지구 온난화의 대응하기 위한 노력

4 이처럼 상황이 심각해지자 지구 온난화 문제를 해결하기 위해 전 세계가 ㉠발 벗고 나서고 있다. 파리 기후 협약과 같은 국제 협약을 통해 많은 나라가 온실가스를 줄이기로 약속했고, 화석 연료 대신 태양이나 바람 등에서 얻은 대체 에너지의 사용을 늘리려고 노력하고 있다.

5 우리도 일상생활에서 지구 온난화를 막기 위해 노력해야 한다. 전기를 아끼고, 재활용을 실천하고, 대중교통을 이용하는 것과 같은 작은 실천들이 모여 큰 변화를 만들 수 있다. 우리 모두가 함께 노력하면, 지구의 온도를 낮춰 우리가 사는 지구를 더 살기 좋은 곳으로 만들 수 있다.

핵심 ①	핵심 ②	핵심 ③
지구 온난화의 원인	지구 온난화의 결과	지구 온난화에 대응하기 위한 노력
→ 화석 연료에서 발생하는 온실가스로 인해 지구의 기온이 상승하고 있음.	→ 해수면 상승, 자연재해, 생태계 파괴 등의 결과가 발생함.	→ 국제 협약과 대체 에너지 사용, 개개인의 실천과 노력이 필요함.

주제 지구 온난화로 펄펄 끓는 지구

1 이 글은 지구 온난화의 심각성을 알리고, 지구 온난화에 대응하기 위한 노력에 대해 설명하는 글입니다.

2 (1) 지구 온난화는 이산화 탄소나 메탄가스와 같은 온실가스가 공기 중에 지나치게 많아지면서 발생하는 현상입니다.

3 3에서 지구 온난화로 인해 많은 동식물이 서식지를 잃고 멸종 위기에 처해 있으며, 폭염이나 큰 비, 심한 가뭄과 같은 현상이 자주 나타난다고 하였습니다.

4 '발 벗고 나서다'는 '어떤 일에 적극적으로 나서다.'라는 뜻을 가진 관용 표현입니다.

| 오답풀이   ②는 '발이 잦다', ③은 '발을 뽑다', ④는 '발이 닳다', ⑤는 '발이 넓다'의 뜻입니다.

5 이 기사문은 지구 온난화에 대응하기 위한 국제적인 노력에 대한 내용으로, 4와 가장 관련이 있습니다.

6 이 글에서 지구 온난화로 인해 멸종한 동물이 어떤 동물인지에 대한 답은 찾을 수 없습니다.

7 이 글은 지구 온난화의 원인과 그 결과를 이야기하고, 지구 온난화에 대응하기 위한 전 세계적인 노력과 우리가 할 수 있는 일들에 대해 설명하고 있습니다.

어휘 탄탄 마무리

3 (1) 두 시간보다 많이 걸린다는 뜻이므로, ②의 뜻으로 쓰인 문장입니다. (2) 몸이 정상적인 상태와 다르다는 뜻이므로, ①의 뜻으로 쓰인 문장입니다. (3) 민준이가 바라는 상태를 뜻하므로, ③의 뜻으로 쓰인 문장입니다.

문해력 상승 읽기 전략

핵심 내용을 따라 읽으며 흐름을 정리해 보세요.

쏙쏙! 내용 정리

1 감정 노동

2 피로감   3 고객

4 존중

정답

1 감정 노동

2 ⑤   3 ㉯

4 ①, ②   5 (3) ○

6 폭언, 폭행

7 ❶ 감정   ❷ 표정
　❸ 무시   ❹ 고객

어휘 탄탄 마무리

1 (1) ㉺   (2) ㉯
　(3) ㉮   (4) ㉬

2 (1) 감정
　(2) 대접
　(3) 인권

3 (1) ①
　(2) ①
　(3) ②

---

1 최근에 우리 사회에서 감정 노동이라는 말이 자주 등장하고 있습니다. 감정이란 인간이라면 누구나 가지고 있는 자연스러운 마음이나 기분을 의미합니다. 감정은 자연스럽게 일어나는 것이기 때문에 '노동'이 될 수 없습니다. 하지만 우리 사회는 언제부터인가 '감정 노동'을 강요하게 되었습니다.

핵심 ① 감정 노동의 뜻
2 감정 노동이란 자신의 진짜 감정을 숨기며 일하는 것을 말합니다. 더 쉽게 풀어 말하자면 일을 할 때 화가 나는 감정 등을 숨기는 것뿐만 아니라 말투나 표정 등을 연기하며 일하는 것을 감정 노동이라고 합니다. 우리나라에는 대략 1,200만 명의 감정 노동자가 있다고 합니다. **핵심 ② 감정 노동과 관련한 문제** 자신의 진짜 감정을 드러내지 못하고 일하는 몇 시간 동안 말투나 표정 등을 연기하는 것만으로도 감정 노동자는 상당히 큰 피로감을 호소합니다.

3 하지만 이보다 더 큰 문제가 있습니다. 그것은 감정 노동을 하는 사람들이 고객으로부터 존중을 받지 못하고 있다는 것입니다. 한국 노동 사회 연구소가 몇 해 전 실시한 한 조사에 의하면 감정 노동자의 61퍼센트가 지난 1년 동안 고객에게 폭언이나 폭행 등을 당한 적이 있다고 답하였습니다. 최근에는 고객 앞에서 직원의 무릎을 꿇게 하는 등 감정 노동자의 인권을 무시하는 일들도 ㉠빈번히 일어나고 있습니다.

4 이처럼 우리 사회에서 감정 노동자를 무시하는 일들이 계속해서 일어나는 까닭은 무엇일까요? 전문가들은 그 이유가 고객의 권리를 지나치게 강조하는 문화 때문이라고 보고 있습니다. 제품이나 서비스를 사기 위해 돈을 지불하기 때문에 자신이 그 정도의 대접을 마땅히 받아야 한다고 생각하게 된다는 것입니다. **핵심 ③ 감정 노동과 관련한 문제를 해결할 방법** 우리 사회에서 감정 노동을 없애기 위해서는 노동자의 인격과 권리를 보호할 수 있는 제도를 마련하고, 고객과 노동자가 서로 존중하는 문화로 바뀌어 갈 수 있도록 모두가 함께 노력해야 할 것입니다.

핵심 ① 감정 노동의 뜻	핵심 ② 감정 노동과 관련한 문제	핵심 ③ 감정 노동과 관련한 문제를 해결할 방법
➡ 감정 노동은 감정을 숨기고 말투나 표정 등을 연기하며 일하는 것을 말함.	➡ 감정 노동자들은 큰 피로감을 호소하며, 고객에게 존중을 받지 못하고 있음.	➡ 노동자를 보호하고, 고객과 노동자가 서로 존중하는 문화를 만들어야 함.

주제 감정 노동이 없어지도록 고객과 노동자가 서로 존중해야 한다.

1 감정 노동이란, 자신의 진짜 감정을 숨기며 일하는 것을 말합니다. 더 쉽게 풀어 말하자면 일을 할 때 화가 나는 감정 등을 숨기는 것뿐만 아니라 말투나 표정 등을 연기하며 일하는 것이라고 하였습니다.

2 2에서 감정 노동자는 자신의 진짜 감정을 드러내지 못하고 일하는 몇 시간 동안 말투나 표정 등을 연기하는 것만으로도 상당히 큰 피로감을 호소한다고 하였습니다.

3 3에서 감정 노동과 관련한 더 큰 문제는 감정 노동을 하는 사람들이 고객으로부터 존중을 받지 못하는 것이라고 하였습니다.

4 '빈번히'는 '어떤 일이나 현상 등이 일어나는 횟수가 많게.'라는 뜻입니다.

| 오답 풀이 | ④ '드물게'는 '빈번히'와 뜻이 반대인 낱말입니다.

5 점원에게 상점에서 팔고 있는 물건과 관련한 요구를 하는 것이 아니라, 쓰레기를 버려 달라고 요구하는 것은 점원에게 지나친 것을 요구하는 행동입니다. 이처럼 물건을 파는 점원을 무시하며 지나친 요구를 하는 것은 잘못된 행동입니다.

6 감정 노동자들이 겪는 문제를 해결하기 위해서 어떤 고객을 처벌해야 할지 생각하여 씁니다.

7 이 글은 감정 노동의 뜻과, 감정 노동과 관련한 문제를 설명하고, 감정 노동을 없애기 위해 고객과 노동자가 서로 존중하는 문화가 되어야 함을 말하고 있습니다.

어휘 탄탄 마무리

3 (1) 전시회를 기약 없이 뒤로 미룬 것이므로, ①의 뜻으로 쓰인 문장입니다. (2) 갑자기 내린 비로 체육 대회를 다음 주로 미룬 것이므로, ①의 뜻으로 쓰인 문장입니다. (3) 배우가 어떤 배역을 맡아도 훌륭히 표현해 낸 것이므로, ②의 뜻으로 쓰인 문장입니다.

쏙쏙! 내용 정리

1 집   2 현덕수
3 비싸게   4 세

정답

1 노극청, (노극청의) 아내, 현덕수
2 ③   3 ⑤
4 (2) ○   5 민주
6 ④
7 ❶ 가난   ❷ 열두
❸ 재물   ❹ 정직

어휘 탄탄 마무리

1 (1) — ㉮
(2) — ㉯
(3) — ㉰
(4) — ㉱

2 (1) 살림
(2) 근근이
(3) 평생

3 방법

---

1 고려 제19대 명종 임금 때, 노극청이라는 선비가 살았다. 노극청은 벼슬
도 낮은 데다 워낙 청렴해서 늘 가난에 쪼들렸다. 아내가 근근이 살림을 꾸려
왔지만 더는 힘에 부쳤다.
이야기의 시간적 배경 ／ □: 중심인물 ／ 노극청이 가난했던 까닭

핵심 ① 집을 팔기로 결정한 노극청 부부
부부는 이리 뒤척, 저리 뒤척 고민 끝에 집을 팔기로 했다. 그런데 웬걸. 그것
마저 쉽지 않았다. 집이 허름해서인지 선뜻 사겠다고 나서는 사람이 없었다.

2 마침 일이 생겨 노극청은 며칠 집을 비우게 되었다. 집에 돌아오니 아내
가 지나치게 환한 얼굴로 반겼다. 집이 팔렸다고 했다. 그것도 아주 좋은 가
격에 팔았는데, 집값으로 은 열두 근을 받았다고 했다.
시간의 흐름 ／ 핵심 ② 집을 판 아내와 노극청의 반응

3 아내는 은근히 칭찬을 기대하는 눈치였다. 그런데 이 무슨 ⟨㉠⟩인가.
아홉 근을 주고 산 집을 비싸게 팔았다며 노극청이 아내에게 버럭 화를 냈다.
노극청이 아내에게 화를 낸 까닭
아내에게 물으니, 집을 산 사람은 현덕수라고 했다. 그래서 노극청은 은 세
근을 들고 현덕수를 찾아온 것이다.
집의 본래 가격보다 더 받은 금액

4 "정녕 안 받으시겠습니까?"
"사내대장부가 한 입으로 두말하겠습니까."
현덕수는 은 세 근을 받지 않으려고 함.
두 사람 사이에 팽팽한 긴장감이 흘렀다. 이내 결심한 듯 노극청이 카랑카
랑한 목소리로 말했다.

핵심 ③ 현덕수에게 은 세 근을 돌려주는 노극청
"내 평생 옳은 길이 아니면 가지를 않았습니다. 그런데 어찌 집을 싸게 사
서 비싸게 팔아 재물을 탐내는 짓을 할 수 있겠소. 그대가 끝내 고집을 피
노극청이 현덕수에게 은 세 근을 돌려주려 하는 까닭
운다면 집값을 다 드릴 터이니 집을 돌려주시오."

현덕수는 고개를 절레절레 흔들었다. 평생 옳은 일을 따르겠다고 큰소리치
던 그였다. 전쟁에 나가 목숨을 걸고 싸워 큰 공을 세우기도 했다. 그런 괄괄
한 현덕수였건만, 대꼬챙이 같은 선비 노극청 앞에서는 어쩔 도리가 없었다.
노극청의 고집에 현덕수는 결국 은 세 근을 돌려받음.

| 핵심 ① | 집을 팔기로 결정한 노극청 부부 | 핵심 ② | 집을 판 아내와 노극청의 반응 | 핵심 ③ | 현덕수에게 은 세 근을 돌려주는 노극청 |

➜ 가난에 쪼들리던 노극청 부부는 고민 끝에 집을 팔기로 결정함.

➜ 아내는 집을 은 열두 근에 팔았고, 노극청은 집을 비싸게 팔았다며 화를 냄.

➜ 노극청은 현덕수를 찾아가 집값으로 더 받은 은 세 근을 돌려줌.

주제 청렴하고 정직한 삶의 중요성

1 이 글에 등장하는 인물은 노극청, 노극청의 아내, 현덕수 세 사람입니다.

2 1에서 '노극청은 벼슬도 낮은 데다 워낙 청렴해서 늘 가난에 쪼들렸다'고 하
였습니다. 따라서 ③에서 노극청의 벼슬이 높았다는 말은 알맞지 않습니다.

3 노극청은 은 아홉 근을 주고 산 집을 은 열두 근에 비싸게 팔았다며 아내에게
화를 냈습니다.

4 3에서 아내는 칭찬을 기대했지만 노극청은 아내에게 버럭 화를 냈습니다. 이
렇게 아내의 기대와 다르게 노극청이 갑자기 화를 내는 상황에 알맞은 속담은
예기치 못한 상황에서 갑작스럽게 벌어지는 뜻밖의 일을 의미하는 '마른하늘
에 날벼락'입니다.

5 노극청의 아내는 집을 비싸게 팔고 칭찬을 기대하고 있었는데 노극청이 화를
내자 당황스러웠을 것입니다.

|오답 풀이| 노극청은 현덕수의 거절에도 포기하지 않고 결국 은 세 근을 돌려주었고, 현
덕수는 노극청의 완강함을 이기지 못하고 은 세 근을 돌려받은 것입니다.

6 이 글에서 선비 노극청은 가난했지만 청렴하였고 재물을 탐하지 않았습니다.
노극청의 이야기로부터 청렴하고 정직하게 살아야 한다는 교훈을 얻을 수 있
습니다.

7 고려 시대의 선비 노극청이 은 아홉 근에 산 집을 비싸게 팔았다며 현덕수에게
더 받은 은 세 근을 돌려주는 이야기를 통해 재물을 탐내지 않는 청렴하고 정
직한 삶의 태도를 배울 수 있습니다.

어휘 탄탄 마무리

3 '어떤 일을 하거나 문제를 해결하기 위한 방법.'이라는 뜻을 가진 '도리'와 뜻이
비슷한 낱말은 '방법'입니다.

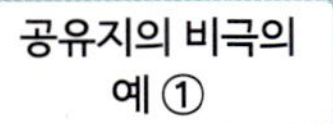
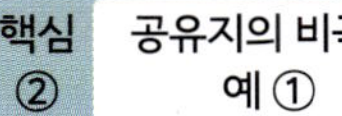

문해력 상승
읽기 전략
핵심 내용을 따라 읽으며 흐름을 정리해 보세요.

쏙쏙! 내용 정리
1 공유지 2 황무지
3 해양 자원

정답
1 ④ 2 ③
3 ⑤ 4 ③
5 ㉰ 6 (3) ○
7 ❶ 공공 자원
  ❷ 황무지 ❸ 물고기
  ❹ 비극

어휘 탄탄 마무리
1 (1) 비극 (2) 종사
  (3) 제약 (4) 공공
2 (1) ─ ㉯
  (2) ─ ㉮
  (3) ─ ㉰
3 (1) 방지하다
  (2) 비롯되다
  (3) 파괴하다
  (4) 고갈되다

핵심 ① 공유지의 비극의 뜻

1 공유지의 비극 이론은 미국의 생태학자이자 생물학자인 개릿 하딘에게서 비롯되었습니다. 누구나 자유롭게 사용할 수 있는 공공 자원이 있을 때 사람들이 이를 무분별하게 사용하면 결국에는 다 고갈되어 버린다는 이론입니다. 하딘은 지하자원, 초원, 공기, 호수나 바다의 물고기와 같이 누구에게나 열려 있는 자원을 아무런 규제 없이 개인이 마음대로 사용하다 보면 결국에는 자원의 고갈이 일어난다고 하였습니다. 공동으로 사용할 수 있는 공공 자원을 사람들이 과도하게 사용하여 결국에는 아무도 사용하지 못하게 되는 상태에 이르게 된다는 것입니다.
공공 자원의 예

2 이 글을 읽는 여러분이 소를 키우는 목장의 주인이라고 생각해 봅시다.
핵심 ② 공유지의 비극의 예 ①
그런데 주변에 소를 먹이기에 아주 좋은 목초지가 펼쳐져 있습니다. 그리고 이 목초지는 누구나 제약 없이 자유롭게 이용할 수 있습니다. 그러면 어떤 일이 벌어질까요? 너 나 할 것 없이 소를 끌고 나와 풀을 뜯게 하여 풀이 자라는 속도보다 소들이 풀을 뜯는 속도가 빨라지게 됩니다. 그러다가 결국에는 푸른 목초지가 황무지가 되어 아무도 이용할 수 없는 곳이 되어 버릴 것입니다.
공공 자원 / *좋은 목초지가 황무지가 되는 까닭* / *공유지의 비극으로 생기는 결과*
이것이 바로 공유지의 비극을 보여 주는 예라고 할 수 있습니다.

핵심 ③ 공유지의 비극의 예 ②
3 바다나 호수의 물고기와 같은 해양 자원에 대한 공유지의 비극도 찾아볼 수 있습니다. 어업에 종사하는 사람들은 공유지인 바다나 호수에서 서로 많은 물고기를 잡으려고 노력합니다. 하지만 모두가 자신의 이익을 위해 너도 나도 많은 물고기를 잡다 보면 결국에는 바다의 생태계가 파괴되고 물고기라는 자원이 모두 고갈되어 버리고 말 것입니다. 그래서 사람들은 이런 공유지의 비극이 일어나지 않도록 한 사람이 잡을 수 있는 물고기의 양을 정하여 마구잡이로 물고기를 잡는 행위를 방지하는 등 공유 자원에 대한 규칙이나 제도를 만들기도 합니다.
공공 자원 / *공유지의 비극으로 생기는 결과* / *공유지의 비극을 막기 위한 방법*

핵심 ① 공유지의 비극의 뜻	핵심 ② 공유지의 비극의 예 ①	핵심 ③ 공유지의 비극의 예 ②
➡ 공공 자원을 무분별하게 사용하면 고갈되어 아무도 사용하지 못하게 됨.	➡ 누구나 자유롭게 이용할 수 있는 목초지가 과도한 사용으로 인해 황무지가 됨.	➡ 바다나 호수의 물고기와 같은 해양 자원이 무분별한 어획으로 인해 고갈됨.

주제 공공 자원의 무분별한 사용으로 일어나는 공유지의 비극

1 목장에서 키우는 소는 개인의 소유로, 공공 자원이 아닙니다.

2 2에서 누구나 자유롭게 이용할 수 있는 목초지에 너 나 할 것 없이 소를 끌고 나와 풀을 뜯게 하여 풀이 자라는 속도보다 소들이 풀을 뜯는 속도가 빨라져 결국 푸른 목초지가 황무지가 된다고 하였습니다.

3 3에서 바다나 호수의 물고기와 같은 해양 자원에 대한 공유지의 비극을 막기 위해서 한 사람이 잡을 수 있는 물고기의 양을 정하여 마구잡이로 물고기를 잡는 행위를 방지한다고 하였습니다.

4 '과도하다'는 '정도에 지나치다.'라는 뜻이므로, '지나치다'와 뜻이 비슷한 낱말입니다. '생겨나다'는 '없던 것이 있게 되다.'라는 뜻이므로, '사라지다'와 반대의 뜻을 가집니다.

5 이 글은 공공 자원의 무분별한 사용이 계속되면 결국 모두가 피해를 보게 된다는 '공유지의 비극'에 관한 내용입니다. 따라서 전 세계에서 온실가스를 무분별하게 배출하여 지구 전체의 대기 오염이 심각해진 사례를 '공유지의 비극'의 예로 추가할 수 있습니다. ㉰에서 '공유지'는 특정한 개인이나 국가가 소유할 수 없는 공유 자원인 대기 자원으로, 무분별한 온실가스 배출에 의한 전 세계적인 대기 오염은 '공유지의 비극'을 보여 주는 대표적인 예입니다.

6 이 기사문은 시에서 운영하는 공공 자전거를 함부로 이용하면 결국에는 이용하지 못하게 될 것이라는 내용입니다. 따라서 공공 자전거에 대한 공유지의 비극이 일어나지 않도록 모두가 이용 수칙을 잘 지켜야 한다는 (3)이 이 글의 내용과 알맞게 관련지어 말한 것입니다.

7 이 글은 '공유지의 비극'이 무엇인지 소개하고, 목초지가 황무지가 되는 과정과 물고기와 같은 해양 자원이 고갈되는 경우를 예로 들어 공유지의 비극에 대해 설명하고 있습니다.

쏙쏙! 내용 정리
1 집안일 2 파업
3 협상안

정답
1 ① 2 ②
3 ⑤ 4 ④
5 ⑤ 6 은아
7 ❶ 파업 ❷ 엄마
  ❸ 협상안
  ❹ 소중함

어휘 탄탄 마무리
1 (1) ㉮
  (2) ㉯
  (3) ㉰
2 (1) 꼴딱 (2) 시비
  (3) 간 (4) 협상안
3 (1) ② (2) ①

---

1 얼른 버즘나무를 올려다보았어요. 엎드려서 나를 내려다보고 계시는 ┌ 중심인물
어머니가 보였지요. 한쪽에 있는 팻말도 눈에 들어왔어요.

핵심 ① 엄마의 파업 선언
"엄마는 파업 중. 청소, 요리, 빨래 등 집안일은 모두 안 함."

사실 어머니께서 파업하실 만한 이유는 충분하였어요.

우리 가족은 모두 다섯 명이지요. 어머니와 회사에서 늦게 돌아와 집안일은 거의 하지 못하시는 아버지, 나와 나보다 세 살 어린 예지, 유치원에 다니는 수지. 그런데 어머니를 도와주는 사람은 아무도 없어요. 물론 내가 큰언니
가족 구성원 소개 - 아버지, 어머니, 나, 예지, 수지
엄마가 파업을 선언한 까닭
이니까 당연히 어머니를 도와드려야 하죠. 하지만 학교 갔다 오면 학원에 가랴, 텔레비전 보랴, 숙제하랴…… 이렇게 이 일 저 일 하다 보면 하루가 꼴딱
내가 엄마를 도와드리지 못한 까닭
지나가 버려요.

핵심 ② 엄마의 파업으로 힘들어하는 가족들
2 "아빠, 머리 감겨 주세요. 동화책 읽어 주세요……."

"언니가 괜히 시비 걸어요. 배고파요, 빨리 밥 주세요……."

"가정 통신문 좀 보세요. 알림장에 사인해 주세요."
'나'와 예지, 수지가 아빠를 찾아 해결해 달라고 요구한 일들
돌아가며 아버지를 찾는 우리의 목소리에 아버지께서는 ㉠귀를 막으셨어요. 게다가 짜고 시큼한 된장국 맛이란! 아버지께서는 ㉡풀 죽은 목소리로 물으셨어요. / "엄마가 왜 갑자기 파업을 하신 거니?"
┌ 엄마가 파업한 까닭이 제시되어야 함.
"   ㉢   ."

3 "사랑하는 여보, 내가 된장국을 끓였는데 맛이 좀 이상해. 당신이 간 좀 봐 주구려. 우리가 협상안도 가져왔는데."

"협상안이 있으면 적어서 이리 올려 보내세요."

"그러지 말고 내려와서 이야기합시다. 점심도 안 먹어서 배고플 텐데."

"그럼 거기서 말해 보세요."

핵심 ③ 가족들의 협상안
"그럽시다. 첫째, 나는 나 스스로 출근 준비를 한다. 둘째……."

아버지께서는 우리와 함께 이야기한 내용을 쭉 읊으셨어요. 눈을 감고 가만히 듣고 계시던 어머니께서 입을 여셨어요.

"거 괜찮은 조건이군요, 지켜 주기만 한다면."

"엄마, 걱정 마세요. 약속 꼭 지킬 거예요. 그렇지, 너희?"

핵심 ① 엄마의 파업 선언	핵심 ② 엄마의 파업으로 힘들어하는 가족들	핵심 ③ 가족들의 협상안
➡ 엄마가 청소, 요리, 빨래 등 집안일을 모두 하지 않겠다는 파업을 선언함.	➡ 엄마의 파업으로 '나'와 예지, 수지, 아빠는 엄마의 빈자리를 느끼며 힘들어함.	➡ 가족들은 엄마의 파업을 멈추기 위해 집안일을 나누어 한다는 협상안을 만듦.

주제 엄마의 역할과 소중함

1 이 글에서 파업을 한 인물은 '나'와 '예지', '수지'의 엄마입니다.

2 엄마는 버즘나무 위로 올라가서 청소, 요리, 빨래 등의 집안일을 하지 않겠다는 내용의 팻말을 쓰고 파업을 선언하셨습니다.

3 엄마가 파업을 선언한 이후로 나와 동생들이 아버지를 찾으며 온갖 일들을 해 달라고 하자 아버지는 힘이 들어 귀를 막으셨습니다.

4 ㉡의 '풀'은 '활발한 기운이나 힘 있는 기세.'를 뜻하는 말로, ④의 '풀'과 같은 뜻으로 사용되었습니다.
|오답 풀이| ①, ⑤의 '풀'은 '쌀이나 밀가루 등에서 빼낸 끈끈한 물질.'을, ②, ③의 '풀'은 '줄기가 연한 식물.'을 뜻하는 말로 쓰였습니다.

5 가정의 모든 일을 도맡아 하다 지친 엄마가 파업을 선언한 것이므로 ⑤가 ㉢에 들어갈 내용으로 가장 알맞습니다.

6 보기의 홍길동은 신분 제도로 인한 차별이 존재하는 현실을 떠나 뜻을 펼치는 것으로 자신이 처한 상황을 극복하였다면, 이 글의 엄마는 집안일에 지쳐 가족들에게 파업을 선언한 후 가족들이 마련해 온 협상안을 받아들임으로써 문제 상황을 해결하였습니다.

7 집안일을 도맡아 하던 엄마가 파업을 시작하면서 가족들은 모두 엄마의 빈자리를 느끼며 힘들어하였습니다. 그리고 엄마가 그동안 많은 집안일로 지쳤음을 알고 협상안을 마련하여 가져오면서 엄마의 파업은 멈추게 됩니다.

어휘 탄탄 마무리

3 (1) 짝꿍에게 대답이나 설명을 요구하는 내용으로 말한 것이므로, ②의 뜻으로 쓰인 문장입니다. (2) 흙이 옷에 들러붙거나 흔적이 남게 된 것이므로, ①의 뜻으로 쓰인 문장입니다.

문해력 상승
읽기 전략

핵심 내용을 따라 읽으며 흐름을 정리해 보세요.

쏙쏙! 내용 정리

1 다섯 2 신분
3 법궁, 교태전

정답

1 ③ 2 ⑤
3 ②
4 (1) 규모 (2) 연회
5 ①
6 (1) ○ (3) ○
7 ❶ 서울 ❷ 신분
  ❸ 최초 ❹ 근정전
  ❺ 조선 시대

어휘 탄탄 마무리

1 (1) 명칭
  (2) 신분
  (3) 격
  (4) 즉위식
2 (1) ———— ㉮
  (2) ———— ㉯
  (3) ———— ㉰
3 (1) ①
  (2) ③
  (3) ②

---

1 핵심 ① 서울에 남아 있는 조선 시대의 궁궐
현재 서울에 남아 있는 조선 시대의 궁궐은 모두 다섯 곳으로, 경복궁, 창덕궁, 창경궁, 경희궁, 경운궁이다.

핵심 ② 신분에 따라 다른 궁궐의 건물
2 **궁궐의 건물**

㉠ 궁궐에는 왕과 왕비뿐만 아니라 왕실의 가족과 관리, 군인, 내시, 나인 등 많은 사람이 살았다. 이 사람들은 각자 자신의 신분에 알맞은 건물에서 생활했고, 건물의 명칭 또한 주인의 신분에 따라 달랐다. [신분에 따라 다른 것 ②] [신분에 따라 다른 것 ①] 예컨대 궁궐에는 강녕전이나 교태전과 같이 '전' 자가 붙는 건물이 있는데, 이러한 건물에는 궁궐에서 가장 신분이 높은 왕과 왕비만 살 수 있었다. 왕실 가족이나 후궁들은 주로 '전'보다 한 단계 격이 낮은 '당' 자가 붙는 건물을 사용했다. 그 밖의 궁궐 사람들은 주로 '각', '재', '헌'이 붙는 건물에서 생활했다.

핵심 ③ 경복궁
3 **경복궁**

'큰 복을 누리며 번성하라'는 뜻을 지닌 경복궁은 조선 시대 최초의 궁궐이면서 여러 궁궐 가운데 가장 대표적인 것이다. [경복궁의 이름에 담긴 뜻] 경복궁은 태조 이성계가 조선을 세운 뒤에 한양, 즉 지금의 서울에 세운 조선의 법궁이다.

경복궁은 7600여 칸으로 규모가 어마어마하다. 경복궁에서 가장 웅장한 건물은 '부지런히 나라를 다스리라'는 뜻을 지닌 근정전이다. [근정전에 담긴 뜻] 근정전은 왕의 즉위식, 왕실의 혼례식, 외국 사신과의 만남과 같은 나라의 중요한 행사를 치르던 곳이다.

경복궁에서 안쪽에 자리 잡은 교태전은 왕비가 생활하던 곳이다. 교태전은 중앙에 대청마루를 두고 왼쪽과 오른쪽에 온돌방을 놓은 구조로 되어 있다. 교태전 뒤쪽으로는 아미산이라는 작고 아름다운 후원이 있다.

'경사스러운 연회'라는 뜻의 경회루는 커다란 연못 중앙에 섬을 만들고 그 위에 지은, [경회루의 뜻] 우리나라에서 가장 큰 누각이다. 이곳은 왕이 외국 사신을 접대하거나 신하들에게 연회를 베풀던 장소이다.

핵심 ① 서울에 남아 있는 조선 시대의 궁궐	핵심 ② 신분에 따라 다른 궁궐의 건물	핵심 ③ 경복궁
➡ 현재 서울에는 경복궁, 창덕궁, 창경궁, 경희궁, 경운궁의 다섯 궁궐이 남아 있음.	➡ 궁궐에 살던 사람들은 각자 신분에 알맞은 건물에서 생활했으며, 건물의 명칭도 신분에 따라 달랐음.	➡ 경복궁은 조선 시대 최초의 궁궐이자 조선의 법궁으로 근정전, 교태전, 경회루 등의 건물이 있음.

주제 **서울에 남아 있는 조선 시대의 궁궐과 궁궐의 건물**

1 이 글은 현재 서울에 남아 있는 조선 시대 궁궐의 건물과 경복궁에 대해 쓴 설명문입니다.

2 경복궁은 조선 시대 최초의 궁궐이면서 여러 궁궐 가운데 가장 대표적인 것이라고 했습니다. 경복궁은 현재 서울에 남아 있는 조선 시대의 궁궐 중 하나입니다.

3 이 글에서 근정전에서 '제사'를 지냈다는 사실은 알 수 없습니다.

4 '규모'는 '물건이나 현상의 크기나 범위.'를 뜻하고, '연회'는 '여러 사람이 모여 베푸는 잔치.'를 뜻합니다.

5 왕과 왕비뿐만 아니라 왕실의 가족과 관리, 군인, 내시, 나인 등 많은 사람이 살 수 있으려면 궁궐의 규모가 매우 컸을 것이라 짐작할 수 있습니다.

6 서울에 남아 있는 조선 시대의 궁궐에 대해 설명한 글이므로, 창경궁과 창덕궁에 대한 설명을 추가하여 글의 내용을 보충할 수 있습니다.

오답 풀이 (2) 세종 대왕이 훈민정음을 창제하였다는 내용은 조선 시대의 궁궐을 소개하는 이 글의 주제와 맞지 않습니다.

7 이 글은 현재 서울에 남아 있는 조선 시대의 궁궐에 대해 설명한 글입니다. '들어가는 말', '궁궐의 건물', '경복궁'에 대한 주요 내용을 정리하여 씁니다.

어휘 탄탄 마무리

3 (1) 적도 지방은 지구에서 제일 더운 곳이므로, ①의 뜻으로 쓰인 문장입니다.
(2) 아무도 알아보지 못하게 바꾸어 꾸민 것이므로, ③의 뜻으로 쓰인 문장입니다. (3) 가족을 책임지는 사람으로서 최선을 다한 것이므로, ②의 뜻으로 쓰인 문장입니다.

문해력 상승
읽기 전략
핵심 내용을 따라 읽으며 흐름을 정리해 보세요.

쏙쏙! 내용 정리

1 인물 2 이이
3 신사임당 4 세종 대왕
5 혼천의

정답

1 지폐 2 ④
3 ② 4 ②
5 (3) ○ 6 슬기
7 ❶ 오죽헌
  ❷ 용비어천가
  ❸ 망원경
  ❹ 문화

어휘 탄탄 마무리

1 (1) ㉮ (2) ㉯
  (3) ㉰ (4) ㉯
2 (1) 천체
  (2) 창제
  (3) 발행
3 (1) 달았다
  (2) 닿았다
  (3) 담았다

핵심 ① 화폐를 통해 알 수 있는 것
1 화폐에는 그 화폐를 발행한 나라의 고유한 특색이 담겨 있습니다. 특히 지폐에는 나라의 역사를 빛낸 위대한 인물과 그 인물에 관련된 그림이 그려져 있습니다. 우리나라의 화폐에서도 우리의 문화를 살펴볼 수 있습니다. (지폐의 내용)

핵심 ② 오천 원짜리 지폐의 그림
2 오천 원짜리 지폐에는 어떤 그림이 있을까요? 먼저 앞면의 오른쪽에는 조선 시대의 뛰어난 학자 이이가 그려져 있습니다. 그리고 앞면의 한가운데에는 집이 한 채 그려져 있습니다. 그곳은 이이가 태어난 곳인데, 이이의 어머니인 신사임당이 이곳에서 용꿈을 꾸고 이이를 낳았다고 하여 몽룡실로 불립니다. (집 이름이 몽룡실이 된 까닭) 여기에서 '몽'은 꿈을 뜻하고, '룡'은 '용'을 뜻합니다. 몽룡실의 뒤쪽으로는 대나무 숲이 그려져 있습니다. 이것은 이이가 태어난 오죽헌을 표현한 것입니다.

3 오천 원짜리 지폐의 뒷면에는 신사임당이 그린 「신사임당초충도병」이 (풀과 풀벌레를 그린 그림) 들어가 있습니다. 이 그림은 원래 여덟 폭의 병풍 그림으로, 오천 원짜리 지폐에 들어간 것은 그중 '수박과 여치', '맨드라미와 개구리' 두 폭입니다.

핵심 ③ 만 원짜리 지폐의 그림
4 만 원짜리 지폐도 살펴볼까요? 만 원짜리 지폐에 그려진 인물은 바로 세종 대왕입니다. 지폐의 앞면을 보면 세종 대왕의 모습과 함께 세종 대왕이 창제한 훈민정음으로 쓰인 최초의 작품 「용비어천가」가 나와 있습니다. 그리고 그 아래에는 우뚝 솟은 다섯 개의 봉우리와 해와 달을 그린 「일월오봉도」라는 그림도 있는데, 그림의 해와 달은 각각 왕과 왕비를 상징합니다.

5 만 원짜리 지폐의 뒷면에는 혼천의가 그려져 있습니다. 혼천의는 세종 대에 만들어진 천문 관측기구로 천체의 운행과 위치를 파악하는 데 사용하였습니다. 혼천의의 뒤로는 조선 시대에 그려진 별자리 그림이 있고, 아래쪽에는 우리나라에서 가장 큰 망원경인 보현산 천문대의 망원경이 그려져 있습니다. (천상열차분야지도) 지폐 한 면에 우리의 과학 기술이 고스란히 담겨 있는 것입니다. 이처럼 지폐를 자세히 살펴보면 그 나라의 역사와 문화를 알 수 있습니다.

핵심 ① 화폐를 통해 알 수 있는 것	핵심 ② 오천 원짜리 지폐의 그림	핵심 ③ 만 원짜리 지폐의 그림
➡ 화폐에는 그 나라의 고유한 특색이 담겨 있어 그 나라의 문화를 살펴볼 수 있음.	➡ 오천 원짜리 지폐에는 이이와 관련된 그림들과 신사임당이 그린 그림이 들어가 있음.	➡ 만 원짜리 지폐에는 세종 대왕과 관련된 그림, 우리나라의 과학 기술과 관련된 그림이 그려져 있음.

주제 나라의 역사와 문화가 담겨 있는 지폐 속 그림

1 이 글은 오천 원짜리와 만 원짜리 지폐에 그려진 그림에 대해 설명한 글입니다.

2 오천 원짜리 지폐의 앞면에 그려져 있는 집은 이이가 태어난 곳으로, 이이의 어머니인 신사임당이 이곳에서 용꿈을 꾸고 이이를 낳았다고 하여 '몽룡실'로 불립니다.

3 만 원짜리 지폐의 앞면에 있는 그림은 해와 달, 다섯 봉우리를 그린 「일월오봉도」로, 이 글에서는 「일월오봉도」가 세종 대왕이 그린 그림이라고 설명하지는 않았습니다.

4 '개', '마리', '장'과 같이 단위를 나타내는 말은 앞말과 띄어 씁니다. ②의 '번째'는 차례나 횟수를 나타내는 하나의 낱말이고, '첫'은 '맨 처음의.'라는 뜻을 가지는 낱말입니다. 따라서 '첫 번째'로 띄어 쓰는 것이 바릅니다.

5 만 원짜리 지폐의 앞면에 있는 「일월오봉도」는 우뚝 솟은 다섯 개의 봉우리와, 왕과 왕비를 상징하는 해와 달을 그린 그림입니다.
| **오답 풀이** (1)은 겸재 정선이 그린 산수화 「인왕제색도」이며, (2)는 조선 전기의 화가 안견이 그린 산수화 「몽유도원도」입니다.

6 미국의 지폐에는 미국의 위인과, 미국을 상징하는 것들이 그려져 있습니다. 따라서 우리나라와 미국의 지폐를 통해 각 나라의 지폐에는 그 나라의 역사와 문화가 반영된 그림들이 그려져 있음을 알 수 있습니다.
| **오답 풀이** 미국 1달러 지폐의 뒷면에 그려져 있는 13개의 별은 미국이 독립할 당시의 13개의 주를 의미하는 것입니다.

7 각 나라의 지폐에는 그 나라의 역사를 빛낸 인물과 그 인물에 관련된 그림이 그려져 있고, 이를 통해 그 나라의 고유한 역사와 문화를 살펴볼 수 있습니다.

6주 05일차

본문 124~127쪽

문해력 상승 읽기 전략

핵심 내용을 따라 읽으며 흐름을 정리해 보세요.

쏙쏙! 내용 정리

1 수첩 2 비밀

정답

1 ③ 2 ②
3 ② 4 ②, ③
5 ㉮, ㉯, ㉣
6 ①
7 ❶ 성미 ❷ 민철
  ❸ 영만 ❹ 수첩
  ❺ 비밀

어휘 탄탄 마무리

1 (1) — ㉮
  (2) — ㉯
  (3) — ㉰
  (4) — ㉣

2 (1) 대항
  (2) 기세
  (3) 울상

3 흉내

핵심 ① **사라진 성미의 사진** □: 중심인물

[앞부분 이야기] 학급 게시판에 붙어 있던 성미의 사진이 사라졌다. 반에서 힘이 세고 짓궂은 싸움 대장 영만이는 성미를 좋아하는 아이가 사진을 가져갔을 것이라고 생각하고 사진을 찾던 중 평소 얌전하고 겁이 많은 민철이의 책가방을 뒤져 수첩 한 권을 꺼냈다. 그 순간 이제껏 한 번도 다른 아이에게 대항이라고는 해 본 적 없던 민철이가 영만이의 손에서 수첩을 낚아챈다.
민철이의 평소 성격에 어울리지 않는 행동

1 민철이는 수첩을 빼앗기지 않으려고 힘을 주어 잡아당겼다.
민철이가 성미의 사진을 가져갔기 때문에
"하하하, '㉠지렁이도 밟으면 꿈틀한다.'는 말이 맞긴 맞구나."

옆에서 찬영이가 배꼽을 쥐는 시늉을 하며 웃었다.

"너, 아무래도 수상해. 이리 안 줘?"

영만이가 눈을 부라리며 민철이의 팔을 잡아 비틀었다. 나는 그러는 영만이를 뒤에서 확 밀어 버릴 생각으로 몸을 움직였다. 그러나 내가 한 발을 움직이는 순간에 누구인가 교실 바닥에 나뒹굴었다. / 나는 내 눈을 의심하였
핵심 ② 영만이를 넘어뜨린 민철이
다. 교실 바닥에 나뒹군 아이는 민철이가 아닌 영만이였다.
성미가 자신의 눈을 의심한 까닭
"어?" / 반 아이들이 믿기지 않는다는 눈빛으로 민철이와 영만이를 번갈아 보았다. 자존심이 상한 영만이는 입술을 잔뜩 깨물더니 벌떡 일어나 민철이에게 달려들었다. 영만이의 무서운 기세에 아이들은 얼어붙은 듯 서 있었다. 나는 눈을 질끈 감아 버렸다.

"어어?" / "아니?" / 우당탕하는 소리를 듣고 나는 눈을 떴다.

2 정말 놀라운 일이었다. 떡 버티고 선 민철이 앞에 영만이가 넘어져 있었다.
평소 겁이 많고 얌전한 민철이가 싸움 대장 영만이를 넘어뜨렸기 때문에
"사진, 저기 있다!"

누구인가 소리쳤다. 속이 펼쳐진 수첩 사이에서 환히 웃고 있는 내 사진이
민철이의 수첩에서 성미의 사진이 나옴. → 민철이가 영만이에게 대항한 까닭
보였다. 나는 멍하게 서 있는 아이들을 밀치고 여유 있게 수첩을 집어 들었다. 민철이는 죄를 지은 사람처럼 울상이 되어 어쩔 줄 몰라 하였다.
학급 게시판에서 성미의 사진을 가져간 것을 들켜 버렸기 때문에
"잘했어. 이유 없이 괴롭히면 그렇게 해 주는 거야. 이 사진은 너 가져도 좋아."

나는 내 사진을 수첩 속에 넣어 민철이 손에 쥐여 주었다. 민철이의 얼굴이
핵심 ③ 성미에게 생긴 행복한 비밀
금방 환해졌다. / 나에게는 남모르는 비밀이 하나 생겼기 때문이다. 나는 민
성미가 자신의 사진을 주었기 때문에   민철이가 자신(성미)을 좋아한다는 것
철이의 펼쳐진 수첩에서 한 장 가득히 시처럼 써 놓은 글을 보았던 것이다.

'성미 좋아, 성미 천사……'
성미에 대한 민철이의 마음이 담긴 글

| 핵심 ① | 사라진 성미의 사진 | 핵심 ② | 영만이를 넘어뜨린 민철이 | 핵심 ③ | 성미에게 생긴 행복한 비밀 |

➡ 학급 게시판에 붙어 있던 성미의 사진이 사라짐.

➡ 영만이와의 몸싸움에서 민철이가 영만이를 넘어뜨림.

➡ 성미는 민철이가 자신을 좋아한다는 사실을 알게 됨.

주제 민철이가 자신을 좋아한다는 사실을 알게 되어 행복한 비밀이 생긴 성미

1 교실에서 사라진 것은 학급 게시판에 붙어 있던 성미의 사진입니다.

2 [앞부분 이야기]에서 민철이는 평소 겁이 많고 얌전한 성격으로, 이제까지 다른 아이에게 대항해 본 적이 없다고 하였습니다. 그러므로 민철이가 평소 다른 친구들과 자주 다투었다는 것은 이 글의 내용으로 알맞지 않습니다.

3 2에서 민철이는 자신이 성미의 사진을 가져간 것을 들켜서 울상이 되었지만, 성미가 자신의 사진을 가지라고 하자 금세 얼굴이 환해졌습니다.

4 ②와 ③의 '수상하다'는 '보통과 달리 이상하고 의심스럽다.'라는 뜻입니다.
|오답 풀이| ①, ④, ⑤의 '수상하다'는 '상을 받다.'라는 뜻으로 사용되었습니다.

5 민철이는 평소 얌전하고 겁이 많은 성격이지만, 영만이가 자신의 가방에서 수첩을 꺼내자 평소와 달리 영만이에게 대항하는 모습을 보였습니다. 그래서 찬영이가 ㉠에서 아무리 순하고 약한 사람이라도 너무 업신여기면 가만히 있지 않고 반항하거나 저항한다는 뜻을 가진 '지렁이도 밟으면 꿈틀한다.'라는 속담을 쓴 것입니다.
|오답 풀이| ㉡ '가재는 게 편'은 모습이 닮거나 상황이 비슷한 친구끼리 서로 돕거나 편을 드는 것을 의미하며, '바늘 가는 데 실 간다.'는 바늘과 실처럼 서로 떨어질 수 없는 아주 가까운 사이를 이르는 말입니다.

6 성미는 민철이의 수첩에서 나온 자신의 사진과 수첩에 쓰인 글을 보고 민철이가 자신을 좋아하고 있다는 사실을 알게 되면서 행복한 비밀이 생깁니다.

7 학급 게시판에 붙어 있던 성미의 사진이 사라져, 사진을 찾던 영만이가 민철이의 가방을 뒤져 수첩을 꺼냅니다. 그러자 평소 얌전했던 민철이가 영만이에게 수첩을 빼앗기지 않으려고 하면서 몸싸움이 일어나고, 민철이가 영만이를 넘어뜨립니다. 펼쳐진 민철이의 수첩에서 성미의 사진이 나오고, 성미는 민철이의 수첩에 쓰여 있던 글을 보고 민철이가 자신을 좋아한다는 사실을 알게 됩니다.

문해력 상승
읽기 전략
핵심 내용을 따라 읽으며 흐름을 정리해 보세요.

쏙쏙! 내용 정리

1 정보 무늬
2 숫자, 한글
3 스마트폰
4 백화점, 박물관
5 누구나

정답

1 ② 2 ⑤
3 ③ 4 (1) ○
5 ③ 6 ㉮
7 ❶ 점 ❷ 선
　 ❸ 책 ❹ 정보

어휘 탄탄 마무리

1 (1) 응답　(2) 표식
　 (3) 문양　(4) 명함
2 (1) ── ㉮
　 (2) ── ㉯
　 (3) ── ㉰
3 (1) 배열하다
　 (2) 전달하다
　 (3) 이동하다
　 (4) 제공하다

---

1 최근 출판하는 책이나 광고, 알림판 따위에서 네모 모양의 표식을 자주 볼 수 있다. 네모 모양 안에 검은 점과 선들을 배열했는데, 이것을 「정보 무늬[QR 코드]」라고 한다. 큐아르(QR)는 '빠른 응답'이라는 영어의 줄임말이다.
　　　정보 무늬의 형태 / 중심 소재

핵심 ① 정보 무늬의 특징

2 정보 무늬는 여러 가지 정보를 확인할 수 있는 표식이다. 정보 무늬를 쓰기 전에는 막대 표시를 주로 썼다. 막대 표시는 숫자 20개를 저장할 수 있는 무늬로서 물건을 살 때 쉽게 계산할 수 있다. 그러나 정보 무늬는 숫자 7089개, 한글 1700자 정도를 저장할 수 있다. 또 정보 무늬는 일부를 지워도 사용할 수 있다. 정보 무늬의 세 귀퉁이에 위치를 ㉠지정하는 문양이 있기 때문이다. 이 문양이 있어 정보 무늬를 어느 각도에서 찍어도 내용을 확인할 수 있다.
　　1차원 바코드 / 막대 표시에 저장할 수 있는 정보의 양 / 정보 무늬에 저장할 수 있는 정보의 양

핵심 ② 정보 무늬를 사용하는 방법

3 정보 무늬는 스마트폰으로 사용할 수 있다. 스마트폰 응용 프로그램으로 정보 무늬를 찍으면 관련 내용이 있는 누리집으로 이동하거나, 관련 사진이나 동영상을 볼 수 있다. 또 정보 무늬에 색깔이나 신기한 그림을 넣어 만들기도 한다.

핵심 ③ 정보 무늬의 활용

4 　　　　　　　　㉡　　　　　　　　 백화점이나 할인점에서는 정보 무늬로 할인 정보를 제공한다. 신문 광고에 있는 정보 무늬를 찍으면 3차원으로 움직이는 광고가 나오기도 하고, 책에 있는 정보 무늬를 찍으면 등장인물이 튀어나와 책의 정보와 줄거리를 알려 주기도 한다. 박물관이나 미술관에서는 자료나 작품을 더 알아볼 수 있도록 정보 무늬에 설명을 담아 제공하기도 한다.

5 정보 무늬는 누구나 만들 수 있다. 예를 들어 개인 정보를 담은 명함을 만들 수도 있다. 명함에 있는 정보 무늬로 자신의 사진이나 동영상을 보여 주거나 이름이나 연락처를 자동으로 저장할 수 있다.

핵심 ① 정보 무늬의 특징	핵심 ② 정보 무늬를 사용하는 방법	핵심 ③ 정보 무늬의 활용
➡ 여러 가지 정보를 확인할 수 있으며, 일부를 지워도 사용할 수 있음.	➡ 스마트폰 응용 프로그램으로 정보 무늬를 찍어 사용할 수 있음.	➡ 백화점, 할인점, 신문 광고, 책, 박물관, 미술관 등 여러 분야에서 활용됨.

주제 다양한 곳에서 활용되는 정보 무늬의 특징

1 이 글은 '정보 무늬'에 관한 정보와 지식을 전달하고 설명하는 설명문입니다.

2 2에서 정보 무늬의 세 귀퉁이에 위치를 지정하는 문양이 있다고 하였습니다.
|오답풀이| ① 정보 무늬는 검은 점과 선으로 이루어져 있습니다.
　　② 정보 무늬는 일부가 지워져도 사용할 수 있습니다.
　　③ 정보 무늬에는 숫자 7089개, 한글 1700자 정도를 저장할 수 있습니다.
　　④ 정보 무늬는 백화점, 신문 광고, 박물관 등 다양한 곳에서 사용됩니다.

3 4에서 정보 무늬가 활용되는 다양한 예를 확인할 수 있습니다. 3에서 스마트폰을 이용하여 정보 무늬를 사용할 수 있다고 하였으나, 정보 무늬를 사용하여 스마트폰에서 자동으로 사진을 촬영할 수 있다는 내용은 찾을 수 없습니다.

4 (2) '수정하다'의 뜻입니다. (3) '이동하다'의 뜻입니다.

5 3에서 정보 무늬의 세 귀퉁이에 위치를 지정하는 문양이 있어서, 어느 각도에서 찍어도 내용을 확인할 수 있다고 하였습니다.

6 ㉡ 이후에 백화점, 할인점, 신문 광고, 책, 박물관, 미술관에서 정보 무늬가 사용되는 예를 다양하게 제시하고 있으므로, ㉮가 ㉡에 들어갈 말로 가장 알맞습니다.

7 이 글은 정보 무늬의 뜻과 특징, 정보 무늬를 사용하는 방법, 정보 무늬가 활용되는 다양한 예 등에 대한 정보를 전달하고 있습니다.

어휘 탄탄 마무리

3 '배열하다'는 '여럿을 일정한 순서나 간격으로 죽 벌여 놓다.', '전달하다'는 '사물을 어떤 대상에게 전하여 받게 하다.', '이동하다'는 '움직여서 옮기다. 또는 움직여서 자리를 바꾸다.', '제공하다'는 '무엇을 내주거나 가져다주다.'라는 뜻의 낱말입니다.

문해력 상승 읽기 전략

핵심 내용을 따라 읽으며 흐름을 정리해 보세요.

쏙쏙! 내용 정리

1 쥐　2 독, 빵
3 털솔

정답

1 ③　　2 ④, ⑤
3 ⓛ, ⓔ, ⓡ, ⓜ, ㉮
4 ④　　5 ㉮
6 예술, 준이
7 ❶ 아빠　❷ 빵
　❸ 털솔

어휘 탄탄 마무리

1 (1)　㉮
　(2)　㉯
　(3)　㉰

2 (1) 비장하다
　(2) 예리하다
　(3) 기절하다

3 (1) ②
　(2) ①
　(3) ③

---

1 우당탕, 와장창! 도대체 무슨 일이 일어난 걸까요?

　살금살금 일 층으로 내려가 본 우리는 깜짝 놀랐어요. 엄마는 야구 방망이를 들고 있고, 아빠는 거실 바닥에 쓰러져 있었으니까요. / "엄마, 무슨 일이에요?"

핵심 ① 집 안에 나타난 쥐
"이 일을 어쩌지? 쥐를 잡으려다가 네 아빠를 잡았나 보다."

　바로 그 순간, 아빠가 살짝 눈을 뜨셨어요. / "사실은 소파 뒤에 숨어 있던 쥐와 눈이 마주친 순간 나도 모르게 기절했단다."
겁이 많고 소심한 성격의 아빠
그때 할아버지께서 잠이 덜 깬 눈으로 방문을 열고 나오셨어요.

　"집 안에 무슨 일이 있냐?" / "할아버지, 쥐가 나왔대요."

　"에구머니나!" / 할아버지께서는 깜짝 놀라며 얼른 소파 위로 올라가셨어요.
핵심 ② 쥐를 잡기 위한 작전
2 이튿날 아침, 할아버지께서는 가족회의를 열었어요.
쥐를 잡기 위한 작전을 짜기 위해서
"이제부터 쥐와 전쟁을 시작한다! 내가 사령관을 맡으마. 나머지 식구들은 모두 행동 대원이다." / 할아버지의 비장한 말씀에 나는 왠지 가슴이 두근
대장처럼 나서는 것을 좋아하시는 할아버지
거렸어요. 쥐를 잡는 작전 이름은 '독 안에 든 빵 작전'이에요. 할아버지께서는 쥐라는 이름을 직접 부르면 쥐들이 알아듣고 모두 도망간대요. 하지
쥐를 잡는 작전의 이름을 '독 안에 든 빵 작전'이라고 한 까닭
만 빵이라고 부르면 쥐들이 맛있는 빵이 있는 줄 알고 모여든다나요? (중략)

　"집을 들어 올려서라도 쥐 소굴을 찾아내고야 말겠다. 옛날부터 쥐란 녀석
적극적이고 용감한 성격의 엄마
들은 마루 밑을 좋아했지. 내가 오늘 쥐 소굴을 꼭 찾고야 말겠다."

　엄마는 두 주먹을 불끈 쥐셨어요.

3 그때 갑자기 아빠가 후닥닥 뛰어들어 오셨어요.

　"여보, 어떡하지? 쥐를 만졌어, 쥐를 만졌다고!"
쥐를 만진 줄 알고 놀란 아빠
엄마는 아빠를 따라 마당으로 나가셨어요. 그리고 형사처럼 예리한 눈초리로 마당을 이곳저곳 살피더니 아빠에게 물으셨어요.
핵심 ③ 아빠가 만진 쥐의 정체
"여보, 쥐를 만진 게 분명해요?" / "음…… 그게…… 그러니까……."

　엄마는 홈통 근처에 떨어진 털솔을 집어 들며 말씀하셨어요.

　"봐요, 혹시 이 털솔을 잘못 알고……."

　"아니, 그건 절대 아냐. 아닐 거야. 아니어야 하는데……."
점점 자신이 없는 목소리
그럼 그렇지. 아빠가 만진 것은 홈통을 청소하는 털솔이었어요.

| 핵심 ① | 집 안에 나타난 쥐 | | 핵심 ② | 쥐를 잡기 위한 작전 | | 핵심 ③ | 아빠가 만진 쥐의 정체 |

➡ 집 안에 쥐가 나타나 한바탕 소동이 벌어짐.　➡ 가족들은 회의를 열어 쥐를 잡기 위해 '독 안에 든 빵 작전'을 펼치기로 함.　➡ 아빠가 마당에서 만진 것이 쥐가 아니라 털솔이었음이 밝혀짐.

주제 유쾌한 쥐 잡기 소동

---

1 **1**에서 집 안에 쥐가 나와 엄마는 쥐를 잡기 위해 야구 방망이를 들고 계셨고, 아빠는 기절하셨습니다. 할아버지께서는 쥐가 나왔다는 소식에 "에구머니나!"라고 말씀하셨습니다.

2 **2**에 할아버지께서 쥐 잡는 작전의 이름을 '독 안에 든 빵 작전'으로 붙인 까닭이 나타나 있습니다.

3 집 안에 쥐가 나타나 아빠가 거실 바닥에 쓰러진 일부터 엄마가 털솔을 집어 들게 되기까지 일이 일어난 순서대로 이야기의 내용을 정리할 수 있습니다.

4 ①, ②, ③, ⑤는 뜻이 반대인 낱말끼리 묶은 것이고, ④는 뜻이 비슷한 낱말끼리 묶은 것입니다.

5 엄마의 "쥐를 잡으려다가 네 아빠를 잡았나 보다."라는 말을 통해 실수를 인정하고 쾌활한 성격임을 알 수 있습니다.

6 **3**에서 '그럼 그렇지. 아빠가 만진 것은 홈통을 청소하는 털솔이었어요.'라고 한 것을 통해, 아빠가 털솔을 쥐로 알고 소란을 피운 것이었음을 알 수 있습니다.

7 '나'의 집에 쥐가 나타나 한바탕 소동이 벌어지고, '나'의 가족들은 쥐를 잡기 위해 '독 안에 든 빵 작전'을 펼칩니다. 아빠는 마당에서 쥐를 만졌다며 소란을 피우지만, 결국 아빠가 만진 것은 쥐가 아니라 홈통을 청소하는 털솔이었음이 밝혀집니다.

어휘 탄탄 마무리

3 (1) 영화의 여주인공 배역을 한 것이므로, ②의 뜻으로 쓰인 문장입니다. (2) 방 청소를 책임지고 하기로 한 것이므로, ①의 뜻으로 쓰인 문장입니다. (3) 짐을 받아 보관하는 곳을 알아보기로 한 것이므로, ③의 뜻으로 쓰인 문장입니다.

문해력 상승 읽기 전략

핵심 내용을 따라 읽으며 흐름을 정리해 보세요.

쏙쏙! 내용 정리

1 광고   2 쓸모
3 온난화   4 지구

정답

1 ③

2 비닐봉지, 샴푸

3 (1) ○   (2) ○

4 ④   5 ㉯

6 지수

7 ❶ 광고   ❷ 환경
  ❸ 온난화   ❹ 실천

어휘 탄탄 마무리

1 (1) 이종사촌
  (2) 광고
  (3) 세금

2 (1)━㉮
  (2)━㉯
  (3)━㉰

3 (1) ①   (2) ②

이 광고를 다 읽더라도 당신은 변하지 않을 것입니다

이 광고를 읽은 당신이 변하기를 바라는 마음을 반대로 표현함.

핵심 ① 이 광고를 읽은 '당신'

1 이 광고를 다 읽더라도

당신은 2시간 후 비닐봉지를 사용할 것이며
지구의 환경을 오염시키는 행동 ①
이 광고를 다 읽더라도

당신은 내일 아침 샴푸를 마음껏 쓸 것이며…
지구의 환경을 오염시키는 행동 ②

2 그래서 당신이

"이 쓸모없는 광고를 왜 하는 거야?

다 이거 내 세금으로 하는 거 아냐?!!!"라고

생각할 줄 알면서도   『 』: 이 광고를 본 '당신'이 할 생각

핵심 ② 이 광고를 하는 이유
그래도 당신에게 / 이 광고를 보여 주는 것은

당신이 아닌 단 한 사람이
지구의 환경을 보호하기 위해 실천하는 사람
수도꼭지를 잠근다면

당신이 아닌 단 한 사람이 ─ 지구의 환경을 보호하기 위한 행동

전기 스위치를 끈다면

당신이 아닌 단 한 사람이

당신의 아들이라면

당신의 이종사촌에 8촌과

아무 상관 없더라도

3 몇 십 몇 백만 원 하는 이 광고가

아깝지 않은 이유는

당신이 살아야 하는

당신의 아이가 살아야 하는 / 이 지구가

당신이 아닌 단 한 사람으로 인해

지구 온난화를 조금 멈췄기 때문입니다.
이 광고가 아깝지 않은 이유
4 ㉠ 당신의 지구에

다른 사람의 실천을 / 바칩니다.

핵심 ① 이 광고를 읽은 '당신'

➡ '당신'은 이 광고를 다 읽더라도 환경을 오염시키는 행동을 할 것이며, 이 광고가 쓸모없는 광고라 생각할 것임.

핵심 ② 이 광고를 하는 이유

➡ 이 광고를 본 누군가의 실천으로 지구 온난화를 조금 멈출 수 있기에 이 광고를 함.

주제 **지구의 환경을 보호하기 위해 실천하자.**

1 이 광고는 '당신'은 쓸모없다고 생각할지라도 당신이 아닌 다른 누군가는 이 광고를 보고 실천할 수 있다는 점을 강조하고 있습니다. 이를 통해 지구의 환경을 보호하기 위해 실천해야 함을 말하고 있습니다.

2 1에서 '이 광고를 다 읽더라도 / 당신은 2시간 후 비닐봉지를 사용할 것이며 / 이 광고를 다 읽더라도 / 당신은 내일 아침 샴푸를 마음껏 쓸 것이며…'라고 하였습니다. 이러한 행동은 지구의 환경을 오염시키는 행동입니다.

3 2에 직접적으로 '당신'의 생각이 드러나 있습니다. '당신'은 지구의 환경을 보호하겠다는 생각이 없는 사람입니다.

4 '물, 가스 등이 나오지 않도록 하다.'라는 뜻을 가진 낱말은 '잠그다'입니다.

5 ㉠은 당신이 살고 있는 지구의 환경이 유지되는 이유는 다른 사람의 실천 때문이라는 뜻을 담고 있습니다. 이것은 당신이 살고 있는 지구를 위해 당신도 노력해야 한다는 뜻을 담고 있습니다.

6 '이 광고를 읽더라도 당신은 변하지 않을 것입니다.'라는 제목은 환경 보호를 실천하지 않는 '당신'(읽는 이)이 환경 보호를 실천하기를 바라는 마음을 반대로 표현한 것으로, 이를 통해 지구의 환경 보호를 위해 실천해야 한다는 것을 효과적으로 전달하고 있습니다.

7 이 광고는 변하지 않는 '당신'과 지구의 환경을 보호하기 위해 실천하는 사람에 대해 말하면서 지구의 환경 보호를 위해 실천할 것을 강조하고 있습니다.

어휘 탄탄 마무리

3 (1) 공기가 맑은 도시에서 떨어져 있는 지역이므로, ①의 뜻으로 쓰인 문장입니다. (2) 형과 내가 십 촌이 넘는 먼 친척 관계임을 나타낸 것이므로, ②의 뜻으로 쓰인 문장입니다.

문해력 상승
읽기 전략
핵심 내용을 따라 읽으며 흐름을 정리해 보세요.

쏙쏙! 내용 정리

1 놀이 2 지방
3 말밭 4 이기는
5 장기

정답

1 ④
2 ②, ③, ④
3 ①   4 ②, ④
5 ⑤   6 ③
7 ❶ 말밭 ❷ 지방
  ❸ 모양

어휘 탄탄 마무리

1 (1) ㉰ (2) ㉯
  (3) ㉫ (4) ㉵
2 (1) 승부
  (2) 구분
  (3) 지방
3 (1) 같다
  (2) 같은
  (3) 갖고

핵심 ① 고누의 뜻
1 고누는 옛날에 어린이부터 어른까지 즐기던 놀이의 하나입니다. 고누는 두 편으로 나누어 하는데, 고누를 할 때에는 말을 두는 판인 말밭이 필요합니다. 고누는 땅이나 종이 위에 말밭을 그려 놓고 그 위에서 말을 움직여 말을 많이 따거나 말 길을 막으면서 승부를 겨루는 놀이입니다.
고누를 할 때 필요한 것

2 고누를 언제부터 시작하였는지는 정확하게 알 수 없습니다. 하지만 고누는 아주 오래전부터 전해 내려오는 놀이입니다. 핵심 ② 고누의 이름 '고누'라는 이름은 '겨루다'를 뜻하는 옛말 '고노다'에서 유래된 것으로, 두 사람이 말밭을 두고 서로 겨루는 데에서 비롯되었습니다. 지방에 따라 고누를 '고니', '꼬니', '곤질이', '고노'라고 부르기도 했습니다.
'고누'라는 이름의 유래
지방에 따라 다른 고누의 이름

3 고누는 말밭의 모양에 따라 '우물고누', '호박고누', '줄고누' 등으로 달리 부릅니다. 종류에 따라 가지고 노는 말의 개수나 놀이의 방법이 다르며, 말밭의 모양이 같아도 지방마다 놀이 방법이 조금씩 다릅니다.
말밭의 모양에 따라 다른 고누의 이름

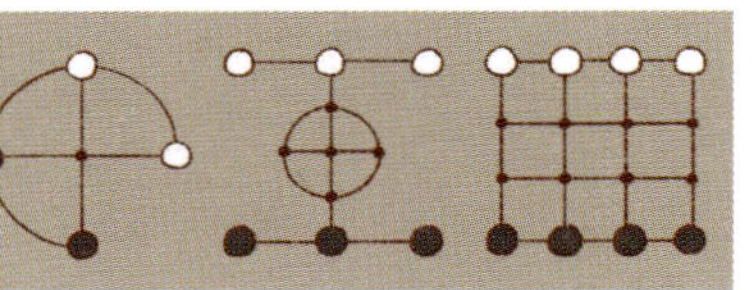

핵심 ③ 고누의 놀이 방법
4 하지만 고누에서 이기는 방법은 지방 구분 없이 같습니다. 말밭 위에서 상대편의 말을 움직이지 못하게 가두거나, 상대편의 집을 먼저 차지하거나, 상대편의 말을 다 따내면 이깁니다.

5 『고누는 배우기 쉽고 특별한 도구 없이도 즐길 수 있으며, 말밭의 모양도 다양하여 누구나 재미있게 할 수 있는 놀이입니다.』 특히 어린이들에게 쉽고 재미있게 장기와 바둑의 기초를 ㉠익히게도 합니다. 여러 가지 말밭으로 놀이를 즐기기도 하고, 스스로 새로운 말밭을 고안해 보는 것도 흥미로울 것입니다.
『　』: 고누의 장점

핵심 ① 고누의 뜻	핵심 ② 고누의 이름	핵심 ③ 고누의 놀이 방법
➡ 고누는 두 편으로 나누어 말밭 위에서 말을 움직여 승부를 겨루는 놀이임.	➡ 고누는 지방에 따라, 말밭의 모양에 따라 다른 이름으로 불림.	➡ 상대편의 말을 가두거나, 상대편의 집을 먼저 차지하거나, 상대편의 말을 다 따내면 이김.

주제 | 전통 놀이 '고누'

---

1 이 글은 우리 선조들이 많이 즐겼던 놀이인 '고누'에 대해 설명한 글입니다.

2 ③의 첫 문장에서 고누는 말밭의 모양에 따라 '우물고누', '호박고누', '줄고누' 등으로 달리 부른다고 하였습니다.
| 오답 풀이 | ① '꼬니'는 지방에 따라 다른 고누의 이름 중 하나입니다.

3 새로운 말밭의 개수와 승부의 관계에 대한 내용은 이 글에서 찾을 수 없습니다.

4 ㉠의 '익히다'는 '자주 경험하여 능숙하게 하다.'라는 뜻으로, '배우다', '공부하다'와 바꾸어 쓸 수 있습니다.

5 이 글에서는 고누가 옛날에 어린이부터 어른까지 즐기던 놀이라고만 하였을 뿐, 고누를 처음으로 시작한 사람이 누구인지는 밝히지 않았습니다.
| 오답 풀이 | ① 5 에서 고누의 장점을 확인할 수 있습니다.
② 1 에서 고누는 땅이나 종이 위에 말밭을 그려 놓고 그 위에서 말을 움직여 말을 많이 따거나 말 길을 막으면서 승부를 겨루는 놀이라고 하였습니다.
③ 4 에서 고누에서 이기는 방법에 대한 설명을 확인할 수 있습니다.
④ 2 에서 지방에 따라 고누를 '고니', '꼬니', '곤질이', '고노'라고 불렀다고 하였습니다.

6 우물고누에 대한 설명과 그림이므로, 3 에 추가하기에 알맞은 자료입니다.

7 각 문단의 중심 내용을 정리하여 씁니다. 이 글은 고누의 뜻과 이름, 놀이 방법을 차례로 설명하고 고누의 장점으로 글을 마무리하였습니다.

어휘 탄탄 마무리

3 '키가 같다.', '같은 반이 되다.', '재능을 갖고 있다.'와 같이 쓰는 것이 알맞습니다.

쏙쏙! 내용 정리

1 돌림병 2 반딧불이
3 아이 4 눈물

정답

1 노새, 반딧불이
2 ⑤   3 ③
4 ②   5 ⑤
6 (1) ○
7 ❶ 마음 ❷ 불빛
  ❸ 다리 ❹ 눈물

어휘 탄탄 마무리

1 (1) —————ⓐ
  (2) ⟍⟋ⓑ
  (3) ⟋⟍ⓒ
  (4) —————ⓓ

2 (1) 일행
  (2) 노릇
  (3) 빈터

3 산더미

핵심 ① 약을 구하러 길을 떠나는 할아버지

1 옛날 어느 마을에 무서운 병이 돌았대. 무슨 병인데 그렇게 무섭냐고? 응, 그런 병이 있어. 눈알은 빨갛게 달아오르는데 가슴은 얼음덩이처럼 꽁꽁 얼어붙는 병. 그래서 서로 쳐다보기도 싫어하고 이야기도 안 나누고 누가 곁에 오기만 해도 싫어서 몸서리가 나는 병인데, 이 돌림병이 온 마을을 덮친 거야.
마을 사람들이 걸린 병
　이렇게 되자 마을에서 가장 나이가 많아서 마을 어르신 노릇을 하고 있는 할아버지는 걱정이 태산 같아. 별수 없이 할아버지는 길을 떠나시기로 했어.
□: 중심인물
사람들 마음을 녹일 수 있는 약을 찾아 나서신 거지.

핵심 ② 노새와 반딧불이

2 새벽에 일어나 문밖을 나서는데, 노새 한 마리와 반딧불이 하나가 따라나서. 노새는 수레로 돌을 나르다 크게 다쳐 다리를 몹시 절름거리는 늙은 노새야. 반딧불이는 꽁무니에 매단 불이 희미하다고 동무들에게 놀림감이 되어 외톨이가 된 애이고.

3 할아버지 일행은 시냇물을 따라 위로 위로 올라갔어. 점점 더 깊은 산속으로 들어간 거지. (중략) 갑자기 앞이 환해졌어. 숲 사이로 숲에 둘러싸인 빈터가 보이고, 시냇가에서 댓잎으로 배를 만들어 물에 ㉠띄우고 있는 애가 있어.
= 울보 바보

4 그런데 어, 『할아버지가 노새에서 내리자마자 그 애가 두 팔을 벌리고 달려오더니 늙은 노새의 절름거리는 다리를 꼭 붙들어 안고 "앙." 하고 울음을 터뜨리는 거야.』 그러면서 조그맣게 부르짖어.
『　』: 아이의 성격을 짐작할 수 있는 부분

핵심 ③ 아이의 눈물로 일어난 변화
　"불쌍해, 불쌍해."
　그랬더니 놀라운 일이 일어났어. 노새는 그 자리에 주저앉고 싶을 만큼 기운이 빠져 있었는데, 그 애 눈물이 다리를 적시자마자 다시 기운이 솟아나는 거야. 그리고 절름거리던 다리도 멀쩡해졌어.
　다음에는 반딧불이를 손바닥에 놓고 또 울음을 터뜨려.
　"불쌍해, 불쌍해. 얼마나 외로웠니? 지금도 동무들이 보고 싶지?"
　눈물이 반딧불이 몸에 떨어지자 [㉡]

핵심 ① 약을 구하러 길을 떠나는 할아버지	핵심 ② 노새와 반딧불이	핵심 ③ 아이의 눈물로 일어난 변화
➡ 마을에 가슴이 얼어붙는 병이 돌아 할아버지가 사람들의 마음을 녹일 수 있는 약을 찾아 길을 떠남.	➡ 다리를 절름거리는 노새와 꽁무니에 매단 불이 희미한 반딧불이가 할아버지를 따라나섬.	➡ 아이가 노새와 반딧불이를 불쌍해하며 흘린 눈물로 노새의 다리가 낫고, 반딧불이의 불이 밝아짐.

주제　세상을 치유하는 따뜻하고 순수한 마음

1 할아버지를 따라 함께 길을 떠난 것은 노새와 반딧불이입니다.

2 할아버지는 눈알은 빨갛게 달아오르는데 가슴은 얼음덩이처럼 꽁꽁 얼어붙는 병에 걸린 마을 사람들의 마음을 녹일 수 있는 약을 찾기 위해 길을 떠났습니다.

3 4 에서 아이의 눈물이 노새의 다리를 적시자 지쳐 있었던 노새의 기운이 솟아나고, 절름거리던 다리가 멀쩡해졌습니다.

4 ㉠의 '띄우다'는 '어떤 물건을 물 위나 공중에 뜨게 하다.'라는 뜻으로 ②의 '띄우다'와 뜻이 같습니다.
| 오답 풀이 | ① '편지나 소식 등을 부치거나 보내다.'라는 뜻으로 쓰였습니다.
　　　　　③, ④ '공간적인 거리를 멀어지게 하다.'라는 뜻으로 쓰였습니다.
　　　　　⑤ '시간 간격을 벌어지게 하다.'라는 뜻으로 쓰였습니다.

5 4 에서 아이(울보 바보)는 마음이 순수하고 따뜻하여 다리를 절룩이는 노새와 꽁무니에 매단 빛이 희미해진 반딧불이를 불쌍하고 딱해하면서 눈물을 흘렸습니다. 이처럼 따뜻한 마음을 가진 아이와 가장 비슷한 성격을 가진 사람은 '아프고 가엾은 사람들을 안타깝게 생각하고 챙겨 주는 할머니'입니다.

6 2 에서 반딧불이는 꽁무니에 매단 불이 희미하다고 동무들에게 놀림감이 되어 외톨이가 되었다고 하였습니다. 4 에서 아이가 다리를 절름거리던 노새를 안고 눈물을 흘리자 노새의 다리가 멀쩡해졌다고 한 것으로 보아, ㉡에 들어갈 내용으로는 아이가 흘린 눈물로 빛이 희미했던 반딧불이의 꽁무니가 다시 밝아진다는 내용이 가장 알맞습니다.

7 울보 바보의 눈물은 모든 것을 불쌍히 여기는 따뜻하고 착한 마음에서 비롯된 것입니다. 이런 마음으로 흘린 눈물이 노새의 다리를 낫게 하고 반딧불이의 불을 밝게 해 준 것입니다.

문해력 상승
읽기 전략

핵심 내용을 따라 읽으며 흐름을 정리해 보세요.

쏙쏙! 내용 정리

1 철새 2 바닷가
3 추위 4 같다
5 이동 6 자연

정답

1 ②

2 새끼도 치기 위해서

3 ⑤   4 ⑤

5 준서, 소희

6 5

7 ① 사는 곳 ② 여름새
  ③ 먹이 ④ 자기력
  ⑤ 태양 ⑥ 두

어휘 탄탄 마무리

1 (1) 해마다
  (2) 차례
  (3) 산줄기
  (4) 길잡이

2 (1) ─ ㉮
  (2) ─ ㉯
  (3) ─ ㉰

3 (1) 치다
  (2) 견디다
  (3) 찾아가다
  (4) 심하다

---

1 우리는 주위에서 많은 새를 봅니다. 새 중에는 참새나 까치와 같이 늘 한 고장에 머물러 사는 텃새가 있고, 제비나 기러기와 같이 계절에 따라 사는 곳을 옮기는 철새가 있습니다.

철새 중에는 여름새와 겨울새가 있습니다. 제비와 같이 여름을 우리나라에서 나는 새를 여름새라고 하고, 기러기와 같이 겨울을 우리나라에서 나는 새를 겨울새라고 합니다.
설명 대상: 철새 철새의 종류: 여름새와 겨울새

핵심 ① 철새의 특징 ①
2 철새는 한 해에 두 차례씩 사는 곳을 옮깁니다. 철새는 산을 넘고 바다를 건너 아주 먼 여행을 합니다. 어떤 새는 북극에서 오스트레일리아 앞바다까지 2만여 킬로미터나 여행을 합니다.

철새는 이동할 때 보통 산줄기나 바닷가를 따라 날아갑니다. 그러나 철새 중에는 제비처럼 넓은 바다를 밤낮없이 날아서 건너는 새도 있습니다.
철새의 일반적인 이동 방법 / 제비의 이동 방법

3 철새가 이렇게 머나먼 여행을 해마다 두 번씩 하는 까닭은 무엇일까요? 그것은 더위나 추위를 피하여 먹이를 구하고 새끼도 치기 위해서입니다. 예를 들면, 기러기와 같이 북쪽에 사는 철새는 그곳의 겨울 추위가 너무 심하여 견디기가 어렵고 먹이도 구하기 어려우므로 덜 추운 곳을 찾아 이동합니다.

핵심 ② 철새의 특징 ②
4 그런데 철새가 이동하여 찾아가는 곳은 해마다 거의 같다고 합니다. 또, 이동할 때의 길도 해마다 같다고 합니다. 지도나 나침반도 없이 해마다 같은 길로 같은 곳을 찾아갈 수 있다니 놀라운 일입니다. 더구나 어른 새뿐만 아니라 어린 새도 마찬가지라고 하니 참 신기합니다.

핵심 ③ 철새의 이동에 관한 주장
5 철새가 어떻게 이런 여행을 할 수 있는지에 대해서는 여러 가지 주장이 있습니다. 어떤 사람들은 철새가 지구의 자기력을 따라 이동한다고 합니다. 또, 어떤 사람들은 태양의 위치가 철새의 길잡이가 된다고 말합니다. 그러나 이런 이야기가 모두 확실한 것은 아닙니다.

6 지금까지 우리는 철새의 특징을 몇 가지 알아보았습니다. 철새를 더 연구해 보면 신기한 사실을 더 많이 알아낼 수 있을 것입니다. 철새뿐만 아니라 자연의 여러 현상을 자세히 살펴보면 우리는 놀라운 사실을 많이 발견할 수 있습니다.

핵심 ① **철새의 특징 ①**
→ 철새는 더위나 추위를 피해 먹이를 구하고 새끼를 치기 위해 한 해에 두 차례씩 사는 곳을 옮김.

핵심 ② **철새의 특징 ②**
→ 철새가 이동하여 찾아가는 곳은 해마다 거의 같고, 이동할 때의 길도 해마다 같음.

핵심 ③ **철새의 이동에 관한 주장**
→ 철새가 해마다 같은 길로 같은 곳을 찾아 이동할 수 있는 까닭에 관한 여러 주장이 있음.

주제 **철새의 특징**

1 이 글은 철새의 특징을 설명한 글입니다. 철새의 종류, 철새가 이동하는 까닭, 철새의 이동과 관련한 주장에 대해 자세히 썼습니다.

2 3에서 철새는 더위나 추위를 피하여 먹이를 구하고 새끼도 치기 위해서 머나먼 여행을 해마다 두 번씩 한다고 하였습니다.

3 4에서 철새가 이동하여 찾아가는 곳은 해마다 거의 같다고 하였습니다.

4 '밤낮없이'의 뜻은 '언제나 늘.'입니다.

|오답 풀이| ① '간혹'은 '어쩌다가 한 번씩.'을 뜻합니다.
② '해마다'는 '그해 그해.'를 뜻합니다.
③ '이따금'은 '어쩌다가 가끔.'을 뜻합니다.
④ '마찬가지'는 '사물의 모양이나 일의 형편이 서로 같음.'을 뜻합니다.

5 민재는 '자세히 읽기' 방법으로 글을 읽었습니다. 영지와 연아는 '훑어 읽기', 준서와 소희는 '자세히 읽기' 방법으로 글을 읽었습니다.

6 5에서 철새의 이동에 대한 여러 가지 주장을 다루었으므로, '바람의 방향을 이용하여 철새가 이동한다고 말하는 사람들도 있습니다.'라는 문장을 추가하기에 적절합니다.

7 이 글은 철새의 의미와 종류, 철새가 이동하는 까닭, 철새의 이동에 관한 주장에 대해 설명하고 있습니다.

어휘 탄탄 마무리

3 '낳다'는 '배 속의 아이, 새끼, 알을 몸 밖으로 내보내다.', '버티다'는 '오래 참고 견디다.', '방문하다'는 '사람을 만나거나 무엇을 보기 위해 어떤 장소를 찾아가다.', '대단하다'는 '아주 심하다.'라는 뜻의 낱말입니다.

쏙쏙! 내용 정리

1 옹고집 2 스님
3 종이

정답

1 연극, 해설
2 ④ 3 ②
4 ⑤ 5 ⑤
6 ④
7 ❶ 약
  ❷ 가짜 옹고집
  ❸ 흰 수염

어휘 탄탄 마무리

1 (1) • —— • ㉮
  (2) • ✕ • ㉯
  (3) • —— • ㉰

2 (1) 끼니
  (2) 목탁
  (3) 시주
  (4) 도술

3 (1) ② (2) ①

핵심 ① 욕심 많고 심술궂은 옹고집

1 옹고집의 늙은 어머니가 몸져눕자 옹고집은 불도 때지 않은 차디찬 방에
어머니를 홀로 내버려 두었다.
□: 중심인물

옹고집의 아내: (㉠) 어머님이 편찮으신데 약이라도 지어 드려요.
┌ 극본의 지문. 배우의 행동이나 표정을 지시하는 글.

옹고집: (㉡) 약 지을 돈이 어디 있소? 해마다 이맘때면 치르는 몸살
이니 저절로 낫겠지.

아내: 어머님의 이번 병환은 아무래도 몸살이 아닌 것 같아요. 닭이라도 한
마리 삶아 드리는 게…….

옹고집: 쓸데없는 소릴……. 닭 한 마리에 나을 병이라면 그냥 낫지 않겠어!

어머니: (㉢) 어찌 이럴 수 있단 말인가? 약은 못 지어 주더라도 끼
니는 제대로 줘야지. 겨우 두 끼에 그나마도 한 끼는 죽으로 때우라니 너
무 심하구나.
┌ 스님이 시주를 하러 온 것을 짐작할 수 있음.
2 이때 바깥에서 "딱 딱 따그르르." 하고 목탁 소리가 들려왔다.

㉮

[중간 이야기] 절로 돌아온 스님은 옹고집을 벌주기 위해 도술로 옹고집과 똑같이 생
긴 가짜 옹고집을 만들었다. 똑같이 생긴 옹고집이 두 명이 되자 집안 사람들은 누가
진짜 옹고집인지 가리지 못했다. 그래서 둘은 원님을 찾아가 진짜 옹고집을 가리기로
하였다. 그런데 가짜 옹고집이 집안 사정을 술술 더 잘 말하는 바람에 진짜 옹고집은
집에서 쫓겨나 거지 신세가 되고 말았다.
진짜 옹고집이 가짜 옹고집 때문에 쫓겨남.

핵심 ② 잘못을 뉘우치는 옹고집
3 옹고집: (㉣) 내가 너무했어. 병들어 누워 계신 어머니께 약 한
첩은커녕 닭 한 마리 삶아 드리지 않았으니 벌을 받아도 싸지.

흰 수염을 가진 노인: 뉘우쳐도 이미 늦었네.

옹고집: 하늘이 내리신 벌이구나. (㉤) 다만 늙으신 어머니, 불쌍한
처자식, 한 번만 보게 해 주십시오.

흰 수염을 가진 노인: 눈을 씻고 나를 똑똑히 보아라.

옹고집: (화들짝 놀라며) 앗! 그때 그 시주 받으러 왔던 스님이시군요.
노인이 옹고집에게 시주를 받으러 온 스님임을 알게 됨.
흰 수염을 가진 노인: 죄를 뉘우쳐 착하게 살렷다! (종이 한 장을 내밀며) 이걸
가지고 집으로 돌아가시오.
옹고집이 용서를 받음.

스님은 종이 한 장을 옹고집에게 넘겨주고 감쪽같이 눈앞에서 사라졌다.

핵심 ① 욕심 많고 심술궂은 옹고집

➜ 인색한 옹고집은 아픈 어머니를 돌보
지 않고, 끼니도 약도 제대로 챙겨 드리
지 않음.

핵심 ② 잘못을 뉘우치는 옹고집

➜ 스님이 도술로 만든 가짜 옹고집 때문
에 집에서 쫓겨난 옹고집은 자신의 잘못
을 뉘우침.

주제 욕심을 부리지 말고 베풀면서 착하고 바르게 살자.

1 이 글은 연극 공연을 위해 쓴 극본으로, 때와 곳, 등장인물 등을 설명하는 '해
설'과 인물이 직접 하는 말인 '대사', 인물의 행동이나 표정을 나타내는 '지문'을
통해 이야기를 전달합니다.

2 진짜 옹고집과 가짜 옹고집은 둘 중 누가 진짜 옹고집인지를 가리기 위해서 원
님을 찾아가지만, 가짜 옹고집이 집안 사정을 술술 더 잘 말하는 바람에 진짜
옹고집은 집에서 쫓겨나게 되었습니다.

3 옹고집은 심술궂고 욕심이 많아 아픈 어머니를 차디찬 방에 내버려 두고 약이
나 끼니도 제대로 챙기지 않는 인물입니다. 따라서 옹고집의 성격으로 볼 때,
'눈물을 글썽이며'라는 내용은 ㉡에 어울리지 않습니다.

4 '첩'은 약봉지에 싼 약의 뭉치를 세는 단위입니다. 이불을 세는 단위는 의존 명
사 '채'로, '이불 세 채'라고 해야 합니다. '켤레'는 신, 양말, 버선, 방망이 따위의
짝이 되는 두 개를 한 벌로 세는 단위입니다.

5 옹고집은 아픈 어머니께 쓰는 약값도 아까워하고 끼니도 제대로 챙겨 드리지
않고 있습니다. 이로 보아 옹고집은 욕심이 많고 자신만 아는 이기적인 성격임
을 알 수 있습니다.

6 ❶에 드러난 옹고집의 욕심 많은 성격과, ㉮ 이후에 절로 돌아온 스님이 옹고
집을 벌주기 위해 가짜 옹고집을 만들었다는 내용이 이어진 것으로 보아, ㉮에
서 옹고집이 시주를 받으러 온 스님을 쫓아내 버렸음을 짐작할 수 있습니다.

7 욕심 많고 심술궂은 옹고집은 편찮으신 어머니를 제대로 챙겨 드리지 않았으
며, 집에 시주를 청하러 온 스님을 쫓아내기까지 합니다. 그래서 스님은 옹고집
을 혼내 주기 위해 도술을 부려 가짜 옹고집을 만들고, 진짜 옹고집은 가짜 옹
고집 때문에 집에서 쫓겨나게 됩니다. 그 뒤 잘못을 뉘우친 옹고집은 잘못을
반성하고 흰 수염을 가진 노인(스님)을 만나 종이 한 장을 받게 됩니다.

문해력 상승 읽기 전략

핵심 내용을 따라 읽으며 흐름을 정리해 보세요.

쏙쏙! 내용 정리

1 아침밥 2 마음
3 장수 4 대화

정답

1 ④ 2 ⑤
3 ③ 4 ⑤
5 (1) ○
6 ㉮, ㉯
7 ❶ 여유 ❷ 조건
 ❸ 가족 ❹ 아침밥

어휘 탄탄 마무리

1 (1) 당
 (2) 소모하다
 (3) 필수 (4) 열량

2 (1) ──── ㉮
 (2) ──── ㉯
 (3) ──── ㉰

3 (1) ② (2) ①

---

1 하루 세끼 가운데에서 가장 중요한 것이 아침밥입니다. 부모님께서는 건강을 위해 아침밥을 먹어야 한다고 말씀하십니다. 비록 한 끼일지라도 아침밥을 거르거나 대충 때우면 온종일 열량이 부족하여 에너지를 내기 어렵습니다. 또, 아침밥을 먹지 않으면 필요한 영양소가 채워지지 않아 건강을 잃게 될 수 있습니다. 그렇다면 아침밥을 먹어야 하는 까닭은 무엇일까요?
핵심어: 아침밥을 먹지 않았을 때의 문제점

핵심 ① 아침밥을 먹어야 하는 까닭 ①
2 ㉠먼저, 아침밥을 먹으면 마음에 여유가 생깁니다. 밤새 자고 일어나 위가 비어 있을 때는 우리 몸의 혈당치가 낮아져 있는데, 몸을 움직이기 시작하면 뇌와 근육이 당을 소모하기 때문에 이 혈당치는 더 낮아집니다. 그런데 아침을 먹지 않으면 혈당 부족으로 쉽게 피곤을 느낄 뿐만 아니라 마치 성난 사자처럼 성질이 급해지고 화도 잘 내게 됩니다. 이와 반대로 아침을 잘 챙겨 먹으면 적당한 혈당치를 유지하여 하루를 활기차게 시작할 수 있고, 여유로운 마음을 가지게 됩니다. 그래서 아침밥을 먹은 사람은 그렇지 않은 사람보다 성질이 더 느긋한 편이라고 합니다.
아침밥을 먹지 않았을 때의 문제점

핵심 ② 아침밥을 먹어야 하는 까닭 ②
3 ㉡다음으로, 아침밥은 장수의 필수 조건입니다. 날마다 아침밥을 ㉮거르면 밤새 만들어진 위산 때문에 위가 불편해집니다. 이런 습관이 오래 지속되면 위에 염증이 생길 수 있습니다. 또, 밤새 써 버린 수분이 제대로 보충되지 않고 몸에 저장해 두었던 영양소가 소모되어 피부가 건조해지고 빈혈까지 생기는 등 건강이 나빠집니다.
아침밥을 먹지 않았을 때의 문제점 – 건강상의 문제 ①
아침밥을 먹지 않았을 때의 문제점 – 건강상의 문제 ②

핵심 ③ 아침밥을 먹어야 하는 까닭 ③
4 ㉢마지막으로, 아침 식사를 하면 가족과 대화를 나눌 수 있는 시간이 늘어서 좋습니다. 온 가족이 한자리에 모여 아침밥을 먹으면서 나누는 대화로 가족 간의 정이 더욱 돈독해지고, 화목한 가정을 만들 수 있습니다. 행복한 가정은 아침 식사 자리에서 시작됩니다. 우리 모두 아침밥을 먹읍시다.
글쓴이의 주장 – 아침밥을 먹자.

핵심 ① 아침밥을 먹어야 하는 까닭 ①	핵심 ② 아침밥을 먹어야 하는 까닭 ②	핵심 ③ 아침밥을 먹어야 하는 까닭 ③
➡ 아침밥을 먹으면 마음에 여유가 생김.	➡ 아침밥은 장수의 필수 조건임.	➡ 아침밥을 먹으면 가족과 대화할 시간이 늘어남.

주제 아침밥을 먹자.

1 이 글의 내용이 잘 드러나는 제목은 '아침밥의 중요성'입니다. 글 전체에서 아침밥을 먹으면 좋은 점을 들어 아침밥의 중요성을 강조하고 있기 때문입니다.

2 글쓴이는 아침밥을 먹으면 좋은 점을 근거로 들어 아침밥을 꼭 먹자고 주장하고 있습니다.

3 3에서 아침밥을 거르는 습관이 오래 지속되면 위에 염증이 생길 수 있다고 하였습니다.

4 '거르다'는 ④와 ⑤의 뜻을 모두 가지고 있는 낱말로, 이 글의 ㉮에서는 ⑤의 뜻으로 쓰였습니다.
|오답풀이| ①은 '삼키다', ②는 '뜨다', ③은 '대신하다'의 뜻입니다.

5 근거의 적절성을 평가할 때에는 근거가 주장하는 내용과 관련이 있는지, 근거가 주장을 뒷받침하는 내용인지 등을 살펴보아야 합니다. ㉡, ㉢은 모두 주장과 관련 있는 근거로, 주장을 뒷받침하기에 적절합니다.

6 논설문은 '서론', '본론', '결론'의 짜임으로 이루어집니다. 이 글은 '아침밥의 필요성'에 대해 쓴 글이므로 서론에서 글의 주제와 관련 있는 질문을 추가하여 읽는 사람의 흥미를 끌 수 있고, 본론에서 아침밥을 먹으면 건강에 좋다는 연구 결과를 인용하여 신뢰성을 높일 수 있습니다.

7 아침밥을 먹어야 하는 까닭 세 가지를 글에서 찾아 정리하고, 글쓴이의 주장을 한 문장으로 씁니다.

어휘 탄탄 마무리

3 (1) 이웃 할머니께 오래 산 비결을 여쭈어본 것이므로, ②의 뜻으로 쓰인 문장입니다. (2) 호떡 장사를 하는 사람이 한 일을 쓴 것이므로, ①의 뜻으로 쓰인 문장입니다.

쏙쏙! 내용 정리

1 김정호 2 청구도
3 목판
4 대동여지도
5 정신

정답

1 ① 2 ④
3 ② 4 마침내
5 ㉮, ㉯ 6 ③
7 ❶ 지도 ❷ 청구도
❸ 동여도
❹ 대동여지도
❺ 나라

어휘 탄탄 마무리

1 (1) ㉮ (2) ㉯
  (3) ㉰ (4) ㉱
2 (1) 대량
  (2) 일대
  (3) 무렵
3 (1) 삼았다
  (2) 삼고
  (3) 삶아서

---

1 우리 조상들은 자신들이 사는 땅의 모양을 궁금해했다. 그 궁금증을 해결하기 위해 노력한 사람이 바로 김정호이다. 김정호는 우리나라를 대표하는, 조선의 지리학자이다. 그가 만든 「대동여지도」는 우리나라의 고지도 중에서 최고의 작품으로 평가받고 있다. 김정호의 출생과 사망 시기는 분명하지 않다. 다만, 1804년 무렵에 태어난 것으로 알려져 있다.
「대동여지도」에 대한 평가

2 김정호는 어려서부터 자기 고장의 지도를 만들고 싶어 했다. 어른이 되어서도 김정호의 열정은 변함이 없어 그는 지도 그리는 일을 삶의 전부로 삼았다. 김정호는 이전에 있었던 지도의 문제점을 보완하고 새로이 고쳐서 1834년에 「청구도」를 완성했다. 그의 나이 서른 살 무렵이다.
핵심 ① 김정호의 삶 ①

3 1856년에는 「동여도」라는 지도를 완성했다. 「청구도」처럼 이 지도 역시 종이에 그려서 만든 것이라 여러 곳에서 사용하려면 일일이 붓으로 베껴야만 했다. 이러한 작업은 매우 힘들었기 때문에 많은 사람이 지도를 보기가 어려웠다. 그래서 김정호는 정확한 지도를 대량으로 생산하기 위해 목판에 지도를 새기기로 결심했다.
핵심 ② 김정호의 삶 ②
종이에 그려서 만든 지도의 단점 ①
종이에 그려서 만든 지도의 단점 ②

4 1861년, ㉠ 그는 오랜 고생 끝에 「대동여지도」를 완성했다. 「대동여지도」는 우리나라의 모습을 22개의 첩으로 나누어 만든 것으로 이 첩을 접으면 하나의 책이 되고, 전부 펼쳐 놓으면 약 가로 3.8미터, 세로 6.7미터 크기에 이르는 거대한 지도가 된다. 22첩을 서로 맞붙여 놓으면 도로와 산과 들과 강이 연결되고 각 지역의 위치가 잘 드러난다. 이 지도는 동해안의 포항 일대 지형과 제주도에서 육지까지의 거리 등 몇몇 군데를 제외하면 오늘날의 지도와 거의 일치할 만큼 정확하다고 한다.
핵심 ③ 김정호의 삶 ③

5 「대동여지도」의 '대동'은 우리나라를 일컫는 말로, '동방의 큰 나라'라는 뜻이다. 김정호는 나라가 어지러울 때는 적을 쳐부수고 폭도들을 진압하는 데 도움이 되며, 평상시에는 나라의 모든 일을 다스리는 데 이용하기를 바라는 마음에서 「대동여지도」를 만들고 그 이름을 붙였다. 누구보다도 나라를 사랑하고, 백성을 사랑한 김정호의 정신은 그가 만든 지도와 함께 우리 가슴에 오래도록 남아 있을 것이다.
「대동여지도」에 담긴 김정호의 바람

→ 1834년, 「청구도」를 완성함.
→ 1856년, 「동여도」를 완성함.
→ 1861년, 「대동여지도」를 완성함.

주제 우리나라 최고의 고지도로 평가받는 「대동여지도」를 만든 김정호의 삶

1 이 글은 우리나라를 대표하는 지리학자인 김정호의 생애와 업적을 쓴 전기문입니다. 김정호는 어려서부터 자기 고장의 지도를 만들고 싶어 했고, 어른이 되어서도 그 열정에 변함이 없어 지도 그리는 일을 삶의 전부로 삼았습니다.

2 2에서 김정호가 이전에 있었던 지도의 문제점을 보완하고 새로이 고쳐서 1834년에 「청구도」를 완성했다고 하였습니다.
|오답풀이| ② 우리나라의 고지도 중 최고의 작품으로 평가받고 있는 것은 「대동여지도」입니다.

3 김정호는 정확한 지도를 대량으로 생산하기 위해 목판에 지도를 새기기로 결심하였고, 오랜 고생 끝에 「대동여지도」를 완성하였다고 하였습니다. 따라서 「대동여지도」는 목판에 새겨 만든 우리나라 첫 번째 지도임을 알 수 있습니다.

4 김정호가 오랜 고생 끝에 「대동여지도」를 완성했다는 문장에 알맞은 낱말은 '마침내'입니다. '마침내'의 뜻은 '드디어 마지막에는.'입니다.

5 김정호는 실존했던 인물이므로, 김정호의 일대기, 업적, 일화, 성격, 생김새 등을 중심으로 발표할 내용을 구성할 수 있습니다. 일대기란 한 사람이 태어나서 죽을 때까지 있었던 일을 적은 기록을 말하며, 일화란 어떤 사람이나 일에 관한 흥미로운 이야기를 말합니다.

6 3에서 종이에 그려서 만든 지도의 단점을 자세히 설명하였을 뿐, 종이에 그려서 만든 지도의 장점은 밝히지 않았습니다.

7 김정호의 생애와 업적을 시간 순서대로 정리하여 글의 주요 내용을 요약합니다.

어휘 탄탄 마무리

3 '인생의 본보기로 삼다.', '친구의 말을 위안으로 삼다.', '날씨가 푹푹 삶다.'와 같이 표현하는 것이 알맞습니다.

쏙쏙! 내용 정리

1 웃는 기와
2 처마, 웃음
3 초승달 4 흉내

정답

1 ⑤ 2 ④
3 ③ 4 ③
5 ④ 6 ④
7 ❶ 기와
  ❷ 웃는
  ❸ 초승달

어휘 탄탄 마무리

1 (1) ─ ㉮
  (2) ╲╱ ㉯
  (3) ╱╲ ㉰
  (4) ─ ㉱

2 (1) 금
  (2) 흉내
  (3) 웃음

3 부서졌다

웃는 기와

이봉직

1연

1 옛 신라 사람들은

웃는 기와로 집을 짓고
중심 글감
웃는 집에서 살았나 봅니다.

2연 핵심 ① 웃는 기와

2 기와 하나가

처마 밑으로 떨어져

얼굴 한쪽이

금 가고 깨졌지만

웃음은 깨지지 않고
기와의 웃는 얼굴은 그대로임.

3연

3 나뭇잎 뒤에 숨은

초승달처럼 웃고 있습니다.
웃는 기와를 초승달에 비유함.

4연 핵심 ② '나'의 바람

4 나도 누군가에게

한 번 웃어 주면

천 년을 가는
오랜 시간
그런 웃음을 ㉠남기고 싶어

웃는 기와 흉내를 내 봅니다.

핵심 ① 웃는 기와

➜ 기와 하나가 처마 밑으로 떨어져 얼굴 한쪽이 깨졌지만 웃는 얼굴은 그대로임.

핵심 ② '나'의 바람

➜ 웃는 기와처럼 한 번 웃어 주면 천 년을 가는 웃음을 남기고 싶음.

주제 웃는 기와처럼 한 번 웃어 주면 천 년을 가는 웃음을 남기고 싶다.

1 이 글은 '웃는 기와'를 보고 쓴 시로, 비유적 표현을 통해 말하는 이의 생각과 느낌을 표현하고 있습니다.

2 이 시의 중심 글감은 '웃는 기와'입니다.

3 4연의 '나도 누군가에게 / 한 번 웃어 주면 / 천 년을 가는 / 그런 웃음을 남기고 싶어 / 웃는 기와 흉내를 내 봅니다.'에서 말하는 이가 웃는 기와 흉내를 내었다는 것을 알 수 있습니다.

4 '배가 불러서 밥을 남겼다'의 '남기다'는 '다 쓰지 않고 나머지가 있게 하다.'라는 뜻으로, ㉠의 '남기다'와 다른 뜻으로 쓰인 말입니다.

5 2연에서 '기와 하나가 / 처마 밑으로 떨어져 / 얼굴 한쪽이 / 금 가고 깨졌지만 / 웃음은 깨지지 않고'라고 한 부분을 통해, 기와의 웃는 얼굴은 그대로라는 것을 알 수 있습니다.

6 4연의 '나도 누군가에게 / 한 번 웃어 주면 / 천 년을 가는 / 그런 웃음을 남기고 싶어'라는 부분을 통해 웃는 기와처럼 오랫동안 기억될 웃음을 남기고 싶다는 '나'의 바람을 알 수 있습니다.

7 이 글은 '웃는 기와'를 글감으로 한 시로, 웃는 기와처럼 한 번 웃어 주면 천 년과 같이 오랜 시간을 가는 웃음을 남기고 싶다는 생각을 담고 있습니다.

어휘 탄탄 마무리

3 '깨지다'는 '단단한 물건이 여러 조각이 나다.'라는 뜻의 낱말로, '부서지다', '망가지다' 등의 낱말과 바꾸어 쓸 수 있습니다. 따라서 '깨졌다'와 비슷한 뜻을 가진 낱말은 '부서졌다'입니다.

하루 한장 문해력 향상 프로젝트

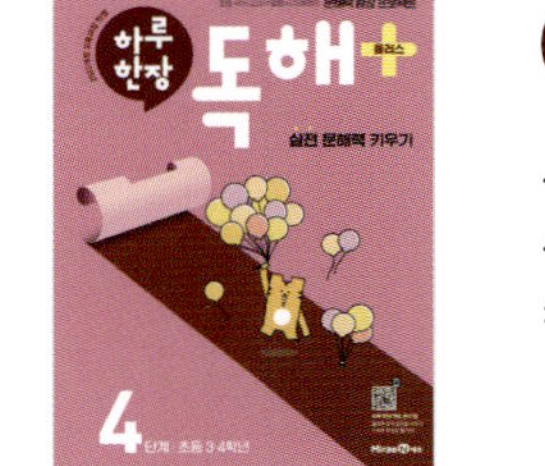
하루한장 어휘

구　성 1~6학년 단계별 [6책]
콘셉트 문해력의 기초를 다지는 초등 필수 어휘 학습서
키워드 필수 어휘 익히기

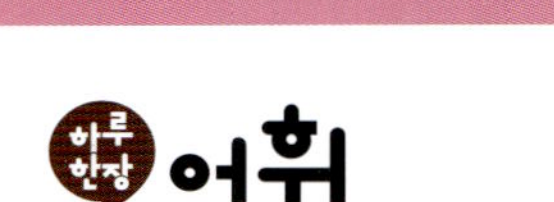

하루한장 독해＋ 플러스

구　성 1~6학년 단계별 [6책]
콘셉트 본격적인 독해 훈련으로 실전 문해력을 높이는 독해 실전서
키워드 실전 문해력 높이기

하루한장 독해

구　성 1~6학년 단계별 [6책]
콘셉트 교과서와 연계된 읽기 목표를 바탕으로 기본 문해력을 다지는 독해 기본서
키워드 기본 문해력 다지기

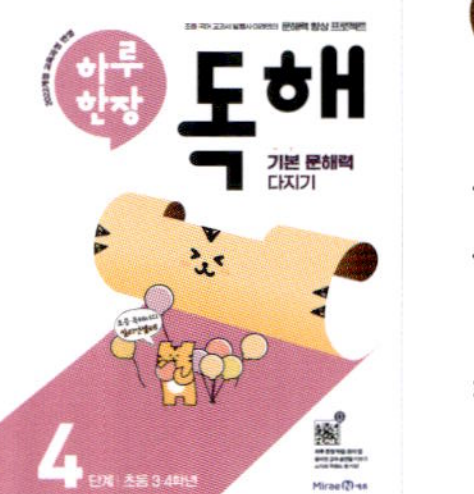
하루한장 독해 비문학 독해

구　성 1~6학년 단계별 [사회편 6책, 과학편 6책]
콘셉트 사회·과학 교과 연계 읽기로 교과 공부력과 문해력을 확장하는 독해 심화서
키워드 비문학 독해력 강화하기

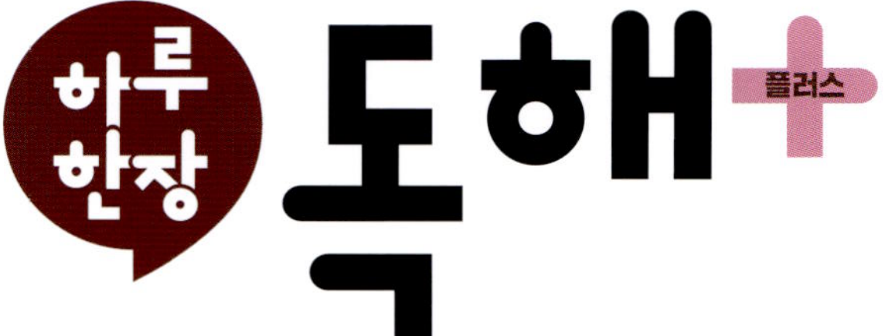

www.mirae-n.com

학습하다가 이해되지 않는 부분이나 정오표 등의 궁금한 사항이 있나요?
미래엔 홈페이지에서 해결해 드립니다.

교재 내용 문의
1:1 문의 | 수학 과외쌤 | 자주하는 질문

교재 자료 및 정답
동영상 강의 | 쌍둥이 문제 | 정답과 해설 | 정오표

초등학교

학년	반	이름

하루한장 쏙셈

쏙셈 시작편
초등학교 입학 전 연산 시작하기
[2책] 수 세기, 셈하기

쏙셈
교과서에 따른 수·연산·도형·측정까지 계산력 향상하기
[12책] 1~6학년 학기별

쏙셈 ⁺플러스
문장제 문제부터 창의·사고력 문제까지 수학 역량 키우기
[12책] 1~6학년 학기별

쏙셈 분수·소수
3~6학년 분수·소수의 개념과 연산 원리를 집중 훈련하기
[분수 2책, 소수 2책] 3~6학년 학년군별

하루한장 한국사

큰별★쌤 최태성의 한국사
최태성 선생님의 재미있는 강의와 시각 자료로
역사의 흐름과 사건을 이해하기
[3책] 3~6학년 시대별

하루한장 한자

그림 연상 한자로 교과서 어휘를 익히고 급수 시험까지 대비하기
[4책] 1~2학년 학기별

하루한장 급수 한자

하루한장 한자 학습법으로 한자 급수 시험 완벽하게 대비하기
[3책] 8급, 7급, 6급

하루한장 ENGLISH BITE

ENGLISH BITE 알파벳 쓰기
알파벳을 보고 듣고 따라쓰며 읽기·쓰기 한 번에 끝내기
[1책]

ENGLISH BITE 파닉스
자음과 모음 결합 과정의 발음 규칙 학습으로
영어 단어 읽기 완성
[2책] 자음과 모음, 이중자음과 이중모음

ENGLISH BITE 사이트 워드
192개 사이트 워드 학습으로 리딩 자신감 키우기
[2책] 단계별

ENGLISH BITE 영문법
문법 개념 확인 영상과 함께 영문법 기초 실력 다지기
[Starter 2책 , Basic 2책] 3~6학년 단계별

ENGLISH BITE 영단어
초등 영어 교육과정의 학년별 필수 영단어를
다양한 활동으로 익히기
[4책] 3~6학년 단계별